Was ist eigentlich los mit uns? Wo man auch hinschaut, es geht uns schlecht: Burn-out, Depression und Niedergeschlagenheit lauern an jeder Ecke. Acht Millionen Deutsche leiden an behandlungsbedürftigen Ängsten und Depressionen und die Zahl steigt immer weiter.

Auf der anderen Seite wird überall für positive Stimmung geworben: noch nie war es – angeblich – so einfach wie heute, Glück und Wohlbefinden zu erlangen, man muss es nur wollen, es steht uns alles offen!

Aber warum ist unsere Stimmung dann so mies?

Arnold Retzer zeigt, wie sich Zeitgeist, Kultur, Weltverständnis, Lebensentwurf und unsere schlechte Stimmung, unsere Ängste und Depressionen wechselseitig bedingen, und dass das bisher für tauglich Gehaltene heute offensichtlich einem neuen Denken Platz machen muss. Sein Credo: Schluss mit dem positiven Denken und Mut zum Versagen – nur so kann unsere Stimmung wieder besser werden.

Dr. Arnold Retzer ist Arzt, Psychologe und einer der führenden Paartherapeuten Deutschlands. Er ist Privatdozent für Psychotherapie an der Universität Heidelberg sowie Gründer und Leiter des Systemischen Instituts Heidelberg (SIH). Arnold Retzer bildet seit vielen Jahren Psychotherapeuten und Berater aus, begleitete über mehrere Jahre als Studioexperte die Sendereihe »LebensArt« beim WDR, ist fachlicher Berater für Paarbeziehungsfragen für »Focus online«, »Brigitte« und für den »Stern«. 2009 erschien mit großem Erfolg sein Buch ›Lob der Vernunftehe‹.

Arnold Retzer

Miese Stimmung

Eine Streitschrift
gegen positives Denken

FISCHER Taschenbuch

Erschienen bei FISCHER Taschenbuch
Frankfurt am Main, Dezember 2013

Mit freundlicher Genehmigung der S. Fischer Verlag GmbH

Satz: Pinkuin Satz und Datentechnik, Berlin
Druck und Bindung: CPI books GmbH, Leck
Printed in Germany
ISBN 978-3-596-19151-2

Ach, wenn jedes Ich sein eigener Vater und Schöpfer ist,
warum kann es nicht auch sein eigener Würgeengel sein?
Jean Paul

Inhalt

Einstimmung
Ich weiß nicht, was soll es bedeuten, dass ich so traurig bin

Was ist eigentlich los mit uns?

Man kommt kaum aus dem Morgentief. Der Job macht keinen Spaß mehr, vieles andere auch nicht. Und den Kollegen und Freunden scheint es auch nicht besser zu gehen. Niedergeschlagenheit, Depressionen und Burn-out greifen um sich. Bei vielen ist die altbekannte Midlife-Crisis zur allgemeinen Lebenskrise geworden.

Das psychische Allgemeinbefinden ist schlecht und die Stimmung vieler Menschen auch.

Acht Millionen erwachsene Deutsche leiden an behandlungsbedürftigen Depressionen.[1] Depression ist die bei weitem häufigste psychische Störung. Die Steigerungsraten sind enorm: Die Zahl der Ausfalltage stieg innerhalb von vier Jahren bei depressiven Störungen um 42 %, bei Angststörungen um 27 %.[2] Weltweit sind depressive Zustände die vierthäufigste Ursache von Krankheiten und Behinderungen. Und die Aussichten sind nicht rosig: Im Jahr 2020 sollen sie laut der Weltgesundheitsbehörde WHO den zweiten Platz einnehmen. Die direkten und indirekten Kosten, die psychische Erkrankungen verursachen, sollen weltweit von 2,5 Billionen US-Dollar (Stand 2010) auf 6,0 Billionen im Jahr 2030 ansteigen.[3]

Aber auch sonst ist die Stimmung schlecht. Die Finanz-, Wirtschafts- und Schuldenkrise hält an, bzw. eine Krise löst die andere ab. Kriege werden geführt und nicht beendet, auch wenn sie nicht zu gewinnen sind. Ein Skandal, der die Stimmung trübt und das moralische Empfinden beleidigt, folgt dem anderen …

Aber das ist nur die eine Seite unserer Stimmungswirklichkeit.

Auf der anderen Seite wird überall für positive Stimmung geworben: Die Bedingungen für Glück und Wohlbefinden, heißt es, sind in unseren westlichen Gesellschaften noch nie so gut gewesen wie heute, und sie sollen sich in Zukunft noch weiter verbessern. Noch nie hatten die Menschen in unserem Land so gute und zahlreiche Möglichkeiten zur Selbstverwirklichung, waren die Aussichten auf ein immer länger währendes Leben ohne Angst, materielle Sorgen und gesundheitliche Einschränkungen günstiger. Man muss die Chancen nur nutzen. Man muss nur wollen. Yes, we can!!

»Ich weiß nicht, was soll es bedeuten, dass ich so traurig bin«, fragen sich daher viele heimlich verunsichert mit Heinrich Heine. Nach Antworten muss man nicht lange suchen, denn sie werden uns überall und fortwährend gegeben: Unsere privaten Niederlagen und schlechten Stimmungen werden seit mindestens einem Jahrhundert unserer angeblich fehlerhaft funktionierenden Psyche zugeschrieben – was immer das sein soll.

In den letzten Jahren wird aber auch immer öfter unsere biologische Konstitution für stimmungsmäßiges Fehlverhalten zur Verantwortung gezogen.

Unsere Biologie ist der Gegner, und unsere schlechte Stimmung soll in unserem Gehirnstoffwechsel bekämpft werden. Der optimistische Kampf gegen den Pessimismus ist auf breiter Front eröffnet und tobt schon seit einiger Zeit. Er besteht vor allem aus chemischer Kriegsführung: Pro Tag werden in Deutschland allein für Versicherte der gesetzlichen Krankenkassen in der ambulanten Versorgung über zwei Millionen Tagesdosen Antidepressiva verordnet, obwohl die positive Wirkung von Antidepressiva alles andere als gesichert ist. Gleichzeitig setzen noch mehr Menschen auch weiterhin auf bewährte chemische Kampfmittel im Stimmungskrieg wie Alkohol, Drogen und Doping, um wieder in die richtige, sprich: positive Stimmung zu kommen.

Immer mehr Menschen bedienen sich heutzutage pharmakologischer Hilfen, um den eigenen Ansprüchen oder wenigstens den Ansprüchen anderer gerecht zu werden. Dank sogenannter Neuroenhancer (Hirndoping) erhoffen sich mindestens zwei Millionen Deutsche, konzentrations- und leistungsfähiger zu werden. Allein in Deutschland nehmen 800 000 Arbeitnehmer regelmäßig »Kokain fürs Büro« oder »Viagra fürs Gehirn«. Die bekanntesten Mittel sind: Methylphenidat (z.B. Ritalin®), Modafinil (z.B. Vigil®), Piracetam, Fluoxetin und Metoprolol (z.B. Beloc®).

Unsere Biologie und unsere Gehirne sind aber nicht nur die Gegner, wenn es um den Kampf gegen die schlechte Stimmung geht. Durch Einwirkung auf unseren Gehirnstoffwechsel soll die schlechte Stimmung auch umweltverträglich entsorgt werden, das heißt, ohne dass sie »Schaden« anrichtet, nämlich zum Beispiel auf notwendige gesellschaftliche Veränderungen oder notwendige Einstellungsänderungen hinweist: Schlechte Stimmungen werden zu Krankheiten erklärt und damit zum individuellen Problem des Einzelnen. Unser Unbehagen wird im synaptischen Spalt zwischen Neuronen verortet und soll auch genau dort behandelt werden.

Doch es bleiben Fragen:

Worauf fußen empirisch und wissenschaftlich diese biologischen und individualisierenden Entsorgungsstrategien? Genaues weiß man nicht!

Bedeutet die enorme Zunahme depressiver Zustände, dass sich die Biologie unzähliger Menschen zum Schlechten hin verändert hat? Wohl kaum! So schnell ändern sich die biologischen Eigenschaften des Menschen, die menschliche Hardware nicht.

Etwas hat sich allerdings geändert, und zwar sehr nachhaltig: Die individuellen und sozialen, die gesellschaftlichen und politischen Zustände – und die Vorstellungen der Menschen von sich selbst und der Welt (die menschliche Software).

Thema dieses Buches wird es sein zu zeigen, wie die individuell erlebten und erlittenen Krisen von gesellschaftlichen Verhältnissen hervorgebracht, geformt und aufrechterhalten werden und dass unsere soziale und kulturelle Umwelt uns und unsere Vorstellungen von uns selbst meist stärker beeinflussen, als wir es uns selbst eingestehen wollen.

Unsere privaten Krisen und die Widersprüche werden so verständlicher. Lösungen lassen sich nicht länger ausschließlich in Psycho- und Biotechnologie finden, sondern auch und besonders in unserer sozialen und kulturellen Umwelt bzw. darin, wie wir uns ihr gegenüber verhalten.

Die Glaubensbekenntnisse unserer Kultur und die damit verbundenen sozialen und gesellschaftlichen Verfahrensweisen prägen nicht nur unser persönliches Verhalten, sondern auch unsere intimsten Erwartungen, Träume, Hoffnungen, Befürchtungen und natürlich unsere Stimmungen. Wir sind jedoch nie ausschließlich Opfer unserer Kultur.

Dies zu erkennen und zu berücksichtigen ist dringend geboten, wenn wir unsere privaten und gesellschaftlichen Krisen überwinden wollen.

Gerade in der Krise ist es notwendig, *nicht* auf bewährte Vorstellungen, auf die bekannten und überall gegebenen Antworten zurückzugreifen. Neue Orientierung muss gesucht und neue Wege müssen gegangen werden.

Wenn es um die Beschreibung von Krisen und um deren

Erklärung gehen soll, können, ja dürfen die bisher verwendeten Verfahren nicht das letzte Wort haben, wenn sie denn überhaupt noch zu Wort kommen sollen. Sie haben schließlich in die Krise geführt.

Die Krise macht dagegen deutlich, dass wir unser bisheriges Denken, unsere Denkstile und unsere Vorstellungen und Werte überdenken sollten. Und wir müssen damit rechnen, dass wir manches davon aufgeben müssen, weil es einfach nicht mehr funktioniert. Wir sollten darauf gefasst sein, von toten Gäulen abzusteigen. Krisen eröffnen die Chance einer tiefgreifenden Korrektur alter Denk- und Glaubensgewohnheiten.

Ich möchte zeigen, wie sich Zeitgeist, Kultur, Weltverständnis, Lebensentwurf und unsere schlechte Stimmung, unsere Ängste und Depressionen wechselseitig bedingen und dass das bisher für tauglich Gehaltene heute offensichtlich einem neuen Denken Platz machen muss.

Krisen bieten die Chance, bisher gültige und hochgehaltene Werte zu hinterfragen und zu neuen Bewertungen zu gelangen. Diese Chance soll hier genutzt werden. Es wird eine Abwertung bisher hochgejubelter Werte vorgenommen werden und eine Aufwertung bisher abgewerteter Phänomene:

Abgewertet, weil abgewirtschaftet, werden Heldentum, blindes Festhalten an Hoffnungen, das Ideal der Fehlerlosigkeit, Werte wie Erfolg, Spaß, Autonomie, Selbstbewusstsein, Selbstwirksamkeit, Optimismus, Gewissheit, Wissen und Glaubensfestigkeit. Diese Wertvorstellungen haben nicht nur in die Krise geführt, sondern auch zu den weithin beklagten, erlittenen und bekämpften miesen Stimmungen.

Aufgewertet, weil dringend benötigt, werden dagegen Zustände und Phänomene wie Angst, Trauer, Hoffnungslosigkeit, Pessimismus, Abhängigkeit, Ungewissheit und Ungläubigkeit, Fehlerhaftigkeit, Scheitern, Katastrophen und Tod. Ihre Aufwertung kann nicht nur aus der Krise führen, sondern auch zu besserer Stimmung beitragen.

Dieses Buch kann auf vielfältige Weise gelesen werden.

Indem es individuell erlebte und erlittene Stimmungen beschreibt, erklärt und unterschiedliche Umgangsweisen mit diesem Erleben darstellt, kann es als *psychologisches Buch* gelesen werden.

Indem es die gesellschaftlichen und kulturellen Glaubenssysteme und Vorstellungen einer »depressiven Gesellschaft« analysiert, kann es als *politisches Buch* gelesen werden.

Niemand kann aber auch davon abgehalten werden, es als *Ratgeberbuch* zu lesen – auch wenn dies nicht die Absicht des Autors ist. Aber Absicht und Wirkung eines Buches müssen nicht notwendig zusammenfallen.

1
Lebensziel: Heldentod

Sind wir nicht alle Helden? Wie wir es im Film schon so oft gesehen, in Heldengeschichten gelesen und in unzähligen Songs gehört haben?

Trugen Sänger früher bei passenden Gelegenheiten Heldengesänge vor, erklären sie sich heute kurzerhand selbst zu Helden: »Wir sind Helden«.[4] Andere, die sich etwas verwegen »Element of crime« nennen, bedienen ebenfalls unsere Heldenansprüche: »Und jeder will ein Held sein und irgendeine Heldentat vollbringen. So auch ich natürlich. Ich will der, der dich hier herausholt, sein.«[5]

Selbsternannte Helden sind im Übrigen auch vermittelbar. So von einer »Agentur für Helden«[6], die von einer dreiköpfigen »Helden Crew« – »Mut-Macher, Helden-Hunter, Helden-Optimierer« – geleitet wird. Im Angebot sind Helden, die »mutig sind, Probleme angehen, Schwierigkeiten überwinden und sich auf ihre Stärken konzentrieren«. Die Bedarfsanalyse der Agentur für Helden: Wir könnten Helden gut gebrauchen. Helden, die uns zeigen, wie es geht. Auch und gerade, wenn scheinbar nichts mehr geht.

Der klassische Westernheld trat noch recht konventionell auf – zu Fuß wie Gary Cooper in »High Noon« oder zu Pferd wie John Wayne in »Red River« – und hinterließ bei uns Kinobesuchern das Gefühl: Mit ein wenig Phantasie und der passenden Kleidung könnten wir in der entsprechenden Gegend ähnlich agieren.

Superman hat sich schon von wesentlichen menschlichen Einschränkungen befreit. Er kommt nicht mehr zu

Fuß oder zu Pferd. Er fliegt, manchmal hoch hinaus, bisweilen sogar zu den Sternen.

Aber das ist noch nicht genug der heroischen Steigerungen. Trat der Heldendarsteller früher noch als Star auf und hoffte, als Held erkannt und verehrt zu werden, will er inzwischen zum *Super*star oder *Top*model werden. Er oder sie wird gesucht, manchmal sogar von ganz Deutschland (DSDS: Deutschland sucht den Superstar, Fernsehshow). Er oder sie hat Aufgaben – Heldentaten – zu vollbringen, bis Held oder Heldin, Superstar oder Supermodel schließlich gefunden sind. Aber: Nur einer kann der Sieger sein. Dennoch – oder vielleicht gerade deshalb – ist der Andrang groß, denn: Jeder will ein Held sein und eine Heldentat vollbringen!

Was Helden wollen

Was macht aber eigentlich den Helden aus? Was macht ihn so anziehend?

Den Helden unterscheidet das nicht Alltägliche und das Ungewöhnliche vom Normalverbraucher, vom unheroischen anderen. Der Held will sich nicht nur besondere Aufmerksamkeit sichern, sondern auch ein besonderes Bild vor den Augen der anderen entstehen lassen: ein Image. Das Image des Hoffnungsträgers, des Motivators, des Vorbildes und der Opferbereitschaft für eine höhere Sache.

Der Held verfügt aber nicht nur über ein besonderes Image, sondern hat auch einen außergewöhnlichen Lebensstil und macht ungewöhnliche Erfahrungen. Der Held stellt sich ohne zu zögern der Gefahr, dem Schwierigen und dem Riskanten, ja sogar dem Unmöglichen. Er lässt sich nicht ablenken, weder durch abwägendes Bedenken, noch durch nachdenkliche Rationalität. Er besitzt stattdessen eine besondere Handlungskompetenz. Er erscheint instinktgesteuert. Er handelt wortkarg, bisweilen stumm. Er handelt ohne Zögern und Zaudern, selbst im Augenblick sicheren Scheiterns. Oft genug begegnet er dem Tod und der ultimativen Niederlage, um beides heroisch zu überwinden.[7] Der Held negiert die Aussichtslosigkeit seines Tuns und vergisst dabei sich selbst. Selbstüberwindung ist sein Markenzeichen.

Zwiespältige oder gemischte Gefühlslagen wie Zweifel, Verzweiflung, Mitleid, Reue, vage Schuldgefühle und Angst sind ihm fremd. Das sichert ihm sein Alleinstellungsmerkmal. Er legt allgemein menschliche Eigenschaften ab, auch wenn er es nicht schafft, dafür göttliche Eigenschaften einzutauschen. Denn er wird bestenfalls zum Halbgott, d. h. er bleibt sterblich, seine menschlichen Reste gefährden ihn. Die Achillesferse und die durch das Lindenblatt verletzliche Stelle zwischen den Schultern Siegfrieds bleiben. Auch der Held entgeht der Verletzlichkeit und Gefährdung nicht. Er ist sogar besonders gefährdet, weil er von der menschlichen Angst, dem unheroischen Zweifel und dem Zaudern, die ihn schützen könnten, als Held natürlich keinen Gebrauch machen darf.

Die Geschichte von Achill zeigt uns den romantischen Helden. Der tragische Held stirbt.

Die Bereitschaft, sein Leben zu opfern, ist dem Helden Beweis seiner heroischen Freiheit – Freiheit oder Tod bzw. Tod als Freiheit. Viva la muerte![8]

Was der Held aber am meisten verabscheut, ist die Resignation. Das Aufgeben. Darin lägen nicht nur Feigheit und die Preisgabe seiner Freiheit, sondern auch die Zerstörung seines Heldentums. Seit der Antike läuft es daher konsequent auf das blutige Ende hinaus, wenn heroische Halbgötter und menschliche Wirklichkeiten aufeinandertreffen.

Eine Heldengeschichte: Yes, I can!

Das Heldenimage des Hoffnungsträgers, des kühnen Motivators ist aber nicht nur Bestandteil antiker Heldenepen, sondern hochaktuell. Barack Obama wurde es von vielen Menschen zugeschrieben: das Image eines Helden, der dem Guten zum Sieg verhilft, den Weltfrieden herstellt und für Gerechtigkeit und Glück sorgt. Yes, he can! Er sollte das Ölleck im Golf von Mexiko abdichten, BP bestrafen, Härte zeigen oder – wie es der Regisseur Spike Lee sehnsüchtig wünschte – wenigstens einmal explodieren. Das Ergebnis dieser hoffnungsvoll vorgetragenen Imageerwartungen an den Heldenpräsidenten: Ein gereizter und gleichzeitig verunsicherter Präsident, der sich zunächst der erwarteten Heldenrhetorik bedient: »Ich rede mit Experten, um zu hören, wem ich in den Arsch treten muss.«[9] Das heroische Kunststück, das hier zur Aufführung kam, war der Versuch, den Volkszorn und den Volksglauben zu bedienen und gleichzeitig lautstark alle unheroischen Störgeräusche der Ohnmacht zu übertönen.

Die Wirklichkeit hätte jeden Herkules überfordert. Zwei nicht gewonnene, wahrscheinlich auch nicht zu gewinnende Kriege,[10] die Finanzkrise, die Überschuldung des Staates, Katastrophen über Katastrophen, der Niedergang der Supermacht USA. Die Krise hat Amerika im Griff. Nicht nur die Ölpest nahm die USA in Geiselhaft. Die Zahlungsunfähigkeit schleicht ums Weiße Haus. Befreiung wird aber weder die Messias-Sehnsucht noch das große Wort sein, das die politischen Gegner im Munde führen. Die Befreiung könnte aber darin bestehen, die fortwährenden Demütigungen zu nutzen, um Glaubens- und Weltbilder in Frage zu stellen und neu nach- und vorzudenken, nicht zuletzt auch über das Ideal des Helden. No, I can't! Inzwischen ist aus dem Helden Obama ein handlungs- und entscheidungsgeschwächter Mensch geworden. Er ist ergraut, und es ist ungewiss, ob er 2012 erneut Präsident werden wird. Nicht nur der anfangs zum Helden gekürte Präsident erscheint niedergedrückt oder gar depressiv. Die US-amerikanische Wirtschaft ist es auch und wird es, trotz einzelner Aufschwünge, wohl auf längere Sicht auch bleiben.

Warum aber finden trotz allem noch immer so viele Menschen Gefallen an der Heldenrolle?

Berghelden

Am Sonntag, dem 14. Juli 2008 um 9.00 Uhr, starten im österreichischen Ehrwald 550 Freizeitsportler zum Extrem-Berglauf auf der Zugspitze. Der Veranstalter verspricht: Gerade aufgrund dieser unvergleichlichen Besonderheit des Laufes in einer traumhaften Bergwelt wird jeder, der eines der Ziele erreicht, ein Sieger sein! Die Distanz des Berglaufs auf den höchsten Gipfel der Nation beträgt 16,1 Kilometer bei 2100 Meter Höhenunterschied. Der Streckenrekord liegt bei zwei Stunden und drei Minuten. Der Normalbergsteiger braucht für diese Strecke etwa neun Stunden.

Für die meisten der Läufer wird dieser Tag in der traumhaften Bergwelt zum Albtraum. Für sie werden die Anstrengungen zu groß. Sie brechen erschöpft zusammen. Streckenposten sprechen unterkühlte und erschöpfte Läufer an und versuchen sie zum Abbruch zu überreden, meist ohne Erfolg. Die Läufer befinden sich wie im Rausch. Sie haben nur das Ziel vor Augen und sehen sonst nichts mehr. Am Ende müssen Bergwacht und Rotes Kreuz die unterkühlten Gipfelstürmer von der Strecke auflesen und zu Rettungsstationen schleppen. Dreißig Läufer werden in Alu-Decken verpackt in Krankenhäuser transportiert. Sechs Läufer kommen mit schweren Unterkühlungen auf die Intensivstation des Krankenhauses Garmisch-Partenkirchen, ihre Körpertemperatur liegt bereits bei unter 32 Grad Celsius. Knapp unter dem Gipfel in 2051 Metern Höhe werden zwei Läufer vergeblich reanimiert. Sie sterben an Erschöpfung und Unterkühlung auf der Rennstrecke. Eine Läuferin, selbst Notärztin, hält so lange durch, bis sie schließlich auch zusammenbricht. Einige Läufer können keinen Löffel und keine Tasse mehr halten, so sehr zittern sie vor Erschöpfung. Andere sind nicht mehr in der Lage, ihren Namen zu nennen. Sie wissen nicht mehr, wer sie sind.

Was bringt die 550 Läufer dazu, sich das anzutun? Warum tun es so viele ihnen gleich: laufen die Marathonstrecke am Südpol oder riesige Strecken durch Geröll- und Sandwüsten, schwimmen kilometerlang in Eiswasser, stürzen sich von hohen Klippen, klettern ohne Sicherung auf Felsen oder an Felsüberhängen herum, besteigen innerhalb von zwei Monaten Mount Everest und K2 ohne zusätzlichen Sauerstoff? Sie tun etwas, wofür es inzwischen eine eigene Sprache gibt: Base-Jumping, Free-Solo-Climbing, Apnoe-Tauchen, Canyoning, River Rafting, Downhill Biking, Freeriding, Extremsurfing und dergleichen mehr.[11]

Extremsporthelden

Was bringt Menschen dazu, sich heroisch auf tödliche Gefahren des Risiko- oder Extremsports einzulassen?

Der Extremsportler erwartet wohl etwas, was ihm sein unheroisches Normal-Dasein nicht zu bieten scheint.

Und was wäre das unheroische Normal-Dasein?

Das normale Alltagsleben wird als mehr oder weniger durchorganisiert erlebt. Gewohnte Verhaltens- und Verfahrensweisen sichern und garantieren voraussagbare Abläufe. Langeweile stellt sich ein, die mit begrenzten Einflussmöglichkeiten und dem Gefühl der eigenen Bedeutungslosigkeit einhergeht. All das entspricht aber andererseits auch dem Wunsch nach Sicherheit, Verlässlichkeit, Berechenbarkeit und dem Bedürfnis, nicht unangenehm aufzufallen. Man möchte einerseits weg vom unheroischen Alltag, andererseits dessen angenehme Seiten aber auch nicht missen. Diese Zwiespältigkeit ist lästig, zumal man sich ständig aufgerufen fühlt, seine eigene unverwechselbare Ich-AG darzustellen. Verpflichtet, sein Leben autonom zu führen, es in eigener Regie unverwechselbar zu gestalten, zum Schmied des eigenen Glückes und zum Autor seiner eigenen Biographie zu werden, sieht man sich aber in den Niederungen des unheroischen Alltags kontinuierlich an diesen Sollwerten scheitern. Schon ist wieder die miese Stimmung da, für die Abhilfe geschaffen werden muss.

Aber nicht nur die Einzigartigkeit der eigenen Person stellt sich nicht so recht ein. Auch das Erleben des eigenen Körpers geht irgendwie verloren oder ist nur noch eine ferne Erinnerung. Körperliche Empfindungen und Betätigungen beschränken sich auf das Bespielen von PC-Tastaturen oder Mobiltelefonen, und es kann schon eine sensationelle Körpererfahrung sein, das Display eines iPhones oder eines iPads zu streicheln. Mit dem Verlust des Körpergefühls geht aber auch die Auflösung des Gefühls für Raum und Zeit einher. Internet, Video- und Telefonkonferenzen können überall und zu jeder Zeit stattfinden, und es müssen keine Distanzen dazu überwunden werden. Im Gegenzug erhofft sich der Held des Extremsports durch seine sportlichen Heldentaten einen Ausweg aus dieser Situation.

Risiko- und Extremsport ermöglichen dem Helden seltene und außergewöhnliche Erlebnisse. Er hofft, seine eigene Macht- und Bedeutungslosigkeit zu überwinden, wenn er sich in einem Akt der Selbstermächtigung Risiken, Wagnissen und Gefahren aussetzt, deren Ausgang allein von ihm selbst und seinem Handeln abhängt. Es kommt nun einzig und allein auf ihn an. Er muss sich dabei weder mit sich selbst noch mit anderen auseinandersetzen, er muss weder mit sich selbst noch mit anderen Gespräche führen oder im Gespräch bleiben. Er kann verstummen. Die Heldentat verspricht ein einzigartiges Einsamkeitserlebnis. Der Läufer, der Schwimmer, der Kletterer kann mit seinem Schmerz allein sein. Er kann sich, ja er muss sich ganz auf den Kampf konzentrieren, den Kampf gegen das Schicksal, aber noch viel mehr auf den Kampf gegen sich selbst.

Von Kompromissen, Zwiespältigkeiten, von Zögern und Zaudern befreit, kann er sich ganz auf den Hauptgegner konzentrieren: auf sich selbst. Es ist der Kampf gegen den altbekannten inneren Schweinehund. Es ist der Kampf gegen die widersprüchlichen Stimmen in ihm. Es ist der Kampf gegen die Stimme der Vernunft, und es ist der Kampf gegen die Sehnsucht nach Ruhe, gegen das unheroische Aufgeben.

Dieser Kampf gegen sich selbst setzt auf den Sieg durch Selbstüberwindung. Aufgeben erscheint dann irgendwann unmöglich, wäre Niederlage. Ein Desaster, das schwerer wiegt als die physische Qual oder gar der Tod. Der Kampf wird zu einem Kampf gegen die Scham der Niederlage. Die olympische Devise »Dabei sein ist alles!« kann hier nicht mehr genügen. Sie ist untauglich für Helden.

Es entsteht eine paradoxe Situation: Indem der Held eine seltsame Spaltung zwischen seinem heroischen und seinem unheroischen Selbst vollzieht, wird der Sieg durch die Niederlage errungen und nicht selten durch die Vernichtung besiegelt. Ein klassischer Pyrrhussieg.

Risiko- und Extremsport versprechen die Wiederbelebung verlorener Raumerlebnisse. Es müssen große oder unwirkliche Räume durchschritten, durchlaufen, durchschwommen oder durchklettert werden. Je mehr sich diese Erlebnisse von den bequemen und leicht herzustellenden virtuellen oder unheroisch modernen Reiseerfahrungen unterscheiden, das heißt, je mühsamer, anstrengender, ja quälender sie sind, umso eher stellen sich die vermissten Raumerlebnisse ein. Man spürt den Raum beim mühevollen Durchqueren unmittelbar und gegenwärtig.

Die Verlockung des heroischen Risikosports besteht auch in einem einzigartigen Gegenwartserlebnis. Vergangenheit und Zukunft spielen keine Rolle mehr und können daher beim dichten und intensiven Erleben der Gegenwart nicht stören. Zeit wird als intensive Gegenwärtigkeit erlebt, so wie in ekstatischen Glückszuständen, wo bekanntlich dem Glücklichen auch keine Stunde schlägt und er zum Augenblick sagt: Verweile doch, du bist so schön!

Die Gegenwart wird in all ihrer Intensität ausgedehnt, ungetrübt durch vorauseilendes oder reflektierendes Denken – bis hin zu einem Zustand von Gegenwart, in dem es keine Zukunft mehr gibt, weil gestorben wird.

Heldentod eines Fußballers

Auch beim Fußball gibt es Helden. Fußballer vollbringen gelegentlich Wunder, wie zum Beispiel in Bern, werden in Deutschland zum Kaiser (Franz) gesalbt, in Südamerika gar als Fußballgötter verehrt wie Diego Maradona, dessen Hand ja bekanntlich die Hand Gottes ist. Dennoch gehört Fußball nicht zu den ausgesprochenen Risikosportarten. Beim Berglauf an der Zugspitze starben mehr Läufer auf der Rennstrecke als normalerweise bei einem Fußballspiel auf dem Rasen. Dennoch scheint auch das Fußballspielen riskant zu sein, zumindest für manche Spieler.

Am Dienstag, den 10. November 2009 lässt sich Robert Enke, Torwart in der deutschen Nationalmannschaft, im niedersächsischen Neustadt am Rübenberge von einem Nahverkehrszug hinrichten. Kurz vor halb sechs war er mit seinem schwarzen Geländewagen hinaus zu der Bahnstrecke gefahren, die von Bremen nach Hannover führt. Nahe dem Haltepunkt Neustadt-Eilvese, etwa zehn Meter von den Gleisen entfernt, lässt er sein Auto stehen. Er schließt nicht ab. Auf dem Beifahrersitz hinterlässt er seine Geldbörse. Dann läuft er los. Immer den Bahndamm entlang. Auf der anderen Seite der Gleise beginnen die Felder.

Der Regionalexpress RE 4427 hat auf Höhe des Örtchens Eilvese etwa eine Geschwindigkeit von 160 Stundenkilometern.

Am Vormittag ist Enke noch bei seinem Verein Hannover 96 zum Training erschienen und war fest entschlossen, den Rückstand wieder aufzuholen, den er einem Infekt zu verdanken hat. Am vergangenen Sonntagnachmittag hatte er beim Spiel Hannover 96 gegen den Hamburger SV im Tor gestanden. Fünf Tage später, am 15. November, herrscht in Deutschland Volkstrauer. Die größte Trauerfeier seit der Beerdigung Konrad Adenauers findet statt.

40 000 Menschen befinden sich auf einem Trauermarsch für Robert Enke durch Hannover. Warum eigentlich? Ehrten sie damit Robert Enkes überragende Qualitäten als Torwart? Wohl kaum. Enke stand zwar im Tor der Nationalmannschaft, aber das auch nur sieben Mal. Wie hätte dann erst die Beerdigung von Fritz Walter aussehen müssen?

Nein, es muss andere Gründe für diese massenhafte Anteilnahme geben. Enke brachte uns den Tod in Erinnerung, und zwar den Tod, der sich mitten im Leben ereignet. Theoretisch wissen wir zwar alle (vielleicht), dass wir sterben müssen, doch man wird an die Wirklichkeit des Todes dann erinnert, wenn ein Mensch, den man eben noch lebendig gesehen hat, ganz plötzlich stirbt. Gerade noch im Tor gegen den HSV, noch schnell ein Interview und Ende. Ein klassischer Heldentod.

Robert Enke bot sich wohl vielen Menschen als Identifikationsfigur an. Deshalb geschah nach seinem Tod etwas, was seit dem Tod von Prinzessin Diana als Princess-Diana-Effekt bezeichnet wird: Ein Fremdweinen, bei dem Menschen ihren eigenen Kummer in die Nöte einer öffentlichen Figur gießen.

Am deutlichsten zeigte sich diese Identifikation mit Enke in der massenhaften Anteilnahme im Internet. Fast jeder konnte sich dort mit dem Fußballer identifizieren, weil wahrscheinlich jeder die Angst vor dem Versagen kennt und weiß, wie es ist, sich davon nichts anmerken zu lassen. Vielleicht haben auch viele, die sich hier zu Wort meldeten, selbst schon mit dem Gedanken gespielt sich umzubringen. Robert Enke diente als eine Identifikationsfigur, an der die Kosten des Heldentums deutlich wurden.

Die Tränen galten also nicht in erster Linie Robert Enke, sondern dem eigenen Leiden an der Angst, zu versagen und auf der Strecke zu bleiben, denn: Jeder will ein Held sein und eine Heldentat vollbringen!

Aber gehen wir noch einmal zu Robert Enke selbst zurück. Wie für viele andere galt auch für ihn: Nach dem Spiel ist vor dem Spiel! Sechs Tage nach dem Tod seiner Tochter Lara[12], für den Robert Enke sich die Schuld gab, zwingt er sich, wieder im Tor zu stehen. Er glaubt, je länger er aussetzt, desto schwieriger könnte die Rückkehr sein. Zu groß ist die Angst, die Angst vor der Schmach einer Niederlage. Und nichts kann diese Angst besiegen. Im Gegenteil: Jeder Erfolg lässt die Angst vor dem Absturz sogar wachsen. Denn die Fallhöhe nimmt beim Aufstieg auf der Erfolgsleiter zu. Bis man sich dann irgendwann selbst verliert, wie es der Skispringer Sven Hannawald in einem Interview ausdrückte: Plötzlich fehlte mir das Gefühl für mich selbst, war kein Selbstvertrauen mehr da. Der Tennis-Star Andre Agassi beschreibt in einem Interview etwas Ähnliches: Es war das falsche Leben. Ich hatte Angst vor der Niederlage, vor Spott, vor der Öffentlichkeit und vor meinem Vater.

Agassis Durchhalte-Therapie bestand in dem Aufputschmittel Methamphetamin.

Nein, es ist kein Honigschlecken, als Held durchs Leben zu gehen. Aber es gibt genug Ratschläge und aufmunternde Durchhalteparolen. Eine der verbreitetsten ist die Aufforderung, sich Zweifel, Ängste und Befürchtungen nicht anmerken zu lassen. Ein Lösungsvorschlag, der schnell zum Problem wird und noch mehr belastet. Robert Enkes Frau Teresa weiß davon ein Lied zu singen. Nach dem Tod ihres Mannes sprach sie darüber.

Die Parole des Geheimhaltens und die Aufforderung, sich nichts anmerken zu lassen, kommen aber an und werden vielfach umgesetzt, nicht nur im Sport und nicht nur beim Fußball. Aber eben dort auch. Wie sonst wäre zu erklären, dass es in den Reihen von 18 Bundesligavereinen keinen einzigen homosexuellen Spieler geben soll? Ebenso merkwürdig, wie statistisch unwahrscheinlich. Aber: Helden sind eben nicht schwul![13]

Auch Fachleute beteiligen sich an den Durchhalteappellen, so etwa aus Anlass des Todes von Robert Enke in der *Frankfurter Allgemeinen Zeitung*: »Außerdem können Familienmitglieder das Durchhaltevermögen stärken, den Betroffenen motivieren, am Ball zu bleiben.«[14] Robert Enke wird in dieser Hinsicht geradezu als vorbildlich beschrieben, als einer der zwar immer wieder Rückschläge erlebte, aber aus jedem Schicksalsschlag Energie geschöpft und seinen Weg unbeirrt fortgesetzt habe. Einer also, der wie empfohlen am Ball blieb.

Weit verbreitet ist auch der Ratschlag, nach einem erschütternden Ereignis so schnell wie möglich zum Tagesgeschäft zurückzukehren. Eine weitere verbreitete Maßnahme ist der schnelle Übergang zum Zustand, wie er vorher war. Bundestrainer Jogi Löw gab denn auch schon kurz nach der Trauerfeier die Richtung vor: Wir müssen alles tun, um zur Normalität zurückzukehren. Löw steht mit dieser Aufforderung keineswegs allein. George W. Bush forderte seine Landsleute nach dem 11. September 2001 auf, möglichst bald wieder einkaufen, ins Kino und zu Baseball-Spielen zu gehen.

Heldentod in Wirtschaftskreisen

Weniger Anteilnahme gab es dagegen ein paar Monate vorher, obwohl der prominente Trauerfall ähnlich überraschend eintrat und der Tod auf fast identische Weise gesucht wurde wie von Robert Enke.

Am 5. Januar 2009 warf sich Adolf Merckle, laut Wirtschaftsmagazin *Forbes* mit 9,2 Milliarden Dollar geschätztem Vermögen der fünfreichste Deutsche, im Blaubeurer Ortsteil Weiler im schwäbischen Süden der Republik ebenfalls vor einen Nahverkehrszug.

Adolf Merckle war ein bescheidener Mann. Er soll bei Reisen mit der Bundesbahn immer in der zweiten Klasse gefahren sein. Er war aber auch ein erstaunlicher Wirtschaftsheld. Er schuf als Selfmademan ein gigantisches Firmenimperium, das er weitgehend allein kontrollierte. Seine Firmengruppe war Ende 2008 in eine finanzielle Schieflage geraten. Adolf Merckle hatte sich an der Börse mit VW-Aktien verzockt. In der Folge wollten ihm dann mehr als dreißig Gläubigerbanken an die Wäsche. Sie wollten ihm nur noch einen Kredit gewähren, wenn er einwilligte, sich von einigen Firmenteilen zu trennen, darunter auch von der Ulmer Pharmafirma Ratiopharm, auf die er besonders stolz war. Merckle unterzeichnete schließlich nach zähen Verhandlungen eine Kreditstundung. Sein Lebensmotto – Mir ist fremd, etwas aufzugeben! – und die Tatsache, nicht mehr die Kontrolle über sein Firmengeflecht zu haben, müssen ihm wohl, bei allem Reichtum, als Gefühl der Schmach und Ohnmacht so sehr zugesetzt haben, dass er dort, wo er die Kontrolle auf keinen Fall aus der Hand geben wollte, handelte. Er nahm sich selbst das Leben. Er handelte im Hinblick auf den Tod, wie er es im Leben zu tun pflegte: Der Selbstmord ist die ultimative Form der Kontrolle, die uns zur Verfügung steht; das Heft in der Hand behalten bis zum Schluss, den man selbst bestimmt. Auch wenn er, wie Robert Enke, dazu Helfer rekrutierte, die ihrerseits nicht gefragt wurden, ob sie das Geschäft der Hinrichtung wirklich übernehmen wollten.

Solche Selbsttötungen machen unbeteiligte Personen zu Vollstreckern. Dieses anmaßende Verhalten bleibt nicht ohne nachhaltige Wirkung auf die unfreiwillig Hineingezogenen: Ein beträchtlicher Teil der Zugführer leidet lange unter dieser Situation, viele geben ihren Beruf auf.

Dabei gibt es auch andere Möglichkeiten. Sie erscheinen aber weniger heroisch: Am 16. März 1938 nahm sich der jüdische Kulturphilosoph Egon Friedell in Wien das Leben, nachdem sich zwei SA-Männer Zugang zu seiner Wohnung verschafft hatten. Er sprang aus dem Fenster seiner im dritten Stock gelegenen Wohnung, aber erst, nachdem er vorbeigehende Passanten gewarnt hatte: »Treten Sie bitte zur Seite!«

Heldenglauben

Der Selbstmord Adolf Merckles macht deutlich, dass es nicht um wirtschaftliche Not ging, sondern um das heroische Selbstbild, das er sich aufgebaut hatte und das der Wirklichkeit nicht mehr standhielt. Es geht beim Heldenbild um Ehre, Autonomie und Kontrolle. Es geht um die Vorstellung von sich selbst als jemand, der mit allem und allen fertig wird und alles allein regeln kann. Und das macht man dann auch. Man bleibt seinem Glauben treu und geht aus eigenen Stücken in den Tod.

Robert Enke und Adolf Merckle sind exemplarische Helden. Aber sind wir ihnen nicht auch ähnlich, sind wir ihnen nicht geistesverwandt, auch wenn wir keine Supersportler sind und kein Firmenimperium aufgebaut haben?

Wie sagte schon Bert Brecht?

»Unglücklich das Volk, das Helden braucht!«

2
Wir hoffen uns zu Tode

Zu den häufig gebrauchten und positiv bewerteten Begriffen gehören: Liebe, Glück, Fortschritt, Wohlstand, Freiheit und Autonomie. Zu den absoluten Topfavoriten zählen jedoch Optimismus und Hoffnung. Die Hoffnung hat dazu noch eine extrem lange Lebenserwartung. Sie soll ja angeblich zuletzt sterben, also dann, wenn alles andere schon tot ist. Und das nicht erst seit gestern. Die Halbwertszeit der Hoffnung scheint sehr lang zu sein. Die Hoffnung wäre dann eine Art von radioaktiv strahlendem Material – zwar einem Zerfallsprozess unterworfen, aber einem sehr langsamen Zerfallsprozess. Wie soll man diesen Verlust der radioaktiven Strahlkraft der Hoffnung werten? Negativ, weil radioaktive Energie verloren geht, oder positiv, weil durch den Verlust die Gesundheit weniger geschädigt wird? So oder so stellen sich Fragen nach den Möglichkeiten der Wiederaufbereitung bzw. des sicheren Endlagers für den radioaktiven Hoffnungsmüll.

Hoffnung: Was sie ist, was sie kann – was sie anrichtet

Hoffnung hat man, wenn man sie denn hat, natürlich immer in der Gegenwart. Sie kann sich aber auf zwei verschiedene Ziele hin ausrichten: Auf die Vergangenheit – dann ist sie die Hoffnung, dass alles so bleibt, wie es war oder sich wieder so herstellt,[15] vorausgesetzt es war gut.

Oder auf die Zukunft – dann ist sie die Hoffnung, dass sich dort etwas einstellt, was noch nicht ist, aber gut erscheint.

Die hoffnungsvolle Erwartung, dass etwas Wünschenswertes in der Zukunft eintritt oder dass alles mindestens so gut bleibt wie es ist oder war, durchzieht alle Bereiche unseres Lebens. Sie ist Leitmotiv vieler Überzeugungen und Glaubensbekenntnisse, die uns umgeben. Hoffnung gehört zur Grundausstattung christlicher Vorstellungen. Sie ist als christliche Tugend geadelt. Die frohe Botschaft schlechthin.[16] Hoffnung und Optimismus sind aber auch die frohe Botschaft der Moderne, Grundwerte der Aufklärung, des Fortschritts und des technisch-wissenschaftlichen Zeitalters.

Ohne sie ist das Programm des Aufbrechens, des Vorwärtsstrebens und des Vordringens in das Noch-Nicht der grenzenlosen Möglichkeiten nicht denkbar. Hoffnung steuert die Blickrichtung nach vorn, dorthin, wo das Gute liegen soll. Sie bekräftigt die optimistische Überzeugung, dass es schon gutgeht, wenn es weitergeht. Hoffend gelingt das Hinweghoffen über Gegenwärtiges und das Heraushoffen aus Gegenwärtigem.

Die Hoffnung richtet aber nicht nur den Blick nach vorn, sondern ist auch Aufforderung. Sie fordert zum Handeln und zu Taten auf: Machen, damit wird, was man hofft!

Eine der philosophischen Begleitmelodien zur allgegenwärtigen Hoffnungsverehrung liefert Ernst Bloch mit seinem Hauptwerk *Prinzip Hoffnung*.[17] Dort durchstrahlt die Hoffnung alle gesellschaftlichen Entwicklungen und ist der Energielieferant für das Vorwärts. Rückschläge können der Hoffnung nichts anhaben. Im Gegenteil! Rückschläge sind sogar Hoffnungsverstärker. Hoffnung erscheint als eine merkwürdige, erneuerbare Energie, die sich durch ihren Verbrauch von selbst erneuert. Immer wieder zitiert Bloch dazu einen Vers aus den deutschen Bauernkriegen.

1525 skandieren die besiegten Bauern trotzig: »Geschlagen ziehen wir nach Haus – unsere Enkel fechten's besser aus!«

Aber so merkwürdig ist die Erneuerung der Hoffnungsenergie durch ihren Verbrauch gar nicht. Jeder leidenschaftliche Glücksspieler weiß davon: Eigentlich müsste er nach jeder Niederlage hoffnungsloser werden. Das Gegenteil ist der Fall. Von Niederlage zu Niederlage steigert sich seine Hoffnung. Mit jedem Verlust glaubt er, die Wahrscheinlichkeit nehme zu, dass sein Einsatz jetzt endlich dran sei, zu gewinnen. Das Ergebnis ist meist fatal: Der Spieler hofft sich bankrott!

Es ist schwierig, allgemein positiv bewertete Begriffe zu hinterfragen. Wer es wagt, das Prinzip Hoffnung in Frage zu stellen, macht sich sogleich des Zynismus oder des Fatalismus verdächtig. Wer die Hoffnung in Frage stellt, streut Sand ins Getriebe der vorwärtsstürmenden Abläufe. Dem Hinweghoffen stellt sich das »Moment mal!« in den Weg. Es verdirbt den hoffnungsvoll vorwärtsstürmenden Optimisten die gute Stimmung. Wer die Gewissheit des Positiven in Frage stellt, muss damit rechnen, zumindest als Spaßbremse denunziert zu werden.

Dabei haben es die, die hoffen und sich optimistisch eingestimmt haben, doch gar nicht so leicht, wie es zunächst scheinen mag. Sie laden sich eine erhebliche Beweislast auf. Sie rechtfertigen etwas, was man erst später beurteilen kann: Ob es gut, das heißt erwartungsgemäß, ausgegangen ist oder schlecht, nämlich unverhofft. Erst dann stellt sich heraus, ob der Blankoscheck der Hoffnung auch gedeckt ist oder nur ein Schrottpapier war, das von fragwürdigen, positiv gestimmten Ratingagenturen mühsam am Leben erhalten bzw. im Geschäft gehalten wird.

Angeblich lebt es sich als Optimist leichter. Dabei strengt Hoffnung doch erheblich an. Sie ist an anspruchsvolle und in keiner Weise sichere Glaubens- und Erwartungsvoraussetzungen gebunden. Da sie auch Handlungsaufforderung ist, können erhebliche Anstrengungen die Folge sein. Der hoffnungsvolle Glaube an den Fortschritt, an unbegrenztes Wachstum, zunehmenden Wohlstand, Wohlbefinden und Erfolg, Glück und machbare Gesundheit verlangt uns Taten ab.

Die Hoffnung, dass es schon gutgehen wird, hat Nebenwirkungen. Damit die Hoffnung zuletzt stirbt, das heißt, mit allen Mitteln am Leben erhalten werden kann, benötigt sie lebenserhaltende Maßnahmen: Schönfärberei, Verschleierung, Desinformation, Lügen, Betrug oder auch einfach nur Dummheit.[18] Wie sonst wäre zu erklären, dass die Hoffnung (alles wird gut!) so viel Selbst- und Fremdvernebelung erzeugt? Wenn beispielsweise Tiefseebohrungen ohne die entsprechenden Sicherheitsauflagen möglich sind[19] oder der Zusammenbruch der Lehman-Bank, der Finanzcrash und die Atomkatastrophe in Fukushima – all diese Ereignisse waren keine unvorhersehbaren Naturkatastrophen, sondern vorhersehbar und im Vorfeld vermeidbar. Wäre da nicht der Hoffnungsnebel, der den Blick trübt. Bei den Verantwortlichen wie auch bei der Allgemeinheit. Wer Hoffnung hat, ist meist einfach nur schlecht informiert oder informiert andere schlecht.

Stimmen wir also ein kräftiges »Moment mal!« an. Schauen wir uns die Hoffnungs- und Optimismusmythen etwas genauer an.

Hoffnung heilt Krebs!? Lachen macht gesund!?

Seit den 70er Jahren des letzten Jahrhunderts wird vielerorts lautstark behauptet, dass die richtige Einstellung Krankheit verhindern bzw. gesund machen könne, selbst bei Krebs. Kann man Krebs weghoffen? Machen Optimismus und Lachen gesund?

O. Carl Simonton hat diese Behauptung einen Bestseller[20] eingebracht. Weltweit tummeln sich seitdem Verkünder positiven Denkens, um Krebspatienten mental entsprechend auszurichten.[21] Die Kranken werden aufgefordert, ihre Vorstellungskraft zu nutzen, um innere Kraftquellen anzuzapfen. Sie sollen lernen, »gesunde Gedanken« von »ungesunden Gedanken« zu trennen. Ungesund ist das pessimistische Grübeln.

»Gesunde Gedanken« sollen gezielt trainiert und förderliche Fähigkeiten in den Blick genommen, Selbstbewusstsein und Intuition unterstützt werden. Besonders hervorgetan hat sich dabei der Bestsellerautor Deepak Chopra, der auch gleich eine Nonsens-Theorie seiner Behauptungen mitliefert, die »Quantenheilung«[22]. In seinen zahlreichen Gesundheits- und Lebenshilfebüchern, die weltweit Millionen-Auflagen erreichen und in mehr als zwei Dutzend Sprachen übersetzt wurden, greift Chopra gerne auf Begriffe aus der Quantenphysik zurück. Dafür erhielt er 1998 zu Recht den satirischen Ig-Nobelpreis für Physik. Dieser Nobelpreis – Ig greift das englisch/französische Wort: *ignoble* = unwürdig, schmachvoll, schändlich auf – ist eine satirische Auszeichnung, die von der Harvard-Universität in Cambridge (USA) für unnütze, unwichtige oder skurrile Arbeiten verliehen wird. Bedingung für eine Nominierung ist, dass die »Entdeckung« im wissenschaftlichen Versuch nicht wiederholt werden kann oder nicht wiederholt werden sollte. Die Preise werden für Arbeiten verliehen, die einen zuerst zum Lachen, dann zum Nachdenken bringen. Chopra kann einen also durchaus zum Lachen bringen. Sein krebskrankes Zielpublikum hingegen muss – folgt es Chopras Anweisungen – hart arbeiten: »Wenn Sie wirklich Ihren Krebs loswerden wollen, dann müssen Sie den ›Krebsgeist‹ austreiben. Der Krebsgeist ist nichts anderes als das Zellgedächtnis, ein Quantenfluss auf zellulärer Ebene. Sie müssen auf diese tiefe Ebene gehen, den ganzen

Prozess beobachten und dann die intelligenten Muster umstrukturieren, die uns unsere physische Erscheinung geben. Wenn Sie wissen, wie es geht, dann können Sie nicht nur Krankheiten loswerden, sondern Sie können Ihren Körper neu strukturieren.«[23]

In der Zeitschrift *Nexus* empfiehlt Walter Last[24] unter der Überschrift »Vernünftige Krebsbehandlung« tägliche Phantasiereisen, um »positive Gefühle in das betroffene Organ zu leiten; es geht darum, emotionale Erschütterungen aufzuspüren und zu neutralisieren«.[25]

Der Chirurg Bernie Siegel behauptet, dass das Immunsystem den Krebs besiegen kann, »wenn man es nicht beeinträchtigt [...], und emotionales Wachstum – die zunehmende Fähigkeit, sich selbst zu akzeptieren und ein erfülltes Leben zu finden – stärkt das Immunsystem«.[26] Simonton seinerseits gibt die Anweisung, man solle sich jeden Tag Zeit nehmen, um sich den Kampf der käferartigen Zellen vorzustellen oder zu zeichnen. Doch muss dies auf die richtige Weise geschehen. Stellt man sich die Krebszellen »falsch« vor, nämlich nicht schwach und unterlegen, und die körpereigenen Abwehrzellen nicht stark, angriffslustig und überlegen, so liebäugle man – so der wissende Simonton – mit dem Tod. Noch intensiver als bisher müsse man dann an sich und seinen hoffnungsvollen und optimistischen Gedanken arbeiten.[27]

Zu wenig Hoffnung und Optimismus – selber schuld!

Was ist die Konsequenz solcher Vorstellungen, dass Hoffnung, positive Gedanken und Optimismus gesund machen? Wenn Kranke nicht erfolgreich sind, sind sie nicht nur weiterhin krank, sondern auch noch schuld daran. Sie haben dann nämlich nicht genug Hoffnung und positive

Gedanken und Gefühle erzeugt. Und wenn sie sich nicht schuldig fühlen, haben sie zumindest allen Grund, sich zu schämen.

So geht es etwa einer Patientin, die sich an Chopra wendet, nachdem ihr Brustkrebs Metastasen in Lunge und Knochen gebildet hat: »Obwohl ich die Behandlung befolge, obwohl ich den weiten Weg zurückgelegt und mich von allen negativen Gefühlen befreit und allen vergeben habe, obwohl Meditation, gesunde Ernährung, Sport und Vitamine Teil meines Lebens geworden sind, kommt der Krebs immer wieder zurück. Habe ich etwas nicht verstanden? Ich bin überzeugt, dass ich ihn besiegen werde, doch mit jeder Diagnose fällt es mir schwerer, mir eine positive Einstellung zu bewahren.«[28] Chopras Antwort: »Sie müssen einfach damit fortfahren, bis der Krebs endgültig weg ist. Ich weiß, es ist entmutigend, dass er zurückkehrt, nachdem Sie so große Fortschritte gemacht haben, aber manchmal ist der Krebs einfach recht hartnäckig, und dann bedarf es eines äußersten Maßes an Beharrlichkeit, um ihn endgültig zu besiegen.«[29]

Eine andere Patientin: »Ich weiß, dass ich immer positiv sein muss und dies der einzige Weg ist, mit dem Krebs umzugehen – aber das ist furchtbar schwer. Ich weiß, wenn ich traurig bin, Angst habe oder mich aufrege, mache ich, dass mein Tumor schneller wächst, und verkürze damit mein Leben.«[30]

Die Zuteilung der Verantwortung für die Heilung des Krebses durch hoffnungsvollen Optimismus beinhaltet auch die Verantwortung für die Entstehung des Krebses. Der Krebspatient hatte in der Vergangenheit zu wenig Optimismus, oder er hat sich in anderer Weise schuldig gemacht. Im deutschsprachigen Raum hat sich ein ehemaliger Missionar mit seinen pseudotherapeutischen Veranstaltungen des sogenannten Familienstellens nicht nur eine gewisse Popularität ergaunert, sondern sich auch als selbsternannter Krebsspezialist hervorgetan. Für ihn ist die Sache klar: Krebs ist Sühne für ein Vergehen des Krebskranken.[31] Hellinger wird sogar noch genauer: Brustkrebs ist Sühne für die Verachtung von Männern, für fehlendes Mitgefühl mit Männern und dem Unrecht, das einem Mann angetan wurde.[32] Knochenkrebs dagegen sei die Sühne für die Verachtung des Vaters.[33]

So weit, so schlecht: Die Aufforderung, Hoffnung, positive Gedanken und positive Gefühle zu erzeugen, macht nicht nur viel Arbeit und stellt vor nicht zu bewältigende Aufgaben, sondern erzeugt auch schlechte Gefühle. Denn wenn der Krebs sich nicht einsichtig zeigt und verschwindet, ist man nicht nur schuldig, weil man den Krebs verursacht hat, man ist auch schuldig, weil man ihn nicht geheilt hat und nun weiter daran leiden muss.

Wenn man eine Krebserkrankung und Gedanken und Gefühle wie Hoffnung und Optimismus zusammenbringt, macht man keinen Unterschied zwischen körperlichen und geistigen bzw. psychischen Prozessen. Auf körperlicher und mentaler Ebene finden jedoch voneinander verschiedene Prozesse statt, deren gegenseitige Beeinflussung zwar nicht von vornherein ausgeschlossen werden kann, deren gefährlich banalisierende, völlig unwissenschaftliche Postulierung aber verheerenden Schaden anrichtet. Der Körper ist nicht die Psyche, und die Psyche ist nicht der Körper.

Fakten zum Thema Hoffnung und Genesung

Fragen wir die Forschung, was sie zum gegenwärtigen Zeitpunkt zu den Behauptungen zu sagen hat, wir könnten dank positiver Einstellung Krebs verhindern oder gar heilen.

Die Antwort ist klar und eindeutig: Ein direkter Einfluss

psychischer Faktoren auf die Entstehung von Krebs ist nicht nachgewiesen. Ebenso ist es unrealistisch, an Hoffnung, Optimismus und positive Gedanken und Gefühle die Erwartungen an Heilung zu knüpfen.[34] Es erkranken auch nicht jene Menschen eher an Krebs, die ihre Gefühle unterdrücken, wenig selbstbestimmt handeln und zu Hilflosigkeit neigen oder eher pessimistischen Gedanken anhängen. Selbst über den Zusammenhang von Stress und Krebs gibt es keinerlei gesicherten Erkenntnisse. Von 165 methodisch als ausreichend gut bewerteten Studien konnte in 127 Fällen kein Zusammenhang gefunden werden. 30 Studien wiesen einen positiven und acht einen negativen Zusammenhang auf.[35] Zwar versuchen viele Ärzte bei ihren Patienten eine hoffnungsvolle, kämpferische Haltung anzuregen und zu unterstützen. Doch die Hoffnung, dass Patienten dadurch zu einem längeren Überleben beitragen könnten, hat sich nicht bestätigt. Dass man den Krebs mit positivem Denken niederringen könne, ist ein gefährlicher Irrglaube. Das Leben von Krebspatienten wird durch noch so viel Hoffnung und positives Denken nicht verlängert.[36]

Krankheit als Chance?

Gern wird der Gedanke geäußert, dass jede Krankheit – auch der Krebs – eine Chance sei. Und sogleich wird man aufgefordert, diese Chance zu nutzen, und zwar richtig. Worauf will die Krankheit mich hinweisen? Was ist an meinem Leben nicht stimmig? Was sollte ich in meinem Leben ändern? Fehler in der Lebensführung, beim Denken, beim Fühlen und beim Handeln sind aufzuspüren und zu korrigieren. Die Krankheit wird so, heißt es, zum Anstoß, das Leben zu überdenken und auf positive Art neu auszurichten.

Der an Darmkrebs verstorbene Autor Robert Gernhardt

griff diese Idee auf und schrieb während seiner Krebserkrankung einen Gedichtzyklus mit dem Titel »Krankheit als Schangse«. In einem dieser Gedichte[37] beschäftigt er sich mit dem angeblichen Klugwerden durch Krankheit und mit den optimistischen Mitteilungen, die einem Kranken zugemutet werden.

DIAGNOSE KREBS
oder
ALLES WIRD GUT

Erst kam der berühmte
Schlag vor den Bug.
Zuvor war ich dumm,
Hernach war ich klug.

Dann folgte der klassische
Schlag ins Kontor.
Darauf war ich klüger
Als jemals zuvor.

Undenkbar, dass solch einem
Blitzklugen Mann
Noch irgendein Tod
Etwas anhaben kann.

Der Krieg gegen den Krebs und die Hoffnung, den Tod zu besiegen

Der Krebs muss nicht unbedingt, wie gern empfohlen, als Chance verstanden oder gar, wie es auch hier und da vorgeschlagen wird, als Geschenk willkommen geheißen werden. Er kann auch zum Feind erklärt werden, gegen den man siegreich Krieg zu führen hat.

Kriege werden an vielen Fronten geführt. Oft wird auch weiterhin erbittert gekämpft, wenn die Hoffnung, den Krieg gewinnen zu können, sich schon als große Illusion erwiesen hat. Selbst wenn sich diese Einsicht durchsetzt, bleibt unklar, wie ein solcher Krieg beendet werden könnte, ob er überhaupt beendet werden kann.

In einer Anzeige von *US Oncology* vom 8. August 2010 in der *New York Times* wird ausgeführt:

»Vereint werden wir gewinnen – Der Krebs ist groß. US Oncology ist größer. US Oncology hat den Kampf mit dem Krebs aufgenommen. Als die landesweit größte Kampforganisation gegen den Krebs haben wir mehr als 1300 verbündete Onkologen. Wir haben über 200 Stützpunkte in 38 Bundesstaaten, und wir sind in Kontakt mit mehr als 850 000 Amerikanern pro Jahr. Das bedeutet, dass wir Wissen und Erfahrungen haben, auf die sich jeder Patient stützen kann.«[38]

Gekämpft wird hier um die Kontrollhoheit über das Leben, über Gesundheit und Krankheit. Zugleich richtet sich dieser Kampf aber auch gegen den Tod, den man zu besiegen hofft.

Kriege können nur gewonnen werden, wenn man es mit schlagbaren Gegnern zu tun hat oder mit Gegnern, die sich ergeben. Wenn der Kriegsgegner nun der Krebs ist, kann der Krieg nur gewonnen werden, wenn der Krebs vernichtet werden kann bzw. sich ergibt. Da er beides nicht immer tut, werden Krebskriege zwar hoffnungsvoll, aber meist dann auch bis zum Tod geführt. Leider bedeutet das in vielen Fällen nicht den Tod des Krebses, sondern den Tod des Patienten, auch wenn der Krebs mit dem Patienten stirbt.

Fest steht: Wir alle werden sterben. Die statistische Todeserwartung liegt in Deutschland für Männer etwa beim 77. Lebensjahr und für Frauen etwa beim 82. Lebensjahr. Das Sterben wird mit einer etwa 50 %igen Wahrscheinlichkeit im Krankenhaus stattfinden. Bezeichnenderweise taucht der Begriff Todeserwartung in den Statistiken nicht auf, sondern der der Lebenserwartung. Haben wir die Hoffnung, der Tod werde vielleicht schlussendlich doch vermeidbar sein? Immerhin glauben etwa 40 % der Deutschen in den alten Bundesländern an ein Weiterleben nach dem Tod und 13 % in den neuen Bundesländern. Wobei in Gesamtdeutschland 41 % der jüngeren Deutschen (unter 30 Jahren) an ein Weiterleben nach dem Tod glauben, aber nur 32 % der älteren Deutschen (über 60 Jahren). In jungen Jahren scheint es noch leichter, an die eigene Unsterblichkeit zu glauben.[39]

Bis zum Alter von 25 Jahren besteht für viele das gute Leben im Lernen und täglich neuen und überraschenden Eindrücken. Die 35jährigen verstehen darunter Geldverdienen, Erfolg und Karriere und/oder Familiengründung. Vieles scheint für viele noch möglich. Manche müssen dann aber spätestens ab 50 begreifen, dass man sterben muss und dass man – gemessen daran, worauf man seine Hoffnung setzte – irgendwie vielleicht doch gescheitert ist. Man ist in der Lebensphase der Herzinfarkte, der gescheiterten Ehen, der Hormonsubstitutionen, des Karriereknicks, der hoffnungslosen Liebe zu dreiundzwanzigjährigen Frauen und der Schlaflosigkeit im Morgengrauen. Manche ziehen eine Lebensbilanz: Es geht zwar irgendwie immer weiter, aber eben nicht mehr schnurstracks in die gute alte Zukunft von morgen und übermorgen. Die Perspektive wechselt. Plötzlich, so scheint es manchem, hat die Biologie die Macht übernommen: biochemische Prozesse, die auch mit noch so viel gutem Olivenöl, Anti-Aging-Therapien, Vitaminpräparaten, Fatburnern, Testosteronsalben oder Entschlackungskuren in Südtirol oder Vorpommern nicht aufzuhalten sind.

Wir sind durch unsere enorm gestiegene Lebenserwartung und durch die geringe Kindersterblichkeit verwöhnt oder vielleicht besser: erfahrungsbehindert. Wir können inzwischen lange Zeit ohne den Tod leben, vielleicht sogar mit der Hoffnung, nicht zu sterben. Die Folge: Wir werden immer ängstlicher. Je weniger Erfahrungen wir mit dem Tod machen, umso größer kann die Todesangst werden. Diese Todesangst wiederum kann zur Lebensangst bzw. Lebensverzagtheit führen. Das Leben wird nicht mehr im Angesicht des Todes geführt und genossen. Stattdessen muss man den Tod ständig fernhalten, wodurch der Todesangst aber immer noch mehr stärkende Nahrung zugeführt wird. Ohne den Tod lässt sich einfach nicht gut leben!

Trotzdem ist man hoffnungsvoll versucht, jenen Erschöpfungszustand aufzuhalten, der trotz regelmäßiger Darmspiegelung, Yoga, Fitnesstraining und gesunder Ernährung irgendwann vom Tod beendet werden wird.

Erschwerend zum individuellen Überlebenskampf kommt hinzu, dass der Tod selbst zu einem Problem geworden ist. Den Tod als natürlich, profan und irreversibel zu begreifen ist zwar eine selbstverständliche Erkenntnis der Aufklärung und der Vernunft, aber er steht in scharfem Widerspruch zu den Prinzipien derselben Rationalität: der Verheißung unbegrenzten Fortschritts und der Überzeugung, die Natur in jeder Form beherrschen zu können. Der Tod wird zum – vielleicht sogar *dem* – Skandal. Er taucht bei aller aufgeklärten Rationalität wieder auf als der beängstigende Dämon, der durch seine fortwährende Sabotage bewirkt, dass die schöne, gutgetunte Körpermaschine kaputtgeht.

Nach wie vor finden deshalb die unterschiedlichsten Versuche statt, das Paradoxon aufzulösen bzw. des Todes Herr zu werden. Der Kampf ist das verbreitetste Mittel.

Aber es bestehen auch Versuche, einen »Rechtsanspruch« zu formulieren – ähnlich wie es ein von der UNO formuliertes Grundrecht auf Gesundheit geben soll: Jedem soll es möglich sein, sein biologisches Kapital auszuschöpfen und sein Leben bis zur Neige ohne Gewalt oder vorzeitigen Tod zu genießen. So, als ob jeder seinen Lebensanspruch, seine normale Lebenserwartung und einen Lebensvertrag in der Tasche hätte!

Der Körper ist aber weiterhin der natürliche und der einzige ernst zu nehmende Feind des Überlebens. In der Tat ein Paradox: In dem Kampf, der das Überleben des Körpers bezweckt, trifft der Einzelne auf eben denselben Körper als seinen Erzfeind. Der Traum vom Überleben macht den Körper zum wichtigsten Angriffsziel. Die persönliche Ungewissheit stärkt die Tatkraft und spornt zum Handeln an. Die Hoffnung ist dabei der wichtigste Energielieferant.

Die praktische Betätigung im Kampf mit dem Lebensbedrohenden kann dann vielleicht sogar die Beschäftigung mit dem Tod als dem unausweichlichen Ende vergessen machen. Und es gibt viel zu tun: Sport treiben, vernünftig essen, ausreichend Ballaststoffe zuführen, weniger Fett aufnehmen, Rauch und Raucher meiden, Verunreinigung von Wasser, Erde und Luft bekämpfen. Mit all diesen Praktiken wird das nicht lösbare Problem Tod lösungsorientiert und voller Hoffnung in eine Reihe handlicher Probleme aufgelöst.

Altern wird zu einer handhabbaren Angelegenheit.

Der unausweichliche Ausgang und Skandal der Anti-Aging-Medizin sieht dagegen anders aus: Jahrelang bereitet man viele kleine optimal zusammengesetzte Mahlzeiten zu, isst zu festgelegten Zeiten, schläft lange in optimal gestalteten Räumen auf optimalen Schlafstätten, walkt nordisch, stretcht vorschriftsmäßig und entspannt verbissen. Man schluckt wechselnde Hormone, formt entsprechend den Restkörper, lässt planmäßig alle Vorsorgedaten erheben. Man raucht schon lange nicht mehr, trinkt wenig Alkohol, sorgt aber für eine immer ausreichende Flüssigkeitszufuhr – und stirbt dann eines Tages trotzdem, aber gesund!

Viele Menschen scheinen sich selbst und vor allem ihren Körper in erster Linie als ein Mangelwesen zu empfinden, dessen man sich schämen muss. Nachdem man zunächst geboren wurde, läuft man, je älter man wird, Gefahr, irgendwie geworden zu sein, statt – wie es sich doch überall sonst geziemt – sich regelkonform hergestellt zu haben. Wird dann diese Scham in energisches Handeln verwandelt, wird uns der eigene Körper, wie er uns durch die Geburt, das Leben und die Laune der Natur zugemutet wurde, zur Zumutung, zu einem Zustand, den wir umgestaltend angehen müssen.

Schämte man sich in früheren Zeiten, zum Beispiel nach dem Sündenfall, noch seiner Nacktheit, so ist der nackte Körper heute wahrlich kein Problem mehr. Ein Problem ist aber der unbearbeitete oder unzureichend bearbeitete Körper, gleichgültig ob unbekleidet oder bekleidet. Wobei natürlich die Nacktheit die Versäumnisse meist deutlicher hervortreten lässt.

Ein Mensch, der sich nach heutigen Vorstellungen korrekt verhält, ist eine Person, die durch hoffnungsvolles Handeln auf sich selbst und ihre Umwelt einwirkt und sich selbst und ihre Umwelt gestaltet. Der Tod bedeutet das endgültige Ende dieses Gestaltens und daher die radikalste Infragestellung des persönlichen Selbstbildes als handelndes Subjekt. Das gilt nicht nur für die eigene Person, sondern manchmal sogar noch radikaler im Angesicht des Todes anderer. Auch hier erlebt sich der Hinterbliebene als ein Subjekt, dessen Handlungs- und Gestaltungsmöglichkeiten radikal in Frage stehen.

Der Tod wird dann zu einem Problem der Hinterbliebenen, weil sie in ihren Vorstellungen von Machbarkeit und damit in ihren Hoffnungen radikal enttäuscht worden sind.[40]

Vom Ende, dem Beenden und der Hoffnung auf Unschuld

Frau Käfer, eine 86-jährige Dame mit fortgeschrittener seniler Demenz wird in schlechtem Allgemeinzustand in eine Klinik eingeliefert. Sie verweigert seit Tagen jegliche Nahrung und Flüssigkeit. Sie reagiert kaum noch auf Schmerzreize. Nach einigen Tagen der Flüssigkeitszufuhr über einen Tropf findet ein Gespräch der Stationsärztin mit Herrn Käfer, dem 87-jährigen besorgten und verunsicherten Ehemann statt. Die Ärztin erläutert den Plan einer Magensonde und bittet den Ehemann um sein Einverständnis für diesen Eingriff. Herr Käfer ist spontan nicht zu einem Einverständnis bereit. Die Ärztin erklärt, dass es keine Eile habe und er sich in Ruhe mit der Familie besprechen könne.

Herr Käfer hat sein ganzes Erwerbsleben als einfacher Arbeiter ohne Berufsausbildung verschiedenste Tätigkeiten ausgeübt und unter großen Entbehrungen ein kleines Haus gebaut, in dem er zusammen mit seiner Frau, seinem Sohn und seiner Schwiegertochter wohnt. Er hat dem Sohn das Haus notariell übertragen, nachdem dieser sich verpflichtet hatte, die Pflege der Eltern zu übernehmen.

Herr Käfer hat seit Jahren keine Nacht mehr durchgeschlafen, weil er jede Nacht den unruhigen Schlaf seiner Frau überwachen musste. Er hatte während dieser Nächte öfter den Gedanken, seine Frau zu erwürgen und sich anschließend selbst umzubringen. Zusätzlich belastet ihn, dass seine drei Kinder – er hat einen Sohn und zwei Töchter – sich nicht verstehen und sich Neid und Missgunst zwischen ihnen breitgemacht hat. Das schmerzt ihn besonders auch deshalb, da er ein Leben lang versucht hatte, alle gerecht zu behandeln.

Er befürchtet, dass bei einer nicht gelegten Magensonde

seine Frau kläglich verhungern und verdursten wird. Er hat die Vorstellung, sie werde dann »innerlich verbrennen«, und man würde seine Frau auf diese Weise töten. Andererseits ist er sich aber auch nicht sicher, ob er seiner Frau mit der Magensonde wirklich einen Gefallen tun würde.

Die Schwiegertochter pflegt seit Jahren ihre Schwiegermutter. Die Pflege gestaltet sich immer schwieriger. Erschwerend kommen die neidischen Blicke ihrer Schwägerinnen, der beiden Töchter von Herrn Käfer, hinzu, die ihr übelnehmen, dass ihr und ihrem Mann das Haus übertragen worden ist. Man meidet sie, wo es nur möglich ist, und sie fühlt sich abgewertet. Seit Monaten hat sie schon massive Kniebeschwerden, die sich verstärken, da sie sehr oft die Schwiegermutter im ersten Stockwerk des Hauses auch des Nachts allein umbetten und waschen muss. Sie wünscht sich sehnlich, dass diese Quälerei der Pflege vorbeigehe. Sie fürchtet inzwischen um ihre Ehe, da tagelang nur eisiges Schweigen zwischen ihr und ihrem Mann herrscht oder sie sich nur noch anschreien.

Herrn Käfers Töchter liegen seit Jahren im Streit mit dem Bruder und meinen, dass der Bruder und seine Frau auf billige Weise an einen unverhältnismäßig großen Erbteil gekommen seien. Die Schwestern sehen in einer Nichteinwilligung zur geplanten Magensonde einen Mordanschlag der faulen Schwägerin und des erbschleichenden Bruders auf ihre demente Mutter.

Die älteste Tochter von Frau Käfer würde gerne alles für den Vater und für die Mutter tun, aber sie hat kaum Gelegenheit dazu, da ihre Schwägerin die Pflege übernommen hat. Ihr Ehemann hält das Ganze für ein Affentheater, an dem insbesondere seine Schwägerin (das falsche Luder!) schuld sei. Sein Schwiegervater werde ausgenommen wie eine Weihnachtsgans, und sie habe sich nun auch noch auf billige Weise das schwiegerelterliche Haus unter den Nagel gerissen.

Die jüngere Tochter von Frau Käfer findet alles furchtbar, besonders dieses ekelhaft habgierige Verhalten ihrer Schwägerin und ihres Bruders. Sie fühlt sich um ihren Erbteil betrogen. Ihr Mann sage das auch immer. Was die Einwilligung zur Magensonde angeht, sagt ihr Mann immer – auch als Christ –: »Jeder Tag, den die Oma noch lebt, ist kostbar, und diesen Eingriff zu verweigern ist eine Versündigung am Leben.«

Am nächsten Tag gibt Herr Käfer in der Klinik sein Einverständnis zu dem Eingriff. Einige Zeit später wird die Patientin wieder in die häusliche Pflege der Schwiegertochter entlassen, wo sie nach weiteren zwei Jahren stirbt.

Handlungsmöglichkeiten im Sinne des intentionalen, gestaltenden Handelns verlieren sich nicht nur für Sterbende, sondern auch für Familienangehörige, die sich angesichts von Sterben und Tod als ohnmächtig erleben und dies oft als den Kernpunkt ihres Leids ansehen.

Allzu verständlich daher, dass Handlungsoptionen so lange wie möglich aufrechterhalten werden (bis zuletzt!), etwa durch Zustimmung zur Magensonde. Ein Verzicht auf solche letzten Gestaltungsmöglichkeiten wird als Schuld erlebt. Man macht sich an der Tötung eines Familienangehörigen durch Nichtstun mitschuldig. Hier verbinden sich die Schuldvermeidungsüberlegungen von Familienangehörigen mit dem Gestaltungswillen oder den »pragmatischen Notwendigkeiten« des medizinischen Systems. Es geht dann letztlich um die Frage: Wer wird sich schuldig machen, bzw. wer wird von wem schuldig gesprochen, und wer lässt die Frau/Mutter/Schwiegermutter töten bzw. verhindert deren Tötung?

Hoffentlich gesund oder: Vertrauen ist gut, Kontrolle ist besser!

Bisher haben wir die Mechanismen betrachtet, wie miese Stimmung erzeugt werden kann, indem die Hoffnung Handlungsenergien bereitstellt, wenn man krank ist. Durch entsprechende Maßnahmen hofft man wieder gesund zu werden oder glaubt hoffnungsvoll, Krankheiten verhindern zu können.

Eine geradezu epidemisch verbreitete Hoffnung, die letztlich zu schlechter Stimmung führt, ist die Hoffnung, gesund zu sein und zu bleiben. Diese Hoffnung zielt darauf ab, sich immer wieder Gewissheit verschaffen zu können, dass man (noch) gesund ist. Ein Ziel, das umfangreiche und komplizierte Prozeduren auslöst. Die Folge: Miese Stimmung!

Das Problem: Hoffnung auf etwas, was es nicht gibt. Gesundheit ist keine sichere Diagnose! Die Tatsache, dass jemand (wahrscheinlich!) gesund ist, merkt derjenige gerade daran, dass er nichts merkt. Man merkt allenfalls, dass man nicht mehr gesund ist, wenn einem etwas fehlt (Appetit) oder etwas da ist, was nicht da sein sollte (Fieber).

Schauen wir uns ein Beispiel dazu an.

Die Stimmung von Herrn Heimann verschlechtert sich seit Jahren, und er fühlt sich in seiner Lebensqualität und seiner Lebensgestaltung massiv beeinträchtigt. Inzwischen sind nicht nur er selbst, sondern auch seine Familie, die Beziehung zu Freunden und auch sein Arbeitsalltag davon betroffen. Sein Problem: Er ist sich nicht sicher, ob er gesund ist, hat aber die unerschütterliche Hoffnung, es herauszufinden. Die Mittel dazu sind unermüdlich durchgeführte ständige Kontrolluntersuchungen. Einen Teil dieser Untersuchungen führt er selbst durch. Er beobachtet, meist mehrmals täglich, mögliche Veränderungen an und in seinem Körper. Da ein lebendiger Körper einem sorgfältig kontrollierenden Beobachter jederzeit Veränderungen anbieten kann, wird Herr Heimann auch fast immer fündig. Kleine Hautveränderungen führen dann zu befürchteten Gewissheiten: Aha! Ein malignes Melanom. Jetzt ist der Ofen aus! Er gerät verständlicherweise in Panik, die ihn über längere Zeit so in Beschlag nimmt, dass für anderes keine Zeit und keine Energie mehr da ist. Herr Heimann steht für seine Familie, für seine Arbeit, ja sogar für seine Freizeit nicht mehr zur Verfügung. Man schätzt, dass etwa 10 % der Menschen auf Dauer arbeitsunfähig sind, da sie mit nichts anderem mehr beschäftigt sind als mit ihrer Gesundheit. In diese kontrollierenden diagnostischen Prozeduren werden bei Herrn Heimann seit einiger Zeit auch andere einbezogen. Seine Frau und inzwischen auch seine Kinder werden als Hilfsdiagnostiker genötigt, ihm zu Diensten zu sein in der Hoffnung, dadurch den Grad der Gesundheitsgewissheit zu erhöhen. Das Ergebnis: Er vertraut seinem Körper und den anderen umso weniger, je mehr Untersuchungen stattfinden und je mehr Untersucher beschäftigt werden. Inzwischen hat niemand in der Familie mehr Lust, diese vergeblichen Prozeduren durchzuführen. Die familiäre Stimmung wird mieser und mieser. Herr Heimann ist Mitglied einer Krankenkasse, die aber nicht mehr wie in alten Zeiten eine Krankenkasse ist, sondern sich inzwischen einen neuen Namen gegeben hat: Gesundheitskasse. Sie ist also, so die naheliegende Vorstellung, für die Gesundheit und deren Nachweis verantwortlich. Folgerichtig bezieht Herr Heimann auch Ärzte in seine Gesundheitskontrollunternehmungen ein.[41] Ergebnis: Die Ärzte stellen keine Krankheitsbefunde fest. Herr Heimann glaubt ihnen nicht. Er besteht auf weiteren engmaschigen Kontrollen zum Nachweis seiner Gesundheit. Ein Teil der Ärzte ist ihm dabei zu Diensten, ein anderer Teil nicht.[42] Bei Letzteren bemerkt er inzwischen aber, dass die Stimmung, wenn er dort auftaucht, nicht mehr die beste ist. Noch relativ harmlos erscheint ihm das Augenrollen schon bei den ihn empfangenden Sprechstundenhilfen. Deutlicher wurde neulich ein Arzt, der ihn als Hypochonder abqualifizierte. Ein anderer wollte ihn offensichtlich loswerden und als Krankheitsphobiker zum Nervenarzt schicken. Eine gute Idee, dachte sich Herr Heimann: Die Nerven sind eigentlich die ganze Zeit diagnostisch vernachlässigt worden.

Herr Heimann hat in den letzten Jahren nicht nur eine außergewöhnliche Sensibilität für kleinste Veränderungen seines Körpers entwickelt, sondern auch eine außergewöhnliche soziale Sensibilität. Jede Veränderung an einem anderen Menschen, die auf eine Krankheit hindeuten könnte, findet er auch bei sich. Er spürt die Beschwerden, den Schmerz und die entsprechenden Zustände so, als hätte er selbst diese Krankheit.

Erfährt er von einer Krankheit in seiner Umgebung, ist er überzeugt, dass er sie auch hat. Nun stehen wieder hoffnungsgestützte Anstrengungen an, Informationssicherheit zu finden, dass er nicht betroffen ist.[43] Eines Tages fährt, als er sich auf dem Weg zur Arbeit befindet, ein Krankenwagen mit Blaulicht an ihm vorbei. Er kommt zu der Überzeugung, dass in dem Krankenwagen gerade ein Mensch mit einem akuten Herzinfarkt reanimiert wird. Auf der Stelle bricht Herr Heimann zusammen, mit unerträglichen Schmerzen in der Brust, Todesängsten und akuter Atemnot. Hilfreiche Passanten informieren den Notruf. In wenigen Minuten befindet sich Herr Heimann ebenfalls in einem Krankenwagen und wird nun allen Prozeduren, die dem Verdacht auf einen Herzinfarkt angemessen sind, unterzogen.

Angesichts dieser Geschichte könnte man zu dem nicht ganz neuen Schluss kommen: Dann hilft nur noch beten. Aber, die Frage sei erlaubt: Hilft beten wirklich?

Letzte Hoffnung: beten!

Hilft beten? Macht beten gesund? Diese Frage zu stellen, ist für viele schon anrüchig. Sie ist blasphemieverdächtig.[44] Stillschweigend wird davon ausgegangen, dass beten hilfreich sein kann oder, für die Bescheideneren, nicht schadet. Leider gibt es kaum brauchbare Untersuchungen zu diesen Annahmen. Möglicherweise auch deshalb, weil es sich irgendwie nicht gehört, Glaubensüberzeugungen zu testen oder gar ihre Plausibilität oder den behaupteten Nutzen zu untersuchen und zu überprüfen.

Eine der wenigen wissenschaftlich verlässlichen und methodisch anspruchsvollen Studien sei hier erwähnt.

Die amerikanische Studie[45], von der die Rede ist, wurde mit 2,4 Millionen US-Dollar von der konservativen John Templeton Foundation und der Baptist Memorial Health Care Corporation finanziert. Zwei Sponsoren, die kaum verdächtig sind, Studienergebnisse über positive Wirkungen des Betens zu unterdrücken, oder denen besondere Anstrengungen zu unterstellen sind, negative Ergebnisse besonders publik zu machen.

Es handelt sich um eine dreijährige Studie über die therapeutische Wirkung fürbittenden Betens. Eine Fürbitte ist ein Gebet, in dem ein oder mehrere Beter Gott für jemand anderen um etwas bitten. Fürbitten werden in der Hoffnung getätigt, dadurch die Genesung Kranker positiv zu beeinflussen.

Die Studie umfasste 1802 herzkranke Patienten, die sich einer Bypass-Operation unterzogen. Am Vorabend des Eingriffs begannen klösterliche Gemeinschaften für einen Teil der Patienten zwei Wochen lang zu beten. Keiner der frommen betenden Fürsprecher kannte das Objekt seiner Bemühungen persönlich. An sechs Kliniken in den USA wurden die 1802 Bypass-Patienten randomisiert (zufällig) in drei Gruppen aufgeteilt:

- Gruppe 1 (604 Patienten) erhielt Fürbitten, wurden aber nicht darüber informiert.
- Gruppe 2 (597 Patienten) erhielt keine Fürbitten und wusste auch nichts davon.
- Gruppe 3 (601 Patienten) wurde darüber informiert, dass täglich für sie gebetet wurde.

Die Gebete wurden von drei unterschiedlichen klösterlichen Gemeinschaften (in Minnesota, in Massachusetts und in Missouri) abgehalten. Um eine Standardisierung der Fürbitten zu gewährleisten, wurden die Betenden angehalten, folgende Formulierung in ihre Gebete einzuschließen: »Für eine erfolgreiche Operation und eine schnelle Erholung ohne Komplikationen.«[46]

Das Ergebnis der Studie:

1. Es ließ sich kein Unterschied im Hinblick auf die Überlebens- und Komplikationsrate zwischen den Patienten finden, für die gebetet wurde, und denjenigen, für die nicht gebetet wurde.
2. Die Gruppe, für die gebetet wurde, bestand aus zwei Untergruppen: Eine Gruppe wusste, dass für sie gebetet wurde, eine zweite nicht. Hier ergaben sich nun allerdings deutliche Unterschiede: Die Patientengruppe, die wusste, dass für sie gebetet wurde, litten nach der Operation in stärkerem Maß an Komplikationen als die nicht eingeweihten Patienten.
3. Die Frage, ob beten hilft oder gar gesund macht, lässt sich zumindest in dieser Studie also beantworten: Beten erweist sich im wissenschaftlichen Test nicht nur als wirkungslos, sondern teilweise sogar als schädlich.

Wer Hoffnungen und Glaubensbekenntnisse mit allen Mitteln am Leben zu erhalten sucht, muss dabei nicht selten auf Schönfärberei, Verschleierung, Desinformation, Lügen und Betrug zurückgreifen. Davon sind auch die frommen Beter nicht ausgenommen. Kriminelle Energie scheint mit der Verteidigung frommer Behauptungen vereinbar, wie eine weitere Studie über den Nutzen des Betens zeigt.

Wir erinnern uns: Nach der Zerstörung des World Trade Center in New York am 11. September 2001 sollen Millionen von US-Bürgern zu Hause gebetet haben, Mitglieder des Senats und des Kongresses öffentlich im Capitol und der amerikanische Präsident George W. Bush zu Hause, im Weißen Haus. Es wurde gebetet auf Teufel komm raus, damit ein Wunder geschehe oder Gott zumindest ein tröstendes Zeichen sende.

Drei Wochen später geschah das Wunder: Am 2. Oktober 2001 berichtete die *New York Times*[47] darüber, wo das Wunder stattgefunden hatte: An der Columbia University in New York. Dort war eine Studie verfasst worden, deren Ergebnisse gerade veröffentlicht worden waren.[48] Bei 219 Frauen mit unerfülltem Kinderwunsch in Seoul in Südkorea war eine Doppelblindstudie[49] durchgeführt worden. Bei allen Frauen war eine In-vitro-Fertilisation (IVF)[50] vorgenommen worden. Für die Hälfte dieser Frauen wurde dann in den USA, in Kanada und in Australien von Gebetsgruppen gebetet, ohne dass die Frauen selbst und die behandelnden Ärzte davon wussten. Die Gebetsgruppen beteten vor Fotografien der Frauen, die ihnen gefaxt worden waren. Die Studie berichtet, dass doppelt so viele Frauen in der »Gebetsgruppe« schwanger wurden wie in der Kontrollgruppe der Frauen, für die nicht gebetet wurde. Dieses Ergebnis war nicht zufällig, sondern statistisch hochsignifikant. Es kommt einem Wunder gleich.

Die Studie wurde aber auch mit Skepsis aufgenommen.[51] Im Dezember 2001 begann das »Department of Health and Human Services (HHS)«, eine Einrichtung der US-Regierung zum Gesundheitsschutz, mit seinen Untersuchungen zur »Wunder-Studie«. Das Studienprotokoll stellte sich als so konfus und unplausibel heraus, dass es nicht ernst zu nehmen war. Anfragen an die drei Autoren der Studie zur Klärung blieben unbeantwortet. Kwang Cha, der erste Autor, wurde 2007 beschuldigt, eine wissenschaftliche Arbeit komplett abgeschrieben zu haben. Der zweite Autor, Rogerio Lobo, gab schließlich bekannt, dass die Idee der Studie nicht von ihm stamme. Die Idee habe Kwang Cha gehabt, und er selbst sei erst ein Jahr später, nachdem die Studie abgeschlossen war, von dieser in Kenntnis gesetzt worden. Er sei nur an der redaktionellen Bearbeitung der Veröffentlichung beteiligt gewesen. Er hat inzwischen seinen Namen aus der Veröffentlichung entfernen lassen. Bemerkenswert ist allerdings, dass Rogerio Lobo Mitglied des Redaktionsgremiums der Zeitschrift (*Journal of Reproductive Medicine*) ist, die den Artikel veröffentlicht hat. Außerdem war er Leiter der Abteilung für Geburtshilfe und Gynäkologie an der Columbia University in New York. Inzwischen ist er Direktor des Zentrums für Reproduktionswissenschaften an derselben Universität.

Der dritte Autor der Wunder-Studie, Daniel Wirth, sitzt in der Zwischenzeit wegen Betrugs im Gefängnis. Wirth wurde unter anderem dafür verurteilt, dass er jahrelang unter verschiedenen falschen Namen – darunter dem eines verstorbenen Kindes – eine Telefongesellschaft um mehrere Millionen Dollar gebracht hat. Zusammen mit einem Partner, der ebenfalls der Betrügerei überführt wurde, hatte er eine Firma namens »Healing Sciences Research International« betrieben, die aus nichts als einem Postfach bestand.

Die besondere Ironie dieser Gebetsstudie besteht darin, dass das Bedienen der Hoffnung von Frauen, »guter Hoffnung« zu werden, Lügen und Betrug nicht ausschließt.

Dass sich Gebete als letzte Hoffnung besonders eignen, hat die Bush-Regierung in ihrer Amtszeit nicht zuletzt dadurch unterstrichen, dass sie die Gebetsforschung mit 2,3 Millionen US-Dollar unterstützte.

Medizinische Forschungen konnten jedoch bisher noch nie einen empirischen Wirkungszusammenhang zwischen dem Beten von Fürbitten und der Genesung von Krankheiten herstellen.[52,53]

Wenn aber Optimismus, Hoffnung und Beten schon nicht gesund machen, dann doch vielleicht reich.

3
Wir hoffen uns bankrott

Soviel scheint sicher: Gibt es persönliche, nationale oder globale Finanz-, Wirtschafts- und Schuldenkrisen, drückt das auf die Stimmung:

- Am 23. Mai 2008 nimmt Barry Fox, Manager bei Bear Stearns, eine Überdosis Valium. Als das nicht ausreicht, um die gewünschte Wirkung zu erzielen, springt er aus dem Fenster seiner Wohnung im 29. Stock. Das traditionsreiche Investmenthaus war gerade vom Wettbewerber JP Morgan Chase geschluckt worden. Diese Bear-Stearns-Sache, sagte sein Lebensgefährte dem *Wall Street Journal*, brach ihm das Herz.
- Am 25. September 2008 wirft sich der 47-jährige Neuseeländer Kirk Stephenson vor einen Zug. Stephenson war Partner und Mitbegründer des Private-Equity-Hauses Olivant und verdiente 330 000 Pfund pro Jahr. Das Finanzhaus, das kurz zuvor Aktien der Schweizer Bank UBS übernommen hatte, verlor während der Finanzkrise 250 Millionen Euro.
- Am 17. Dezember 2008 erhängt sich der Däne Christen Schnor in einem Londoner Hotelzimmer. Der 49-Jährige leitete beim Finanzriesen HSBC das Versicherungsgeschäft in Großbritannien, Nahost und der Türkei.
- Am 23. Dezember 2008 schneidet sich in New York der 65-jährige Fondsmanager René-Thierry Magon de la Villehuchet die Pulsadern auf. Der von ihm gegründete Investmentfonds Access International Advisors hatte

durch den Großbetrüger Bernard Madoff 1,4 Milliarden Dollar verloren.

- Am 5. Januar 2009 nimmt sich Adolf Merckle das Leben. Ihm war die Führung seines Wirtschaftsimperiums entglitten, nachdem er sich mit VW-Aktien verspekuliert hatte.
- Einen Tag zuvor erschießt sich Steven L. Good, Chef des Unternehmens Sheldon Good & Co, das in großem Stil Immobilien versteigert, in seinem Jaguar in einem Wald bei Chicago. Kurz zuvor hatte er über geschäftliche Probleme der Branche geklagt.
- Im Morgengrauen des 22. April 2009 erhängt sich der 41-jährige geschäftsführende Finanzvorstand des notverstaatlichten Immobilienfinanziers Freddy Mac im Keller seines Hauses mit einem Sprungseil. In der Profilbeschreibung seiner Website ist zu lesen: »Meine Definition von Erfolg ist die volle Nutzung meiner Erfahrung und meiner Fähigkeiten und jene eines umsichtig ausgewählten und geschulten Teams im Streben nach Vorzüglichkeit.«[54] Das Unternehmen Freddy Mac besaß oder garantierte 13 Millionen Hypothekenverträge und war wegen seiner hochriskanten Geschäfte in den Verdacht kriminellen oder mindestens fahrlässigen Geschäftsgebarens geraten. Freddie Mac, mit dem Schwesterunternehmen Fannie Mae die größte Hypothekenbank der USA, wies 2008 Verluste in Höhe von 50 Milliarden Dollar aus. Das Unternehmen stand vor dem Kollaps – und Millionen amerikanischer Hausbesitzer vor Chaos und Ruin, als das US-Finanzministerium das Unternehmen mit 45 Milliarden Dollar auslöste und verstaatlichte.

Seit Beginn der Finanzkrise häufen sich die Selbstmorde von Börsenspekulanten, Managern und Bankern rund um die Welt. Wie so oft in ökonomischen Crash- und Krisenzeiten machen profilierte Finanziers mit Selbstmord Schlagzeilen. Ein neuer Begriff macht die Runde: Ökonozid.

In Japan steigerte sich die Zahl der Suizide auf dem Höhepunkt der Asienkrise 1998, einer schweren Finanz-, Währungs- und Wirtschaftskrise, um 35 Prozent. »Bitte nicht in der Hauptverkehrszeit springen«, mahnte damals fürsorglich ein Schild an den Gleisen der Tokioter U-Bahn-Station Shinjuku. Wissenschaftler, die die Selbstmordwelle untersuchten, fanden in Abschiedsbriefen und beim Gespräch mit Angehörigen vor allem ein Motiv für die Selbsttötungen: Schulden, dicht gefolgt von Aussagen wie »Geschäftsmisere« und »Existenznot«.

Ähnlich wohl auch die Motive von Alex Widmer,[55] Chef von Julius Bär, der erfolgreichsten Privatbank der Schweiz. Wie kein anderer glaubte er, die Mechanismen der Märkte durchschaut zu haben und sie beherrschen zu können, was ihm das Image eines Draufgängers einbrachte. Deshalb trifft die Finanzkrise ihn wie ein Schlag. Den Niedergang begreift er als persönliche Niederlage – er erhängt sich. Am Montag, dem 1. Dezember 2008, kurz vor Feierabend, sitzt er noch mit Jan Bielinski zusammen, einem seiner engsten Mitarbeiter und Sprecher der Bank. Man genießt eine Zigarre, schweigt, kommt zur Ruhe, während der Flachbildschirm an der Wand weiterflimmert; mit ausgeschaltetem Ton überträgt er die katastrophalen Nachrichten aus der Hochfinanz. In die Stille fragt Alex Widmer aus seinem Sessel heraus: Jan, was habe ich falsch gemacht? Bielinski ist überrascht, weil er solch selbstkritische Worte, so viel fundamentalen Selbstzweifel von seinem Chef noch nie gehört hat. Widmer ist immer ein unbedingter Optimist, ein Macher gewesen, vom Glauben beseelt, der Mensch sei seines Erfolgs eigener Schmied.

Aber schon in den Monaten zuvor hatten manche Mitarbeiter in der Bank Julius Bär bemerkt, dass ihr Chef ruhiger war als sonst. Es gab Meetings, da sagte er kaum ein

Wort. Das fiel auf, bei einem, der ganze Teams in Euphorie versetzen konnte, der die Überzeugung vom grenzenlosen Wachstum vorlebte wie kein anderer und eine Schaffenskraft an den Tag legte, die ihresgleichen suchte.

Wenige Monate vor seinem Tod, als die Börsenkurse schon tief gefallen waren, sagte er in seinem letzten langen Interview: »Das Funktionieren der Märkte fasziniert mich ungemein, die Preisbildung der Aktien, die Psychologie der Märkte, die Psychologie der Leute. Daran wird sich nie etwas ändern.« Und dann sprach er einen jener Sätze aus, die inzwischen besonders bedeutsam geworden sind: »Wenn es an der Börse gut läuft, hängt der Himmel voller Geigen, wenn es schlecht läuft, bedeutet das den Tod.«

Bereits im Laufe des Jahres 2007 äußerte er mehr als einmal seinen engsten Vertrauten gegenüber, der Boom an den Finanzmärkten könne nicht so weitergehen. Nach den Olympischen Spielen 2008 in Peking werde es zu einem großen Kollaps kommen. Doch Widmer traut wohl seinen eigenen Voraussagen nicht, und erst recht hält er sich auch nicht an sie. Er kann seinen düsteren Prognosen in seinem Innersten nicht glauben – dafür ist er zu sehr hoffnungsvoller Optimist.

Am 15. September 2008 erfährt die Weltöffentlichkeit, dass die amerikanischen Behörden die Investmentbank Lehman Brothers kollabieren lassen. Ein Exempel wird statuiert. Damit wird klar, dass die Krise längst von viel größerer Dimension ist, als man bisher angenommen hat. Der Niedergang größter Institutionen ist möglich geworden. Von nun an werden die Börsen rund um den Globus immer wieder einbrechen und die hoffnungsfrohe und optimistische Fehlkonzeption der Finanzmärkte erbarmungslos offenbaren. Und von diesem Tag an war Alex Widmer nicht mehr der gleiche Mensch. Er verlor viel Geld, seine Bank auch. Aber nicht nur das. Mit seiner Erfahrung, seinen profunden Kenntnissen wusste Widmer damals besser als die meisten, dass alles noch viel schlimmer kommen würde. Das konnte er, der fast 30 Jahre gearbeitet hatte, um sich hohe Glaubwürdigkeit und Respekt zu verschaffen, nicht ertragen.

Aber auch in der Finanzkrise gibt es Akteure im Finanzgeschäft, die ihren Geschäftsprinzipien treu bleiben und auch aus der Krise Kapital schlagen. Gemeint ist damit nicht ein Finanzgebaren, das auch bei Kursverfall profitiert, sondern der justizflüchtige Suizid-Fake. So setzte sich der 38-jährige Finanzberater Marcus Schrenker[56] aus Indiana, gegen den wegen Anlagebetrugs ermittelt wurde, in seine Piper-Turboprop, funkte mitten im Flug SOS, sprang per Fallschirm ab und ließ die Maschine in Florida abstürzen. Am Boden floh er mit einem Motorrad weiter. Die Polizei erwischte ihn aber schließlich auf einem Campingplatz.

Auch der 48-jährige Wall-Street-Betrüger Samuel Israel[57] inszenierte seinen Selbstmord, um einer 20-jährigen Haftstrafe zu entgehen. Der Gründer des Pseudo-Hedgefonds Bayou, der 450 Millionen Dollar unterschlagen hatte, parkte sein Auto auf einer Hängebrücke über dem Hudson River und malte drei Worte in die Schmutzschicht auf der Motorhaube: »Selbstmord ist schmerzlos«. Vier Wochen später stellte er sich der Justiz.

Dass Zusammenbrüche keine positiven Stimulantien sind, ist klar. Doch welche Einstellungen sind Wegbereiter für Krisen oder einen Crash?

Hoffnungsvoll mit Vollgas an die Mauer

Wie erzeugt man einen Zustand, auf den man den sonst für einzelne Patienten reservierten Begriff der Depression anwendet?

Diese Frage lässt sich inzwischen, nach vielen Crasherfahrungen und zahlreichen Finanz- und Wirtschaftskrisen relativ präzise beantworten. Der ökonomische Crash beruht, obwohl oft anderes behauptet wird, nicht auf Charakterschwäche, Dummheit oder krimineller Energie der Akteure – obwohl all dies in der Wirtschaft, wie überall sonst auch, sicher anzutreffen ist. Finanzcrashs und Wirtschaftskrisen sind auch keine notwendigen Ereignisse, die sich ökonomischen Gesetzmäßigkeiten verdanken, obwohl auch das gerne immer wieder behauptet wird.

Der Crash ist die logische Konsequenz bestimmter Ideen, Vorstellungen und Glaubensüberzeugungen: »Die Ideen der Nationalökonomen und der politischen Philosophen, gleichgültig, ob sie nun richtig oder falsch sind, sind von weit größerem Einfluss, als man gemeinhin annimmt. In Wirklichkeit wird die Welt von fast nichts anderem regiert.« (John Maynard Keynes)[58]

Dass Wirtschaft und Finanzen mehr mit Glauben als mit Wissenschaft zu tun haben, zeigen schon die in Wirtschafts- und Finanzdingen geläufigen zentralen Grundbegriffe: Kredit, Gläubiger, Schuld und Schuldner.

Einer der Grundpfeiler des Wirtschaftens, der Kredit, bedeutet ja nichts anderes als Glauben und Hoffnung. Kreditwirtschaft ist nichts anderes als Glaubens- und Hoffnungswirtschaft. Wer einen Kredit gibt und wer einen Kredit nimmt, hofft. Beide glauben, dass in der Zukunft etwas Erhofftes geschieht. Der Kreditgeber hofft, sein Geld wieder zu bekommen und zusätzlich noch den vereinbarten Zins. Der Kreditnehmer hofft, in der Zukunft das geliehene Geld zurückzahlen zu können mitsamt den vereinbarten Zinsen, und er hofft darüber hinaus, mit dem Kredit in der Zwischenzeit Geschäfte zu machen, die ihm zusätzliche Gewinne bescheren.

Glauben, Hoffnung und Spekulation. Spekulation bezeichnet im Alltagsgebrauch, aber auch im Wirtschaftsleben, eine unbewiesene Annahme, eine Hoffnung. Wenn jemand eine Sache oder ein Wertpapier kauft, tut er das, weil er hofft, dass dieses in der Zukunft im Wert steigt, um es dann gewinnbringend zu verkaufen. Die Todsünde dieses spekulativen Hoffnungsglaubens ist das Sparen. Absolut glaubenskonform, ja eine Tugend, ist dagegen das Anhäufen von Schulden. Wer spart, glaubt nicht an eine gewinnbringende Zukunft. Er hat keine Hoffnung, oder er hat sie aufgegeben. Wer dagegen Schulden macht, ist voller Hoffnung auf eine wunderbare Zukunft, in der er nicht nur seine Schulden tilgen kann, sondern hofft, dass seine Schulden gar keine Schulden sind, sondern gewinnbringende Investitionen.

Besonderer Beliebtheit erfreuten sich in den vergangenen Jahren solche Hoffnungsprodukte[59], bei denen etwa im kalifornischen Bakersfield einem mexikanischen Erdbeerpflücker ohne englische Sprachkenntnisse mit einem Jahreseinkommen von 14 000 Dollar ein Haus im Wert von 724 000 Dollar bis auf den letzten Cent finanziert wird. Oder ein südamerikanisches Kindermädchen sechs Stadthäuser im New Yorker Stadtteil Queens besitzt. Nachdem das erste Haus, das sie besaß, im Wert gestiegen war, schlugen ihre Kreditgeber eine Umschuldung vor, bei der sie 250 000 Dollar herausziehen konnte, um damit ein zweites Haus zu kaufen, dessen Preis dann auch anzog. Das Spiel wiederholte sich, bis sie sechs Häuser besaß. Allerdings brach dann der Immobilienmarkt zusammen, und sie konnte für keines der Häuser die Hypothekenzinsen zahlen.[60]

Nüchtern betrachtet, kann man solche Hoffnungsgeschäfte nur als irrational bezeichnen. Ist man dagegen im Glauben gefestigt, d. h. voller Hoffnung, sind solche Phänomene und die entsprechenden Entscheidungen rational. Hoffnung erzeugt eine Binnenrationalität der Hoffenden, die man auch Blödheit nennen könnte, und die, je länger die Phase des Überschwangs dauert, zu um so mörderischeren Zusammenbrüchen, Krisen oder den bekannten Crashs führt.

Was genau passiert, wenn mit viel Hoffnung und Optimismus in eine goldene Zukunft spekuliert und mit Vollgas auf den nächsten Crash[61] zugesteuert wird mit dem wiederum altbekannten Katzenjammer und zahlreichen Toten?

Zunächst bringt die Ökonomie und das Wirtschaften Menschen zusammen, als Kreditnehmer und Kreditgeber, als Gläubiger und Schuldner oder ganz einfach, indem sie Handel miteinander treiben. Im notwendig gemeinsamen Tun miteinander denken und fühlen sie dann immer ähnlicher. Es kommt zu einer affektiven Infektion. Die Akteure hoffen sich nach einer gewissen Zeit in einen euphorisch-optimistischen Rausch hinein. Das ursprünglich möglicherweise bescheidene Interesse an Absicherung der Altersversorgung, des Familienunternehmens, der Ausbildung der Kinder ... oder an etwas Wohlstand, am Mehr des Vorhandenen, wächst sich zu einem kollektiven Größenwahn des Hoffens aus. Immer wieder werden Erfolge und Gewinne beobachtet oder berichtet. Diese Berichte wirken als Glaubens- und Hoffnungsverstärker. Dabei wäre der Begriff Brandbeschleuniger zutreffender, denn der Prozess nimmt Geschwindigkeit auf: mit Vollgas an die Mauer.

Erfolge, oder allein schon Erfolgsversprechungen, verstärken den Glauben an den Erfolg. Der anschwellende Hoffnungswahn wird zur Erfolgsgewissheit. Preise steigen, weil den Investoren versprochen wird, sie würden noch weiter steigen, und die Versprechungen führen dazu, dass es so geschieht. Es scheint daher, dass es Dummheit oder hoffnungsloser Pessimismus wäre, nicht dabei zu sein. Da die Hoffnung groß ist und immer größer wird, wird auf Pump gekauft. Es werden Schulden gemacht.

Der Hoffnung vom schnellen Reichtum wird Nahrung gegeben, und gleichzeitig wird die Abhängigkeit dieser Hoffnung vom weiteren Aufwärtstrend – beispielsweise bei den US-Immobilienpreisen – systematisch ignoriert.

Hoffnung macht blind, blöd und kriminell

Hoffnung macht nicht nur blind, sondern auch blöd. Wer Hoffnung hat, ist oft schlecht informiert oder weigert sich, die zur Verfügung stehenden Informationen zur Kenntnis zu nehmen.

Die bei der Finanzkrise zur Verfügung stehende Information war die unverkennbare, daher lediglich ignorierbare Tatsache einer umgekehrten Pyramide aus Privat- und Bankschulden, die auf einer schmalen Basis an realen Vermögenswerten ruhte – dem Wert amerikanischer Häuser. Als dieser Wert bröckelte, fiel die Pyramide krachend zusammen. Sie musste zwingend zusammenbrechen. Die Häuserpreise in den USA stiegen von 1997 bis 2006 um 124 %. 2005 fand 50 % des amerikanischen Wirtschaftswachstums im Immobiliensektor statt. Es wurde beherzt eingekauft. Die das nicht taten, wurden als Sparhansel diffamiert. Geld zurückzulegen wurde als »Angstsparen« (ein neuer, gefühlvoller, diffamierender Begriff der Volkswirtschaft) getadelt, denn es lähmt angeblich die Binnenkonjunktur.

Alles nicht neu, sondern altbekannt. Es geht immer um Schulden, die die vorhandenen Zahlungsmittel übersteigen. In Neuengland wurde um 1860 eine Bank geschlossen, deren umlaufenden Banknoten in Höhe von 500 000 Dollar eine Goldreserve von ganzen 86,48 Dollar gegenüberstand. Bei der Überprüfung der Reserven wurden von einer Bankengruppe aus Michigan zunächst immer dieselben Reserven von einer Bank zur anderen gebracht, bevor der Prüfer dort erschien. Schließlich wurde die oberste Lage Goldmünzen in den Behältern dadurch eindrucksvoll angehoben, dass man unten einige Lagen Nägel einfüllte.[62]

Private Darlehensgeber machten sich in den ersten Jahren des neuen Jahrtausends, nachdem der Bedarf der amerikanischen Mittelschicht an Hypothekendarlehen gedeckt war, an die sogenannten Ninjas (*no income, no job, no assets*), Darlehensnehmer ohne Einkommen, ohne Jobs und ohne Vermögen heran. Diese Kunden wurden mit Lockzinsen geködert: Anfangs niedrige, auf nahezu null lautende variable Zinssätze auf Hypotheken, die nach einem oder zwei Jahren steil anstiegen.[63]

Während die Erfolge den Fähigkeiten der Erfolgreichen ursächlich zugeschrieben werden, also deren Intelligenz, ökonomischem Instinkt, der Sachkenntnis des Marktes und der ökonomischen Gesetzmäßigkeiten, wird gleichzeitig die Erfolgshoffnung zur Erfolgsgewissheit ausgebaut. Beides immunisiert gegen widersprechende Informationen, oder die widersprechenden Informationen werden als Hoffnungsverstärker gedeutet: Geschlagen ziehen wir nach Haus, unsere Enkel fechten's besser aus!

Es setzt ein kollektiver Gedächtnisverlust ein. Vergangene Krisen, Katastrophen und Crashs werden verdrängt. Die erinnerte Vergangenheit verkürzt sich auf eine kurze, von Erfolgen gesättigte Zeit vor der Gegenwart.

Dann der Crash: Zwischen 2006 und 2008 brachen die US-Hauspreise um 27 % ein, und allein im August 2007 fielen 16 % der Hypotheken mit variablem Zinssatz aus. Die Pyramide brach voraussagbar zusammen. Die Banken, die am stärksten im Immobiliengeschäft investiert hatten, brachen als Erste wegen Liquiditätsausfall zusammen oder wurden, wie Bear Stearns, zum Schleuderpreis übernommen und damit gerade noch vor dem Bankrott[64] (der Zahlungsunfähigkeit) gerettet. Im September und Oktober 2008 verloren Investoren die Nerven. Die Hoffnung schlug in panische Befürchtungen um, Liquidität wurde abgezogen. Die US-Regierung übernahm für die Hypothekenfinanzierer Fannie Mae und Freddie Mac die Garantie für Schulden in Höhe von 12 Billionen Dollar. Am 15. September ging die private Investment Bank Lehman Brothers in die Insolvenz.

Das Glaubensbekenntnis: Es wird schon nicht dazu kommen!

Zu den Produktionsbedingungen der Krise und zum Crash gehört auch die Vorstellung, dass sie ganz unerwartet aus heiterem Himmel hereinbrechen. Das Glaubensbekenntnis lautet: Crashs gehören der grauen Vergangenheit an, zu einer Weltwirtschaftskrise wird es schon nicht kommen.

All diese Vorstellungen sind Teil der Verteidigung des Hoffnungswahns, das letzte Aufgebot. Das letzte Gefecht stellt den Crash als etwas letztlich Schicksalhaftes und Mysteriöses dar. Und selbst die Katastrophe stellt das Glaubenssystem der spekulativen Hoffnung nicht in Frage. Erklärungen werden anderswo gesucht. Dort, wo sie das Glaubenssystem nicht gefährden können: Als Ursache für den unvermeidlichen Kollaps einer Grundstückspekulation in Florida von 1926, der die Weltwirtschaftskrise einläutete, wurden zwei besonders heimtückische Hurrikans ausgemacht. Die Katastrophe wird auf Gott und das Wetter abgewälzt. Ergebnis: Informationsignoranz.

Wirtschaftsakteure berufen sich inzwischen (zumindest offiziell) weniger auf Hurrikans als auf Statistik, wenn sie Ereignisse oder Phänomene im Wirtschaftsbereich zu erklären bzw. zu beweisen suchen, dass diese nicht vorhersehbar waren oder gar nicht stattfinden können. So auch David Vinair, Finanzchef von Goldman Sachs, der erfolgreichsten Investmentbank an der New Yorker Wall Street, im August 2007 gegenüber der *Financial Times*. Er gibt zu bedenken, dass nun Dinge passierten, die 25 Standardabweichungen[65] vom Mittel entfernt lägen, und das schon mehrere Tage in Folge. Oder mit anderen Worten: Er spricht von Ereignissen, die dem strapazierten statistischen Modell entsprechend nur alle 10^{140} Jahre stattfinden dürfen. Das heißt: Goldman Sachs hat an mehreren aufeinanderfolgenden Tagen Verluste erlitten, wie sie nur einmal in vierzehn Universen eintreten dürften.[66]

Was macht denn nun (vielleicht) erfolgreich?

Leistung muss sich wieder lohnen!

Es gibt wenige Sätze, die in den letzten Jahrzehnten eine solche Popularität gewonnen haben und das über scheinbar unterschiedlichste gesellschaftliche Gruppierungen hinweg. Helmut Kohl verwendete ihn im Bundestagswahlkampf 1982, Angela Merkel im Bundestagswahlkampf 2009, die SPD im Landtagswahlkampf in NRW 2009, Kurt Beck, als er noch SPD-Vorsitzender war, Sigmar Gabriel, während er noch SPD-Vorsitzender ist, die FDP und ihr früherer Vorsitzender Guido Westerwelle bei jeder Gelegenheit, der Deutsche Gewerkschaftsbund, wenn es passt. Für die Grünen ist es ihr Motto für ihre Bundesfrauenkonferenz im September 2008, der Siemens-Finanzvorstand Joe Kaeser fordert dies beim wirtschaftlichen Frühstück der Industrie und Handelskammer Berlin und der ehemalige Präsident des Bundesverbandes der Deutschen Industrie (BDI) Hans Olaf Henkel in der Bildzeitung.

Nicht nur ein oft benutzter Satz, sondern auch ein nachdenkenswerter Satz. Er lässt Fragen aufkommen: Was ist der Lohn der Leistung? Was ist überhaupt Leistung, und was ist Lohn, und in welchem Verhältnis sollten denn die beiden zueinander stehen? Warum eigentlich »wieder«? Hat sie sich etwa einmal (früher) gelohnt, die Leistung? Lohnt die Leistung sich inzwischen nicht mehr? Soll es so werden, wie es schon einmal war?

Fragen über Fragen. Versuchen wir ein paar Antworten!

Schon die Frage, was Leistung eigentlich ist, kann unterschiedlich beantwortet werden. Leistung kann das Maß der Erfüllung von Zielvorgaben sein: zum Beispiel eine bestimmte Anzahl von Anträgen/Akten ab- oder durcharbeiten. Leistung kann die Menge an Arbeit in einer bestimmten Zeiteinheit sein: etwa eine bestimmte Anzahl von Schrauben in einer Stunde eindrehen. Leistung kann aber auch eine bestimmte Zeiteinheit sein, die man an einem bestimmten Ort verbracht hat: zum Beispiel acht Stunden als Pförtner in einer Pförtnerloge sitzen. Der Lohn, wofür sich also Leistung wieder lohnen soll, kann etwas Nichtmaterielles sein: ein Dankeschön, Anerkennung, Ansehen, Prominenz, aber auch der Verzicht darauf, bestraft zu werden, und vieles mehr. In den meisten Fällen wird mit Geld entlohnt. Geld hat den Vorteil, dass es auch Unvergleichliches vergleichbar macht und über den zugesprochenen Wert einer Sache, aber eben auch einer Leistung informiert. Geld legt Rückschlüsse über den Wert dieser Sache oder Leistung nahe. Geld oder der Lohn sollen einen Ausgleich, nach Möglichkeit einen gerechten Ausgleich, für die geleistete Leistung schaffen – Leistung für Gegenleistung. Für diesen Ausgleich kann es Vereinbarungen geben. Solche Vereinbarungen sind Ausgleichsverträge.

Der angestrebte Ausgleich stellt also in gewisser Weise eine Art von Wiedergutmachung oder ein Vergelten dar. Unter der Voraussetzung, dass der belohnte Aufwand oder das honorierte Ergebnis willentlich und bewusst durchgeführt oder herbeigeführt wurde. Es stellt sich schließlich noch die Frage, wer wen belohnt. Hier lassen sich prinzipiell diejenigen, die von anderen belohnt werden, unterscheiden von denen, die sich selbst belohnen. Damit sich nun Leistung wieder lohnt, sollte es zu einem gerechten Ausgleich kommen, so dass der Lohn für den Leistungsaufwand dem Aufwand oder das Honorar dem erarbeiteten Produkt entspricht. Überprüfen wir diese Antworten an den tagtäglich erfahrenen Leistungs- und Belohnungswirklichkeiten:

Wie soll ein Altenpfleger einsehen, dass er weniger leistet

als Dieter Bohlen? Kann er es überhaupt einsehen? Der Altenpfleger leistet viel mehr an Arbeitsaufwand pro Zeiteinheit als Dieter Bohlen! Aber es gibt natürlich Unterschiede, markante Unterschiede. Wer ist schon daran interessiert, Tribünen in einem Alten- und Pflegeheim aufzubauen, dort Fernsehkameras zu installieren und das Ganze bei RTL als »Deutschland sucht den Superaltenpfleger und die Superdemenz« zur besten Sendezeit zu übertragen? Die Tickets für die Tribünenplätze im Altenheim werden sich wahrscheinlich schlecht verkaufen lassen.

Der Altenpfleger hat ganz einfach einzusehen, dass sich das Blendende, Eloquente und die Verpackung besser verkaufen lassen und besser honoriert werden als die schlecht verpackten, manchmal unappetitlichen Inhalte seiner Arbeit. Er wird dann auch bald einsehen, dass der Erfolgreiche immer erfolgreicher und der Beförderte immer weiter befördert wird.

Wer Hoffnung hat, es dennoch schaffen zu können, ist maßlos schlecht informiert:

Ein Altenpfleger mit einem Brutto-Durchschnittsgehalt von 1700,– € im Monat müsste 468 Jahre arbeiten, um auf das Jahresgehalt des Deutsche Bank Chefs Josef Ackermann (9,5 Millionen €) zu kommen.[67] Umgekehrt bedeutet dies, dass Herr Ackermann in etwa 20 Minuten so viel gearbeitet hat, wie ein durchschnittlicher Altenpfleger in einem Monat. Wie schafft der Mann das bloß? Fast 500 Jahre müsste unser Altenpfleger gar arbeiten, wenn er auf das Jahresgehalt von Carsten Kengeter (10,1 Millionen €) kommen will. Kengeter ist einer der beiden Chefs der UBS, der größten Schweizer Bank. Die Bank hat für das Jahr 2009 so viele Boni (3 Milliarden Franken, ca. 2,3 Milliarden Euro) für Mitarbeiter zurückgestellt, wie sie in der Summe an Verlust gemacht hat (2009: 2,74 Milliarden Euro). Die Gehälter der TOP-Manager haben sich (laut UBS) 2009 mehr als versiebenfacht. Die größte Schweizer

Bank konnte nur mit Staatshilfe vor dem Untergang gerettet werden.[68]

Geradezu hoffnungsvoll optimistisch ist unser Altenpfleger, als er sich ausrechnet, dass er nur etwas länger als 13 Jahre arbeiten müsste, um auf das Jahresgehalt von Norbert Klusen zu kommen. Klusen ist der Chef seiner Krankenversicherung, die ihn immer wieder mit Beitragserhöhungen beglückt, der Techniker Krankenkasse (TK). Klusens Grundgehalt stieg 2009 um 25 000 Euro auf rund 271 000 Euro. Ein TK-Sprecher sagte dazu auf Anfrage, das Gehalt von Klusen sei angesichts von Beitragseinnahmen von 18 Milliarden Euro sehr angemessen.[69] Leistung lohnt sich also doch schon wieder!?

Es scheint, dass dort, wo man reichlich entlohnt wird, ob man es verdient hat oder nicht, weder Leistung, noch Input oder Output zählen, sondern einzig und allein die Zugehörigkeit zu einer bestimmten Klasse, der Managerklasse. Dort sind Belohnte und Belohnende weitgehend unter sich oder identisch. Der Volksmund nennt so etwas »den Bock zum Gärtner machen« oder »den Hund zum Aufseher der Wurst bestellen«.

Jetzt wird auch verständlich, warum der Satz »Leistung muss sich wieder lohnen!« so populär ist. Er reklamiert etwas, was es nicht mehr gibt, aber vielleicht einmal gegeben hat: die Leistungsgesellschaft.

Inzwischen sind wir aber in einer Erfolgsgesellschaft angekommen, in der sich Erfolge weitgehend von Leistungen emanzipiert haben. Erfolg ist nicht mehr sicher durch Leistung zu bekommen. Großer Erfolg schon gar nicht. Wer also immer noch die Hoffnung hat, durch Leistung Erfolg sichern zu können, ist schlecht informiert und wird über kurz oder lang sehr schlechter Stimmung sein.

Bleibt nur die Frage, was denn in einer Erfolggesellschaft *wirklich* Erfolg bringt …

Und was macht (vielleicht) »*wirklich*« erfolgreich?

Wenn es also die Leistung nicht ist, welches sind denn dann die Faktoren, die mit Erfolg und vielleicht sogar Reichtum zu tun haben? Bekannt ist, deshalb soll es hier auch nur am Rande erwähnt werden, dass das Geschlecht eine wichtigere Rolle als die Leistung spielt. Frauen werden bei gleicher Leistung schlechter entlohnt.

Aber auch für Frauen scheint nicht alles verloren: Der amerikanische Ökonom Daniel Hamermesh[70] hat herausgefunden, dass schöne Frauen, unabhängig von der Ausbildung, 4 % mehr verdienen, unterdurchschnittlich aussehende dagegen 5 % weniger. Übrigens beträgt bei gutaussehenden Männern der Bonus 5 %, der Malus 9 %. Und in der Volksrepublik China verdienen gutaussehende Frauen sogar 10 % mehr.

In einer Studie des Soziologischen Instituts Bern[71] konnte gezeigt werden, dass Löhne von der Körpergröße abhängen. Und die lässt sich nun wirklich nicht durch Leistung steigern. Der schweizerische Durchschnittsmann ist 1,77 m groß, hat 11,5 Jahre Schulbildung, 23 Jahre Berufserfahrung und verdient im Jahr netto 74 000 Franken. Ist einer 10 cm größer, bei sonst gleichen anderen Faktoren, verdient er 5235 Franken mehr. Die Schweizer Durchschnittsfrau ist 1,65 m groß, hat 10,5 Jahre Schulbildung, 7,5 Jahre Berufserfahrung und verdient 57 800 Franken. 10 cm mehr bringen 3350 Franken pro Jahr mehr. Aufgrund der Körpergröße wird auf Führungsstärke und Intelligenz geschlossen. Mit leistungsgerechtem Lohn hat dies nichts zu tun. Aber mit Erfolg, und darum geht es ja in der Erfolgsgesellschaft.

Nicht nur Geschlecht, Schönheit und Körpergröße zählen in der Erfolgsgesellschaft, sondern auch der Name, den man führt. In einer Studie, die an der Ohio University[72] durchgeführt wurde, ließ sich zeigen, dass zum Beispiel eine Bewerberin namens Lydia weitaus schlechtere Chancen auf einen Job hat als eine namens Lea. Auch Erwin, Bruno oder Hank haben allenfalls Chancen als Lastwagenchauffeure, Emma und Martha als Krankenschwestern, nicht aber Dagmar, wenn sie zu einem »typisch weiblichen«, sozialen Beruf Zugang sucht – während man David, John, Michael, Susan, Elizabeth oder Sarah heißen sollte, will man zu den Topverdienern gehören. Hier eröffnen sich also ganz neue Möglichkeiten für Eltern, durch die Namensgebung des Nachwuchses in einer Erfolgsgesellschaft darauf Einfluss zu nehmen, dass die Kinder es mal besser haben.

Schlussbilanz

Die Hoffnung, die gute Stimmung verbreiten soll, hat erhebliche Nebenwirkungen. Hoffnung lässt sich meist nur erzeugen und vor allem aufrechterhalten, wenn man selbst erheblich unter seinem Niveau bleibt. Sich nicht informieren, Informationen ignorieren, dumm bleiben oder sich auch nur dumm stellen strengt an und wird zu einer erheblichen Belastung. Nur ein kleiner Schritt ist es dann dorthin, wo Hoffnung nur noch durch Lügen, Betrug und Schönfärberei gerettet werden kann oder wo es gelingt, Lügen für Wahrheit, Betrug für Ehrlichkeit und Schönfärberei für Realismus zu halten.

Diese vielfältigen Belastungen und Anstrengungen können überfordern und die Lebensqualität erheblich einschränken. Müdigkeit breitet sich aus. Noch mehr: Man wird lebensmüde. Wir haben es also mit einer Situation zu tun, in der die Absicht, positive Stimmung durch Hoffnung zu erzeugen, ganz miese Stimmung zur Folge hat.

Positives, hoffnungsvolles Denken lässt einen im konkreten wie auch im psychologischen Sinne verarmen. Man kann sich dabei selbst abhanden kommen. Auch wenn uns manche Hoffnungspropheten[73] raten, uns von den Negativdenkern, den Defätisten und Hoffnungsverweigerern fernzuhalten, erleichtern solche Ratschläge das Leben kaum und führen auch nicht zu guter Stimmung. Denn diese Trennungskandidaten geben uns, auch wenn sie vielleicht manchmal nerven, die Gelegenheit, uns nicht ganz in unserer hoffnungsverschleierten, schöngefärbten Parallelwelt zu verschanzen. Sie haben Nützliches zu sagen. Sie tragen dadurch nicht unwesentlich zu einem besseren Leben bei.

4
Lob der Angst

Angst gehört sicher zu den Gefühlen, die den meisten Menschen sehr unangenehm sind und die Stimmung massiv beeinträchtigen. Angst hat nicht nur in den Massenmedien eine extrem schlechte Presse. Angst wird diskriminiert und mit ihr auch der Ängstliche. Verständlich daher die vielfältigen Maßnahmen gegen die Angst. Doch der Kampf gegen die Angst hat erhebliche Nebenwirkungen oder, um es militärisch auszudrücken: Es entstehen erhebliche Kollateralschäden. Wie nun wird die Angst bekämpft?

Waffe: Chemie

Für Versicherungen geben die Deutschen heute fast vier Mal so viel aus wie vor 25 Jahren – insgesamt rund 171 Milliarden Euro. Viel Geld, um der Angst vor Unsicherheit den Garaus zu machen.

Es bleibt aber trotzdem noch Geld (und Angst) übrig: Die Deutschen kaufen im Jahr etwa 1 Milliarde Tagesdosen depressionshemmender und angstlösender Medikamente. Doppelt so viele wie vor zehn Jahren.[74]

Angstbekämpfung kostet aber nicht nur Geld, sondern bringt natürlich auch Geld ein: Psychopharmaka liegen mit einem Umsatzanteil von 7,5 % ungeschlagen auf Rang 1 der häufigsten verordneten Arzneimittelgruppen für die gesetzlich Krankenversicherten. Sie sorgen für einen Umsatz von über 2,08 Milliarden €.[75]

Drogen, Medikamente und Doping sollen helfen, die Angst zu bekämpfen, um sich fit zu machen für Freizeit und Job. Fitter als man ist. Das Angebot an angstlösenden, aggressiv machenden und aufputschenden Substanzen ist groß, um sich in Stimmung, auf Leistung, zum Durchhalten bringen zu lassen: Millionen kommen schon am Tagesbeginn ohne die entsprechenden Mengen an Koffein oder Tee nicht aus dem morgendlichen Blues. Im Büro werden dann je nachdem Stress oder Hemmungen chemisch aus dem Weg geräumt, um das erwartete unverwüstliche und stets noch steigerungsfähige Engagement, genannt Motivation, demonstrieren zu können. Für die nächste Präsentation, aber auch fürs ebenso wichtige Alltagsgeschäft zaubert man sich so das Erfolgsstrahlen ins Gesicht, Festigkeit und Begeisterung in die Stimme und vergisst die Angst. Es wird wieder einmal richtig Speed gegeben. Viele Jobs scheinen von einem chemisch unbehandelten Körper und Geist einfach nicht mehr zu meistern zu sein.

Auf ihren Dealer des Vertrauens verlassen sich meist nur noch Anfänger oder Amateure. Profis, die alles unter Kontrolle haben wollen, verlassen sich eher auf die Empfehlungen der Pharmaindustrie und präparieren sich etwa mit Methylphenidat, besser bekannt unter dem Handelsnamen Ritalin®. Dies ist ein Amphetamin-Verwandter, den Kinder bekommen können, um still zu sitzen, den aber inzwischen auch viele Eltern und kinderlose Erwachsene nehmen, um konzentrierter zu arbeiten. Methylphenidat wird inzwischen in fast 50 Millionen Tagesdosen gereicht, mit einer Steigerungsrate um den Faktor 65 seit 1992.[76]

Das erwünschte Ergebnis scheint das Siegergefühl zu sein, wenn die nagende Angst sich auflöst und man sich der anerkennenden Blicke vergewissern kann, dass man es noch einmal geschafft hat.

Chemische Selbstoptimierungsversuche sind nichts Neues. Sie waren früher jedoch auf unsere Eliten oder Genies beschränkt: Sigmund Freud experimentierte mit Kokain im Selbstversuch, das er von der Firma Merck in Darmstadt bezog. Auch Dichter und Schriftsteller wie Arthur Canon Doyle, Georg Trakl oder Gottfried Benn ließen sich bei ihrer Arbeit vom Kokain unterstützen. Angelo Mariani brachte 1883 ein kokainhaltiges Stärkungsgetränk unter dem Namen »Vin Mariani« auf den Markt. Dankbare Abnehmer fand er in Sarah Bernhardt, Jules Verne, Émile Zola und den Päpsten Leo XIII. und Pius X.

Inzwischen ist das Koksen demokratisiert. Die US-Drogenbehörde schätzt, dass ein Drittel aller 18–25-jährigen US-Amerikaner mindestens einmal Kokain konsumiert haben. Publik wird es jedoch vorwiegend bei denen, die in der Öffentlichkeit stehen, bei den Bekannten, den Prominenten. Die wiederum sind tunlichst auf Geheimhaltung bedacht.

Am eindrücklichsten wird uns das im Sport vorgeführt. Dort wird gedopt, bis der Arzt kommt: Der Leichtathlet Dieter Baumann ist vor Jahren durch geheimnisvolle Zahnpastamanipulatoren hereingelegt worden; der Bobfahrer Lenny Paul berief sich auf eine Spaghetti-Bolognese-Intoxikation; der Radrennfahrer Frank Vandenbroucke gab als Nutzer seiner Epo- und Anabolika-Vorräte seinen asthmatischen Hund an; sein Rennfahrer-Kollege Raimondas Rumas hatte Epos im Tourgepäck, um seine weit entfernte Schwiegermutter von schwerer Krankheit zu heilen, und Schein-Champion Floyd Landis deklarierte einen akuten Hormonschub als natürliche Folge seiner stierhaften Männlichkeit …

Waffe: Geheimdiplomatie

Ignorieren und Geheimhalten heißt die Devise bei der Angstbekämpfung. Ignorieren und Geheimhalten ist aber auch die Devise beim Umgang mit der Angst selbst. Vor sich selbst die Angst zu ignorieren ist schwierig bzw. unmöglich, daher kommt nur Geheimhalten in Frage. Sich nichts anmerken lassen, damit die anderen nichts merken.

Obwohl unter vier Augen jeder sofort zustimmt, dass die Angst eines der größten Probleme in Unternehmen darstellt – und zwar nicht nur die allen verständliche und überall offen kommunizierte Angst vor dem Arbeitsplatzverlust und Einkommenseinbußen, sondern auch die Angst gestandener Führungskräfte vor dem nächsten Tag oder der nächsten Stunde. Aber es ist immer die Angst der anderen. Deshalb wurde auch vor ein paar Jahren ein Seminarangebot des Autors mit dem Titel »Angst im Unternehmen« zwar als hochrelevant bejubelt, die begeisterten Massen blieben jedoch eher fern, und die Teilnehmer, die schließlich an dem Seminar teilnahmen, kamen wegen der Angst anderer.

Das Ignorieren und Geheimhalten ist zwar ein verständlicher Versuch, die Angst in den Griff zu bekommen, bewirkt aber in erster Linie, dass die Angst noch zunimmt. Denn die Versuche, die Angst durch Geheimhaltung in den Griff zu bekommen, wie auch die Versuche der aktiven Bekämpfung der Angst führen dem bekämpften Gegner, der Angst, Energie zu, die sie weiter wachsen lässt. Der Gegner Angst wird durch den Kampf nicht geschwächt, geschweige denn besiegt, sondern gestärkt und zum dauerhaften Sieger. Die Stimmung wird immer schlechter, je mehr man sich anstrengt, sie zu bekämpfen.

Waffe: Religion und Politik

Neben den chemischen Kampfmitteln gegen die Angst und der Geheimdiplomatie gibt es aber auch religiöse und politische Kampfmaßnahmen. Ein religiöser Tranquilizer wurde vor wenigen Jahren mit den letzten Worten des Papstes Johannes Paul II. verabreicht: »Habt keine Angst!« – Ein Papst starb, und alle sahen zu. *Ecce Homo*. Ein alter, artikulationsunfähiger Mann mit schmerzverzerrtem Gesicht, unkontrolliertem Speichelfluss und zitternden Händen wird im Rollstuhl ans Fenster seiner Wohnung geschoben und versucht hilflos, die große Menge auf dem Petersplatz und die noch größere zu Hause vor ihren Bildschirmen zu grüßen: *urbi et orbi*. Das schaurig faszinierende Schauspiel dauerte nicht lange, wurde aber an mehreren Tagen wiederholt. Als traditionsreiche Institution war die katholische Kirche wieder einmal offensiv und souverän auf der Höhe der Medienkunst, beim Sterben live und bei der Berichterstattung über Kampfhandlungen gegen die Todesangst.

Neben dem auf Beruhigung zielenden Appell – keine Angst, alles wird gut! – lassen sich aber auch mahnende Appelle vernehmen: »Angst ist reaktionär!«, so der ermahnend politische Appell von Ulrike Meinhof.[77] Das geeignete Mittel dagegen: etwas (Nichtreaktionäres) tun, um die Angst verschwinden zu lassen.

Beide Appelle (Johannes Paul II. und Ulrike Meinhof) haben mehr gemeinsam, als man zunächst zu denken wagt. Wir erleben ja seit einiger Zeit scheinbar Gegensätzliches gleichzeitig: Religionen und ihre Anhänger beanspruchen Kränkungsschutz, der ihnen sogar gewährt wird – und andererseits erleben wir terroristische, ebenfalls oft als religiös deklarierte Gewaltaktionen, hinter denen sich ebenfalls Angstbekämpfungsmaßnahmen verbergen.

Können nicht auch die Terrorakte islamistischer Fundamentalisten als ein Versuch verstanden werden, die Angst zu bekämpfen, als Verlierer dazustehen?[78] Die Angst zu verlieren wird durch die Eskalation des Schreckens bekämpft und vermittelt die Machtphantasie, Herr über das Leben der anderen und über den eigenen Tod zu sein. Der radikale Verlierer kann viele andere zu Verlierern machen. Er kann seinen sonst behinderten Größenphantasien Ausdruck geben und im Tod das ihm Versprochene einlösen, worin immer der Siegerpreis bestehen mag. Sein Triumph besteht darin, dass man ihn weder bekämpfen noch bestrafen kann. Das besorgt er schon selbst. Dadurch ist er gegen die Angst ein Stück weit immun. Er kann nicht mehr verlieren. »Ihr liebt das Leben, wir lieben den Tod, und deshalb werden wir siegen.« So das Bekennervideo von al-Qaida nach dem Madrider Anschlag vom März 2004. Vor diesen erfolgreichen Angstbekämpfern kann man sich fürchten.

Notwendig für diese Form der Angsttherapie ist es, sich abzusondern und unsichtbar zu machen. Geheimhaltung ist die Parole. Damit ähnelt er einem anderen Sozialtyp der globalisierten Moderne, dem radikalen Gewinner. Auch er ist meist gesellschaftlich vollkommen isoliert und kann von Angst-Phantasmen heimgesucht werden. Er leidet, schon allein aus Sicherheitsgründen, an Realitätsverlust, fühlt sich missverstanden und bedroht. Die Fallhöhe des radikalen Gewinners ist hoch, entsprechend also auch die Angst davor. Denn die Verlustangst nimmt mit jedem Gewinn an Geld oder Macht zu. Je mehr Negatives aus dem Weg geräumt werden kann, desto ärgerlicher wird der Rest an Negativem, der noch übrig bleibt.

Für den Normalverbraucher, der weder ein radikaler Verlierer noch ein radikaler Gewinner der Globalisierung ist, gilt Ähnliches. Ihn hat die Statusangst im Griff, die Angst, ob er wirklich das bekommt, was ihm seiner Meinung nach zusteht. Und er hofft angstvoll, zumindest das erhalten zu können, was ihm bisher zugestanden wurde. Diese Angst ist immens. Noch nie hatten so viele Menschen so viel zu verlieren wie heute, und gleichzeitig setzen sie immer ängstlicher auf den erhofften Erfolg. Wobei – wie so oft – diese Hoffnung eher das Problem ist als die Lösung.

Wenn wir Erfolg haben, ist es meist nur ein kurzlebiger. Die Kurzzeitigkeit des Erfolges wird noch dadurch weiter verschärft, dass der Erfolg immer weniger von uns selbst abhängt. Je weniger wir durch Leistung auf den Erfolg einwirken können, umso größer wird unsere Angst. Wir haben einerseits Versagensangst, Angst, den Anforderungen nicht zu genügen, und erleiden gleichzeitig die Angst des Ohnmächtigen, der keinen Einfluss auf sein Schicksal nehmen kann. Die Angst nimmt uns in den Griff.

Der Kampf gegen die Angst: eine Bilanz

Das Ergebnis der Angstbekämpfungsmaßnahmen ist niederschmetternd: Betrachtet man den Zeitraum eines einzigen Jahres, dann leiden etwa 20 Millionen aller Deutschen (vom Baby bis zum Greis) an behandlungsbedürftigen Depressionen und anderen Stimmungsstörungen.[79]

Fazit: Der Kampf gegen die Angst ist nicht erfolgreich. Oder ist etwa der erbitterte Kampf gegen die Angst verantwortlich für diese Misere?

Alle Angst-Reduzierungs- und Angst-Bekämpfungsmaßnahmen rechtfertigen sich dadurch, dass sie Angst als ein Problem betrachten. Ein Problem, das schleunigst gelöst werden muss.

Für vielerlei Mangelzustände finden sich alltagssprachlich und in der psychiatrisch/psychotherapeutisch/medizinischen Fachsprache die entsprechenden Bezeichnungen: Antriebsschwäche, Distanzlosigkeit, Appetitlosigkeit, Lustlosigkeit, Eisenmangel, Flüssigkeitsmangel … Was es nicht zu geben scheint, was zumindest keinen Namen hat, sind folgende Diagnosen: Angstschwäche, Angstdefizit, Angstlosigkeit, Angstmangel oder gar ein Angstmangelsyndrom.

Warum ist das so? Weil Angst als Problem gewertet wird und nicht etwa Angstfreiheit. Angst wird als störend empfunden für den ordnungsgemäßen Ablauf der Dinge. Deshalb werden ja auch die entsprechenden Maßnahmen bereitgestellt und ergriffen, um diese Störungen abzustellen. Dabei ist es offensichtlich, dass man, solange man lebt, Angst hat – und das ist auch gut so!

Angst ist normal und überlebensnotwendig

Die gute Nachricht: Angst ist kein Übel, sondern eine Errungenschaft von erheblichem Wert. Angst ist ein normaler menschlicher Zustand wie Freude, Wut und Trauer. Angst sichert das Überleben. Ohne die Angst wären wir genauso schutzlos wie ohne den Schmerz. Schmerz und Angst haben aber ein schlechtes Ansehen. Dabei würde uns Schmerzlosigkeit in Situationen bringen und an Widrigkeiten stoßen lassen, die uns und unserem Körper Schaden zufügen und ihn früher oder später zu Tode kommen lassen. Auf den Schmerz verzichten könnten wir nur, wenn wir unverwundbar wären. Dann wären wir aber keine Menschen. Was der Schmerz für unseren Körper, ist die Angst für unsere Psyche. Beide ermöglichen uns ein Verhalten, das mit dem Leben vereinbar ist. In der Evolution des Menschen sind die allzu Furchtlosen und Angstfreien, die vor keiner Gefahr zurückgeschreckt sind, daher schon lange ausgestorben. Überlebt haben die Schlauen, Flexiblen und Anpassungsfähigen: die Ängstlichen. Von denen stammen wir alle ab. Warum sollten wir dieses Erbe verschleudern und bekämpfen? Die Gefahren nähmen zu, und die Stimmung wäre dadurch auch nicht besser – im Gegenteil.

Angst macht uns menschlich

Pflanzen und Tiere haben keine Angst. Sie sind eben keine Menschen. Pflanzen und Tiere müssen, Menschen können. Tiere sind durch ihren Instinkt entlastet von Entscheidungsfragen. Sie haben keine Wahl. Die Würde, die Qual oder, wenn man so will, das Schicksal des Menschen besteht dagegen in der freien Wahl seiner Entscheidungen und Handlungen. Das Tier kann daher auch nicht schuldig werden, denn Schuld kann es nur dort geben, wo es Alternativen gibt, zwischen denen gewählt wird. Das Tier muss und weiß nicht, was es tut. Der Mensch kann wissen, was er tut, und auch, was er nicht tut.

Das Gerede über die Illusion des freien Willens stellt diese Unterschiede in Frage. Es ist der Versuch einer Rückführung des Menschen zum Tier. Hätte der Mensch keinen freien Willen, wie behauptet wird, dann wäre Angst ein überflüssiges Phänomen. Es gäbe sie nicht, weil es ja den freien Willen nicht gäbe und auch nicht die Überführung von Möglichem in Wirkliches. Die Neuromythologie der Leugnung des freien Willens leistet damit einen Beitrag zur »Vertierlichung« des Menschen. Die Voraussetzung menschlicher Kultur und ihrer Errungenschaften wird in Frage gestellt. Die Kultur der Schuld, der Strafe und des Rechtssystems gründen auf dem freien Willen. Auch die Möglichkeit eines moralischen Verhaltens wird so in Frage gestellt. Spricht man Menschen ihren freien Willen ab, verhalten sie sich unmoralischer, aggressiver und weniger hilfsbereit.[80]

Tiere haben mit ihrem Instinkt alles, was sie für ihr Überleben und ihr Sozialleben brauchen. Obwohl sie nicht mit Kenntnissen über Kants *Kritik der reinen Vernunft* aufwarten können, hat man nicht den Eindruck, dass sie unter einem Mangel leiden. Wenn Sie zu Hause ein Haustier, zum Beispiel eine Katze, haben, dann ist es nur schwer vorstellbar, dass diese im Morgengrauen, um 4.30 Uhr in der Frühe aufwacht und sich ängstlich die Frage stellt: Was ist nur mit mir los, dass ich mich in meinem Job, ja in meinem gegenwärtigen Leben so ängstige, dass ich schon so lange nichts Brauchbares und Kreatives mit meiner Zeit anfangen kann? Wo soll das Ganze noch hinführen, wo soll das Ganze enden?

Allerdings ist es auch so, dass unsere Haustiere sich weder von einem Roman fesseln lassen noch sich Gedanken über ihre Optionen und Möglichkeiten machen. Und vor allem bereuen sie wohl kaum nichtrealisierte Optionen und frühere Entscheidungen.

Der Mensch lacht, weint und hat Angst. Er ist es, der sich mit Blick auf die Zukunft freut oder ängstlich wimmert. Die Angst ist verknüpft mit dem Blick in die Zukunft. Nur der Mensch greift vor, denkt an die Zukunft, plant, hofft und fürchtet die Zukunft. Das Tier macht sich keine Gedanken darüber. So wie es kein Tier gibt, das um seine Zukunft fürchtet, gibt es auch keines, das über seine Vergangenheit weint, vergangene Entscheidungen bereut oder sich schuldig fühlt. Das seiner selbst sichere Tier kennt zwar die Furcht vor Gefahren, der Instinkt sorgt dafür, jedoch nicht die Angst.

Angst kultiviert und macht erwachsen

Wo wir nicht von der Natur und von Instinkten beherrscht werden, entsteht die Möglichkeit von Kultur. Wir sind darauf angewiesen, uns unsere eigenen Gedanken zu machen, unsere Entscheidungen zu treffen, unsere Handlungen zu vollziehen oder zu unterlassen und damit uns und unsere Zukunft zu entwerfen. Während wir für unsere Natur nicht verantwortlich sind, sind wir für unsere Kultur sehr wohl verantwortlich. Sie wird von uns gemacht, aufrechterhalten und kann von uns auch verändert werden. Zu unserer Kultur gehört auch, wie wir über unsere Natur nachdenken und mit ihr umgehen. Dabei haben wir Angst davor, für unsere Entscheidungen und Handlungen verantwortlich gemacht zu werden, und wollen daher die richtige Wahl treffen oder wenigstens die falsche vermeiden.

Die Angst ist gleichzeitig Mittel und Begleiterscheinung einer produktiven und kultivierten Lebensgestaltung. Sie ist nicht nur ein wesentlicher Teil und die Triebfeder der Entwicklung menschlicher Kultur, sondern ebenso eine wesentliche Triebfeder unserer eigenen biographischen Entwicklung, ein notwendiger Teil unserer Sozialisation. Die Sozialisation ist die Einführung in die Angst. Insofern ist das lobende Gerede von der sogenannten angstfreien Erziehung Nonsens.

Dies bezeugt schon das Märchen von »Einem, der auszog, das Fürchten zu lernen«[81]: die Geschichte eines jungen Mannes, dem noch etwas fehlt. Er hat noch nicht gelernt, sich zu ängstigen. Angst ist eine menschliche Errungenschaft, die erworben werden muss, um sie zu besitzen und nutzen zu können.

Aber so kompliziert und anspruchsvoll, wie es zunächst klingen mag, ist das Erlernen der Angst auch wieder nicht. Es gelingt leicht, wenn man auf die Anstrengung, es zu verhindern, verzichtet.

Jeder, der Kinder hat, weiß, wie kinderleicht Angst gelernt wird und was geschieht, wenn Kinder ausziehen, um das Fürchten zu lernen. Wenn Kinder anfangen sich fortzubewegen, zuerst krabbelnd, dann laufend, bewegen sie sich von ihren bekannten Bezugspersonen weg, bis an eine fast magisch erscheinende Grenze. Dort verspüren sie offensichtlich Angst: Trennungsangst. Aber es erscheint wie ein Spiel. Wir fragen uns: Ist der kindliche Blick und Gesichtsausdruck ein ängstlicher oder ein lachender? Nun sind auch noch Juchzen und lustvolle kurze Schreie zu hören. Wir sind Zeugen eines vom Kind selbst erzeugten Gefühls: der Angstlust. Angstlust erlebt, wer sich freiwillig in eine neue, unsichere, vielleicht sogar gefährliche Situation begibt. Dieser Mensch trennt sich von etwas, das ihm vertraut war und mit dem er bisher verbunden war. Die Angstlust ist ein »Zwischengefühl«. Es wird zwischen dem Aufgeben von Sicherheit und dem Wiedererlangen von Sicherheit empfunden. Gleichzeitig entsteht dabei eine eigenartige psychische Distanz zum Geschehen, dessen Teilnehmer man aber weiterhin bleibt. Das vermittelt uns den Eindruck, dass es sich um ein Spiel handelt. Das etwa einjährige Kind lernt nicht nur die Angst, nicht nur die Lust an der Angst, es lernt, dass es ein Wesen ist, das wählt. Die Angstlust erzeugt das Bewusstsein, sich einer als real empfundenen Gefahr wissentlich aussetzen und die dabei entstehende Angst wiederum willentlich bewältigen zu können. Man kann den Blick zurückwenden, um sich des weiterhin vorhandenen Bekannten zu versichern, oder zurücklaufen/zurückkrabbeln oder den Blick nach vorwärts richten auf das Unbekannte und es sich zu eigen machen.

Unsere Angst macht uns Verbesserungsvorschläge und lässt uns vorausdenken

Angst erlaubt uns innezuhalten und zu zögern. Sie gibt uns die Zeit, unsere Wahlmöglichkeiten zu überdenken. Sie lässt uns vorausdenken, in die Zukunft, die wir durch unsere Entscheidungen beeinflussen. Dadurch bringt sie Bewahrenswertes aus der Vergangenheit in den Blick und die Widersprüchlichkeit des zukünftig Neuen zur Anschauung. Neues kann erwünscht und herbeigesehnt werden und gleichzeitig verunsichernd, riskant und gefürchtet sein. Die Ungewissheit des Neuen macht Veränderung zu einem angsterzeugenden Geschäft. Diese Widersprüchlichkeit zu übergehen und schnell weiterzumachen kann zu dummen Entscheidungen führen. Angst macht uns auf unsere Ambivalenz aufmerksam und räumt uns die notwendige Zeit ein, um nachzudenken und vielleicht sogar klug zu handeln: Unsere Angst bewacht unseren Fürwitz (Friedrich Schiller).

Angst ist ein Verbesserungsvorschlag. Bevor etwas Wirklichkeit wird, legt sie das Veto ein: »Moment mal!« Sie lässt uns fragen: Was will ich? Was befürchte ich? Angst kann ein Warnsignal sein, um damit aufzuhören, etwas Dummes zu tun. Sie kann uns dazu bringen, etwas zu tun oder auch zu lassen. Einen Job aufzugeben, der uns langsam umbringt, oder ihn zumindest anders auszufüllen. Angst kann uns dazu bringen, eine wichtige Veränderung vorzunehmen, sie kann ein guter Startschuss und Anstoß sein. Sie kann uns aber auch davon abhalten, Veränderungen zu vollziehen, weil uns Bewahrenswertes am Bestehenden wichtiger ist.

Beides, der berechtigte Wunsch nach Veränderung und die berechtigte Angst vor Veränderung, ist für unser Wohlergehen und die Aufrechterhaltung von Beziehungen zu anderen, aber auch zu uns selbst, von größter Wichtigkeit. Psychologisch spricht man in solchen Fällen von Ambivalenz. Innere Konflikte sind mit dem Leben nicht nur vereinbar, sondern lebensnotwendig. Es ist nämlich nicht nur die Möglichkeit der Veränderung, sondern auch die Fähigkeit, Veränderungen zu widerstehen, die unser Gefühl für Identität, Kontinuität in der Zeit und unsere Verbundenheit mit uns selbst und anderen ausmachen.

Ich habe Angst, also bin ich

Menschen können Mögliches wirklich werden lassen. Sie können wählen. Von einer Entscheidung lässt sich nur sinnvoll sprechen, wenn es mindestens zwei Optionen gibt, zwischen denen man wählen kann. Bei den meisten persönlichen Entscheidungen fehlt aber gleichzeitig das Kriterium dafür, welches die richtige Entscheidung wäre. Also etwa die richtige Antwort auf die Frage: Wie soll man leben? Bei dieser Art von Entscheidungen kann sich in der Zukunft durchaus herausstellen, dass die Entscheidung falsch war: Die Entscheidung war riskant. Die Zukunft hat nun aber leider das entscheidende Merkmal, dass sie unbekannt ist. Deshalb stellt sich an diesem Punkt Angst ein: Vielleicht verschieben wir die Entscheidung, vielleicht kommen neue Optionen in den Blick.

Auf jeden Fall aber kann nun ein Nachdenken über die eigenen Entscheidungskriterien einsetzen. Dabei kommt man sich selbst auf die Schliche und wird mit sich selbst bekannt. Angst ermöglicht die Selbstbefragung. Ohne sie nutzen wir die Möglichkeit der Selbsterkundung nicht. Ohne nachzudenken eilen wir von einer Entscheidung zur anderen.

Angst stellt das menschliche Leben in einen Zusammenhang von Freiheit, Verantwortung, Schuld und Reue. Sie macht den Einzelnen auf sich selbst aufmerksam als denjenigen, der wählt und sich damit Freiheit, Schuld, Verantwortung und Reue zumuten muss.

Immer beliebter wird das Gerede von der Alternativlosigkeit: Es bleibt uns keine andere Wahl – ein besonders bei Politikern gerne vollführter rhetorischer Taschenspielertrick. Gibt er doch vor, dass es sich bei einer Entscheidung gar nicht um eine Entscheidung handelt, weil Alternativlosigkeit und Entscheidung sich ausschließen. Beliebt auch, weil Verantwortung nicht übernommen werden muss. Man kann ohne Schuld bleiben, braucht nichts zu bereuen und kann risikolos in die Zukunft hineinleben/regieren. Psychiatrisch gesprochen ist damit das Attest der Schuldunfähigkeit ausgestellt, in Form einer Selbst-Attestierung eigener Schuldunfähigkeit. Angst ist nun völlig fehl am Platz und braucht nicht aufzukommen. Und die Ängstlichen können sogar noch beruhig werden, schaut her: Alternativlos! Eine rhetorische Angstbekämpfungsmaßnahme oder Angsttherapie, die einen das Fürchten lehren kann. Ein gewisses Risiko bleibt allerdings: In psychiatrischen Gutachten wird das Attest der Schuldunfähigkeit manchmal zusammen mit dem Attest der Geschäfts- und Unzurechnungsfähigkeit ausgestellt.

Angst ist ein Erwartungsaffekt, auch wenn wir noch nicht genau wissen, was uns erwartet. Angst ermöglicht uns aber, uns mit unseren Befürchtungen auseinanderzusetzen.

Auch die Hoffnung ist ein Erwartungsaffekt. Sie lässt uns aber über unsere Befürchtungen hinwegdenken und hat ganz andere Effekte. Die Hoffnung lenkt unseren Blick von unseren Befürchtungen weg, verführt uns, unsere Bedenken zu übersehen und lenkt uns von uns selbst ab. Sie macht keine Verbesserungsvorschläge. Die Hoffnung bedient sich dafür, wie wir gesehen haben, oftmals der Lüge, der Schönfärberei und der Dummheit. Das tut sie, indem sie die Angst bekämpft und alle ihr innewohnenden Möglichkeiten unmöglich macht. Sie ist eine Angstbekämpfungsmaßnahme mit negativen Nebenwirkungen. Die Hoffnung ersäuft die Angst![82]

Angst macht kreativ

Angstfreiheit lässt sich nicht erzwingen, selbst mit dem besten Willen nicht – ebenso wenig wie Kreativität, auch wenn es Seminare dafür gibt. Früher waren es nur die Ausnahmegenies, die Heroen des Geistes, denen der göttliche Funke der Kreativität zuflog. Heute wollen und sollen alle kreativ sein. Kreativitätsförderung und -forderung sind Versuche zur Demokratisierung des Genies: Kreativität ist gut, man kann nie genug davon haben, als Einzelner wie als Gesellschaft; jeder besitzt die Fähigkeit der Kreativität, und jeder kann und soll kreativ sein! Kreativität für alle und von allen ist das Motto, und es wird auch vor Drohungen nicht zurückgeschreckt: »Seien Sie besonders ... oder Sie werden ausgesondert!«[83]

Aber die Forderung »Sei kreativ!« verhindert, wozu sie auffordert. Kreativität lässt sich eben nicht erzwingen. Die modernen Methoden, Kreativität hervorzuzaubern, sind aber nicht in erster Linie Disziplinarzwänge, sondern eher Aufforderungen zu Spaß, Freude und guter Laune. Die meisten Firmen setzen ihre Angestellten schon lange nicht mehr mit Aufsehern unter Druck, sondern setzen professionelle Spaßmacher ein. Mitarbeiter sollen zum Lachen gebracht werden, damit sie kreativ sein wollen.

Dabei wäre wahrscheinlich mehr zu erreichen, wenn man Kreativitätspausen erlauben würde. Hält nicht gerade der pausenlose Zwang zur Kreativität davon ab, kreativ zu sein?

Auf der anderen Seite kann – richtig als Signal verstanden und genutzt – Angst eine Quelle für Veränderung, für eine kreative Normabweichung werden.

Das erinnert mich an eine Geschichte, deren Ursprung ich vergessen habe:

Der dösende Zen-Meister, der Stock, die Angst und der Abschied

Ein alter Zen-Meister sitzt vor seiner Hütte und döst in der Morgensonne. Seine Schüler nehmen allerdings an, dass er in einer für sie unerreichbaren Tiefenmeditation ist. Gut für den Meister, dass es so schwer ist, zwischen Dösen und Meditieren sicher zu unterscheiden. Ein besonders eifriger Schüler nähert sich seinem Meister. Der kommt wieder zu sich. Sein Schüler bittet ihn um eine Aufgabe. Er will auf dem Wege seiner Erleuchtung einen Schritt weiterkommen. Der Meister – innerlich etwas verärgert, wieder einmal gestört worden zu sein, äußerlich die Gelassenheit selbst – überlegt einen kurzen Moment und stellt seinem Musterschüler eine Aufgabe, etwa so:

Mein lieber Schüler, du siehst, ich habe hier einen Stock in der Hand. Ich werde dich gleich fragen, was ich in der Hand habe. Antwortest du, es ist ein Stock, verprügle ich dich mit dem Stock. Antwortest du, es ist kein Stock, verprügle ich dich mit dem Stock. Hier also, wie versprochen, deine Aufgabe:

Sage mir, was ich in der Hand habe!

Auch für Sie, liebe Leser, wenn Sie an Erleuchtung interessiert sind, eine Gelegenheit weiterzukommen. Wenn Sie jetzt ein wenig Angst haben, Sie könnten den Weg nicht finden, die richtige Antwort nicht geben, ist das gut und nicht schlecht. Wir werden darauf zurückkommen. Wenn Sie wollen, können Sie sich geraume Zeit mit Ihren Erleuchtungsversuchen beschäftigen, ich warte solange auf Sie.

Jetzt weiß ich nicht, ob Sie direkt weitergelesen haben, weil Sie nicht an Erleuchtung interessiert sind, oder weitergelesen haben, weil Ihnen solche Denkaufgaben mit pädagogischen Absichten in einem Sachbuch erheblich auf den Geist gehen, oder ob Sie weitergelesen haben, weil sie schon erleuchtet sind und sich der weiteren Lektüre dieses Buches widmen wollen.

Wie auch immer – ich fahre einfach fort. Was ist eigentlich Kreativität?

Wir würden uns wahrscheinlich schnell einig werden, dass wir das als kreativ bezeichnen, was etwas Neues darstellt, etwas Unerwartetes. Das Gegenteil davon wäre die Wiederholung des Alten und des Bekannten, wären die bekannten üblichen Antworten.

Wie aber kommt Neues in die Welt?

Wir sind einer Situation ausgesetzt oder setzen uns einer Situation aus, in der wir nicht ausweichen können und mit den alten Antworten nicht durchkommen. Diese Situationen sind Konflikte oder Widersprüche, die wir mit Hilfe unserer bisherigen Erfahrungen nicht auflösen können. Unsere Geschichte beschreibt eine solche Situation: Wenn du das eine tust, dann hat das negative Konsequenzen, aber wenn du das andere tust, hat das ebenfalls negative Konsequenzen. Es kann also nicht entschieden werden, ob Tun oder Unterlassen das Richtige ist.[84]

Die meisten Fragen, die für uns bedeutsam, ja lebenswichtig sind, sind unentscheidbare Fragen, und es gibt darauf keine einzig richtige Antwort: Wie sollen wir leben? Soll man überhaupt leben?[85] Wir sind mit der seltsamen Situation konfrontiert, dass wir nur die unentscheidbaren Fragen beantworten können, ja müssen. Die entscheidbaren Fragen können wir nicht beantworten, weil sie ja schon beantwortet sind. Entscheidbare Fragen sind etwa Fragen wie: Wie viel ist 1 und 1? Diese Frage ist ja schon beantwortet, bevor sie gestellt wurde. Man braucht nur nachzurechnen. Besonders kreativ ist diese Antwort allerdings nicht, wie die meisten Antworten auf entscheidbare bzw. bereits entschiedene Fragen.

In einer solchen Situation, in der wir vor unentscheidbare Fragen gestellt sind oder wir uns unentscheidbare Fragen stellen, wo wir unauflösbaren Konflikten und Widersprüchen ausgesetzt sind, ist alles unsicher, uneindeutig, bedrohlich. Entscheidungen sind dann hochriskant, und wir haben keinen sicheren Boden mehr unter den Füßen. Die alten Antworten funktionieren nicht mehr, neue stehen (wenn überhaupt jemals) noch nicht zur Verfügung. Wir haben Angst. Wir zaudern und zögern.

Zaudern und Zögern muss jedoch keineswegs passiv, sondern kann aktives Suchen und Befragen sein. Die Antwort wird nicht gegeben, die Handlung nicht vollzogen, sondern dem zögerlichen Prozess des Werdens und Entstehens unterworfen. Das Zaudern durchbricht die bekannten Abläufe und bewirkt ein Heraustreten aus Zusammenhängen. Die fugenlose Verknüpfung von Fragen, Herausforderungen, Antworten, Entscheidungen und Handlungen ist unterbrochen. Im Zögern und Zaudern entsteht ein Zwischenraum, ein Schwebezustand, indem etwas angehalten wird, was nicht so weitergeht wie bisher, aber eben auch noch nicht anders weitergeht – noch nicht!

Der Weg durch die Angst hindurch, nicht der Weg von der Angst weg, ist der Weg der Kreativität. Der Weg von der Angst weg ist der Weg der Dummheit und der Weg der miesen Stimmungen. Auf dem Weg durch die Angst lässt sich etwas suchen und, wenn man Glück hat, auch finden, was das Neue sein kann: das Dritte. Etwas, was weder das eine noch das andere ist. Angst ist nicht nur, wie wir schon sahen, die Begleitmusik und die Triebfeder von Entwicklungen, sondern auch von Kreativität. Gemeinsam ist beidem, dass etwas Neues in die Welt kommt, in die persönliche oder in die soziale Welt. Angst ermöglicht Veränderung von Selbstbild und Selbstverständnis ebenso wie von Weltbildern und Weltverständnis.

Kreativität ist kaum denkbar, ohne der Angst ins Auge zu schauen, sie wegzudenken oder wegzubekämpfen. Denn dadurch versäumen wir es, die unerhörten Fragen zu hören, zu zögern und zu zaudern und die noch nicht gegebenen Antworten zu suchen, zu finden, zu geben und zu verantworten.

Ach ja, ehe wir es vergessen: Was ist aus unserem an Erleuchtung interessierten Zen-Schüler und seinem im morgendlichen Meditationsdösen gestörten Meister geworden?

Eben noch gut gestimmt und voller Tatendrang, bemerkt unser Zen-Schüler schnell, dass er mit den altbekannten Antwortmöglichkeiten nicht durchkommt. Beides hätte zur Folge, dass er Schläge bekommt. Und das weiß er nun sicher: Das möchte er nicht. Aber damit weiß er noch nicht, was er möchte, was er antworten will. Er ist unsicher. Er fühlt sich bedroht. Er hat Angst. Er zaudert und beginnt ängstlich, nach Antworten zu suchen. Er fühlt sich wie in einem Schwebezustand und weiß nicht, wie er wieder auf den sicheren Boden kommen kann. So viel ist ihm aber klar: Die beiden möglichen Antworten – es ist ein Stock/es ist kein Stock – kommen nicht in Frage, denn dann gibt es Haue.

Zunächst kommen ihm also nur Fragen: Was könnte eine Antwort sein, die der Frage des Meisters nicht ausweicht, aber keine der vorgegebenen Antworten wäre? Könnte eine andere Bezeichnung des Stocks eine Möglichkeit sein? Welche anderen Bezeichnungen sind möglich? Er findet mehrere: ein länglicher Gegenstand, ein Stück Holz. Schließlich kommt ihm auch der Gedanke, einfach eine Bezeichnung zu wählen, die nichts mit dem Stock zu tun hat: Ein Klavier, ein Klavier, es ist ein Klavier! Diese Möglichkeit verwirft er aber sehr schnell. Er möchte nicht den Eindruck bei seinem Meister aufkommen lassen, dass er nicht mehr alle Tassen im Schrank hat. Nein, das will er wirklich nicht. Er erinnert sich, dass er vor einiger Zeit einen Anfängerkurs über buddhistische Meditationstechniken besucht hat und dort mit dem Mantra des Om vertraut gemacht wurde.[86] Wenn er also seinem Meister »Om« als Antwort anbieten würde, dann könnte er – so seine ängstliche Überlegung – sein Gesicht wahren, ja vielleicht sogar auf ein Fleißkärtchen als Meditationsmusterschüler hoffen. Er hat Angst zu versagen und seinen Meister zu enttäuschen. Er zögert aber, diese Antwort zu geben. Stattdessen bemerkt er, dass das nicht alles ist, was er an Gefühlen und Vorstellungen seinem Meister entgegenbringt. Zwar bewundert er ihn, aber er hegt auch schüchterne Gefühle des Ärgers über den Meister, der ihn schon oft mit Aufgaben bestraft und gequält hat. Erst kürzlich musste er einen ganzen Monat lang den Innenhof des Zen-Klosters fegen. Angeblich eine besonders intensive Form von Meditation. Warum sollte er es ihm eigentlich nicht mal zurückzahlen? Er könnte dem Meister den Stock abnehmen und statt vom Meister verprügelt zu werden, den Meister verprügeln. An körperlicher, wenn auch vielleicht nicht an spiritueller Kraft könnte er es ohne weiteres mit dem Meister aufnehmen. Kühner Gedanke! Aber wieder stellt sich ängstliches Zaudern ein, obwohl ihm die Vorstellung des Meisterverprügelns nicht aus dem Kopf geht, wie ihm überhaupt der Meister und seine Fragen nicht aus dem Kopf gehen. Warum eigentlich, so fragt er sich nun – könnte er nicht auch einfach die geforderten Antworten verweigern? Dazu müsste er nur dem Gedanken nachgeben, der sich gerade in ihm breit zu machen versucht: Meister, du gehst mir irgendwie auch ziemlich auf den Geist mit deinen blöden Erleuchtungsfragen! Wenn er dies aber tun würde, so zögert er ängstlich, dann gefährdet er sicher die Beziehung zum Meister. Und was hatte er nicht alles in Kauf genommen und dafür getan, um vom Meister unten den vielen Bewerbern erkannt und als Schüler angenommen zu werden? Vielleicht – so fragt er sich ängstlich – schickt mich der Meister dann sogar weg? Und was soll dann aus mir werden, aus mir, einem verstoßenen Schüler? Was wäre aber, wenn nicht der Meister ihn verstoßen würde, sondern umgekehrt er den Meister verstieße und ihn verließe? Glänzender Gedanke! Er klopft sich – selbstverständlich nur in Gedanken – auf die eigene Schulter. Aber, so zögert er ängstlich, was mache ich dann? Was soll dann aus mir werden? Ich kann doch nichts Vernünftiges. Endlich reift seine Entscheidung, und er weiß, wie er die Frage des Meisters beantworten will. Er gibt sich die Antwort selbst, nicht dem Meister, und schreitet zur Tat. Die Antwort, die er sich selbst gibt: Jetzt ist endlich Schluss, Meister, ich habe diese ewigen Aufgaben, die nicht zu lösen sind, mit denen man sich aber stunden-, tage-, und wochenlang herumquält, endgültig satt. Mach was du willst, aber nicht mehr mit mir! Ich gehe, ohne deine Frage zu beantworten! Ich suche mir selbst ein paar Schüler, die ich dann als Meister mit solchen Fragen, die ich ja zur Genüge kennengelernt habe, quälen kann, und wo ich gelassen und hochangesehen schon am frühen Morgen vor mich hindösen kann. Gedacht, getan, und in guter Stimmung ist er verschwunden. Und der Meister hat einen Schüler weniger.

Der Schüler hat, unterstützt durch seine Angst, sein Zaudern und sein Zögern eine anspruchsvolle, kreative Leistung vollbracht. Er ist durch die Angst hindurch gegangen und dabei ein anderer geworden. Er ist nicht mehr derselbe. Er hat sich selbst vom Schüler in einen Meister verwandelt. Er ist weitergekommen: Von der Trennungsangst, der Angst sich von seiner Schülerrolle und seinem Meister zu trennen, bis hin zur Angstlust. Er geht das Wagnis ein, ein Meister für andere, noch unbekannte Schüler zu werden.

Die Geschichte ist allerdings noch nicht zu Ende: Der Meister sieht seinen Schüler von dannen ziehen, ohne eine Antwort auf seine Frage bekommen zu haben. Gutgelaunt lehnt er sich zurück und kann sich wieder dem morgendlichen Dösen widmen. Zufrieden, weil er es wieder einmal geschafft hat, einen Schüler zum Meister werden zu lassen.

Angst lässt uns mutig sein

Was bedeutet Mut? Ein Irrglaube ist die Vorstellung, Furchtlosigkeit oder die Abwesenheit von Angst sei Mut. Im Gegenteil: Mut ist die Fähigkeit zu denken, zu sprechen und zu handeln, trotz unserer Angst und Furcht. Furchtlosigkeit ist also nicht Mut, sondern Mut ist erforderlich, um zu handeln, auch und gerade dann, wenn man Angst hat. Also ermöglicht erst die Angst den Mut. Ohne Angst kein Mut. Und umgekehrt ist Feigheit die Vermeidung oder Bekämpfung der Angst.

Wenn man sich die Mut erfordernden Situationen in der eigenen Lebensgeschichte genauer anschaut, ist es dann nicht meist so, dass nicht die Angst uns davon abgehalten hat, die richtigen und wahrhaftigen Dinge im alltäglichen Leben zu tun? War es nicht in den meisten Fällen die Vermeidung der Angst? Es ist wohl nicht die Erfahrung und das Erleben der Angst und Scham, die furchtbare Dinge hervorbringt, sowohl im Kleinen wie im Großen. Mir scheint, es ist eher so, dass fürchterliche Dinge passieren können, wenn Menschen verzweifelt und unvernünftig versuchen, ihre Angst zu vermeiden, sie loszuwerden oder in den Griff zu bekommen.

Nicht die Angst erzeugt schlechte oder depressive Stimmung, sondern ihre Bekämpfung

Nach so viel Lob der Angst muss sich Widerspruch erheben. Alles schön und gut mit der Angst, aber die Angst kann uns doch auch quälen, uns unserer Freiheit berauben und alles andere als gute Stimmung erzeugen!

Zugegeben. Das ist in der Tat so. Es macht einen Unterschied, ob wir Angst haben oder die Angst uns im Griff hat, wir von Angst überwältigt sind. Wir alle sind so etwas wie Seiltänzer, die darum ringen, die richtige Balance zu finden. Die Balance zwischen unserem Wunsch nach Sicherheit, Komfort, Kontrolle, Berechenbarkeit und Vorhersagbarkeit einerseits und unserem Wunsch nach Risiko, Neuem, Unvorhergesehenem, Überraschungen und Veränderung auf der anderen Seite. Bei der Suche nach der geeigneten Balance spielt die Angst eine wichtige Rolle. Es scheint so zu sein, dass das Extrem absoluter Angstfreiheit auf der einen Seite ebenso problematisch ist wie das Extrem maximaler Angst auf der anderen Seite.

Wie schaffen wir es aber, von der Angst überwältigt zu werden? Um die Antwort vorweg zu nehmen: Die Versuche der Herstellung des Extrems absoluter Angstfreiheit erzeugt das Extrem maximaler Angst.

Stellen wir uns unsere Lebenswelt als eine Landschaft vor:[87] Angst ist wie das Wasser eines Flusses, der sich durch diese Landschaft zieht und dabei die Landschaft verändert. Man kann darüber nachdenken, was man mit dem Wasser des Flusses machen will: das Land bewässern, Pflanzen und Bäume wachsen lassen, Landwirtschaft betreiben, ein Wasserschloss bauen, Wasserspiele veranstalten ... Man kann aber auch den Fluss der Angst durch einen Staudamm aufstauen. Wirkungen für die Landschaft und auch die darin betriebene Landwirtschaft bleiben nicht aus. Wird das Wasser des Flusses so sehr gestaut, dass der Staudamm bricht, wird die Landschaft überschwemmt. Die Angst bricht herein wie eine Attacke, eine Panikattacke. Nun hat man nicht mehr die Angst, sondern die Angst hat einen im Griff. Lange Überlegungen darüber, was man mit dem Dammbruch und der Überschwemmung anfangen will, sind unmöglich. Man hat keine Zeit, man darf sie zumindest nicht verlieren, um sich in Sicherheit zu bringen, falls das überhaupt noch möglich ist.

Wir sind in einer Situation, in der man zivilisiert und kontrolliert miteinander und mit sich selbst umzugehen hat. Aus dem Rahmen zu fallen ist eine Entgleisung, die man zu verhindern hat. Zu diesen Entgleisungen gehört es, Angst zu haben oder, noch schlimmer, zuzugeben, dass man Angst hat. Deshalb ist der Kampf gegen die Angst zu führen. Zur Aufgabe der fortschreitenden Beherrschung der Natur gehört es auch, das unzivilisierte Gefühl der Angst zu meistern.

Wenn man unserer gegenwärtigen gesellschaftlichen Befindlichkeit einen Namen geben will, dann ist das Gerede von einer Angstgesellschaft eine irreführende Charakterisierung. Wir leben nicht in einer Angstgesellschaft, sondern in einer Angstbekämpfungsgesellschaft. Die Phänomene dieser Angstbekämpfungsgesellschaft wurden schon beschrieben, die Ergebnisse auch: Angst, die viele von uns im Griff hat.

Die Diskriminierung der Angst geht mit der Diskriminierung der Ängstlichen einher. Die Angstbekämpfung fühlt sich dagegen hochgradig legitimiert, und so geht es auch den Kampfgemeinschaften gegen die Angst. Als Ängstlicher enttarnt, hat man dagegen wenig zu sagen. Schon der Verdacht reicht aus, um allein im Regen stehengelassen zu werden. Einen anderen der Ängstlichkeit zu verdächtigen entlastet den, der das tut, vom Angstverdacht. Mehr noch, er stellt sich als ein erfolgreicher Angstbekämpfer dar. Er steht also auf der richtigen Seite. Er selbst ist aus dem Schneider, weil die Angst, die er anprangert, ja die Angst der anderen ist.

Leider kann der Kampf gegen die Angst nicht gewonnen werden. Denn weder ist die Angst kapitulationsbereit, noch kann sie besiegt werden. Im Gegenteil: Der Kampf gegen sie stärkt sie. Die Energie, die gegen die Angst ins Feld geführt wird, nimmt sie auf und wird dadurch immer mächtiger.

Die folgenden Überzeugungen können den Kampf gegen die Angst weiter anheizen und miese Stimmung erzeugen – ganz miese Stimmung:

Ich darf mir nichts anmerken lassen!

Ich muss meine Angst sorgsam vor den anderen verbergen und verstecken. Das allein ist schon anstrengende Arbeit. Die Angst, enttarnt zu werden, kann sich ins Unermessliche steigern. Obwohl unvermeidlich geängstigt, will ich meine Angst nicht nach außen dringen lassen. Aber gerade die Verhinderung des Ausagierens der Angst nach außen führt dazu, dass die Angst nach innen umso heftiger bohrt und uns früher oder später überwältigt. Der Damm bricht.

Ich muss beliebt sein!

Hier wird der eigene Wert von der Wertschätzung anderer abhängig gemacht. Eine Vorstellung, die äußerst anstrengend und ängstigend sein kann. Man hat es nun mal nicht in der Hand, welcher Beliebtheitsgrad einem von anderen zugestanden wird. Denn darüber entscheidet noch immer jeder höchstpersönlich selbst. Soviel scheint aber schon sicher: Mir selbst Angst zuzugestehen und sie auch noch anderen zu gestehen macht mich nicht beliebt.

Geht nicht, gibt's nicht!

Probleme sind dazu da, gelöst zu werden. Ich kann Probleme lösen! Probleme und Herausforderungen, wo seid ihr?! Ich werde es euch schon zeigen! Scheitern, Misserfolg, Pech und Unglück gab es vielleicht früher mal, in grauer Vorzeit. Für mich gibt es so etwas nicht. – Die Messlatte des Gelingens ist so hoch gehängt, dass einem allein schon vom Blick nach oben angst und bange werden kann. Ist man nun noch aufgefordert, über die Latte zu springen, ist die Angst vor dem Reißen der Latte schon fast unerträglich. Um die Überzeugung »Geht nicht, gibt's nicht« aber weiterhin aufrechterhalten zu können, wäre zunächst an Doping zu denken. Langfristig wären aber Panikattacken angemessener.

Ich muss/kann mithalten, weil die Konkurrenz nicht schläft!

Hier fordert der Glaube an den Markt den entschiedenen Kampf gegen die Angst. Nach den Regeln der sogenannten freien Marktwirtschaft wird der Erfolg natürlicherweise daran festgemacht, dass man für sich selbst einen Markt findet: Man muss mithalten gegenüber den Konkurrenten oder, wie man heute verharmlosend sagt, den Mitbewerbern; und man hat dafür zu sorgen, dass man mindestens ein Alleinstellungsmerkmal aufweist, etwas, was die Mitbewerber nicht zu bieten haben. Ständiger Begleiter der Menschen im freien Markt ist die Angst, aus dem Markt zu fliegen. Diese Angst schwächt die eigene Position. Also muss sie bekämpft werden. Das wiederum schwächt noch mehr. Schließlich entscheidet man sich doch wieder dafür, voller Zuversicht und Hoffnung mit dem richtigen Outfit und der am Erfolg orientierten Kompetenz ans Werk zu gehen, um bereit und fit für den Erfolg zu sein und mental richtig eingestimmt und aufgestellt, unbeirrt mitzumischen und aufzusteigen. Bis sich dann die marktgängige nächste Eskalation anbietet: Das Burn-out-Syndrom. Es beweist geradezu, dass man ein alter Angst-Kämpfer ist, schließlich muss ja mal gebrannt haben, was ausbrennt. Also ist das Burn-out-Syndrom eine Art von angesehenem Kampforden. Nur Loser und Weicheier sind des Burn-outs unverdächtig. Bekam man im Zweiten Weltkrieg das Ritterkreuz umgehängt, bekommt man heute im Kampf gegen die Angst das Burn-out-Syndrom angehängt. Zusätzliche Verwundungen durch Tinnitus und/oder Herzrhythmusstörungen entsprechen dann der Aufwertung des Ritterkreuzes mit Eichenlaub und Schwertern.

Ich kann/muss immer noch mehr erreichen!

Wer rastet, der rostet und hat natürlich Angst, abgehängt zu werden und den Anschluss zu verpassen. Die Möglichkeiten weiterer Perfektionierung, weiterer Stufen des Erfolges, der Karriere liegen immer noch vor einem. Man hat den sogenannten Biss zu haben. Mit dieser Überzeugung ist man weder allein, noch außerhalb des Zeitgeistes. Seit der Aufklärung und seit dem Eintritt in das technisch-wissenschaftliche Zeitalter ist der Fortschritt immer vor einem, und die Unzulänglichkeit des schon Erreichten ist die Triebfeder für weiteren Fortschritt. Das kann in einer individuellen Biographie ein guter Start sein, über weite Strecken auch vorwärtsbringen. Irgendwann stellen sich aber Bedenken ein, ob man seinem Grundsatz auf Dauer (wie lange ist die Dauer?) treu bleiben kann. Jetzt ist der Zeitpunkt der Ängstlichkeit gekommen: gute Gelegenheit zu zaudern und zu überdenken, was aus der eigenen Überzeugung werden soll. Ist diese Angst jedoch ein Skandal, beginnt der Kampf.

Ich darf keine Fehler machen!

Die angebliche Wunderwaffe gegen die Angst? Nein – eine der wirksamsten Handlungsanleitungen, um schlechte Stimmung herzustellen! Das schlechte Ansehen des Fehlers, das ängstliche Bemühen, Fehler zu vermeiden oder zumindest nicht dabei erwischt zu werden, wenn man welche macht, lässt die Angst zu einem ständigen Begleiter werden.

Auf die hochproblematische Nullfehler-Kultur etwas genauer einzugehen scheint mir kein Fehler zu sein. Damit kommen wir zum nächsten Kapitel.

5
Lob des Irrtums

Aus der perfekten Welt unserer Kinder: Leon wird von seiner Mutter vom Kindergarten abgeholt. Stolz zeigt er seine Urkunde. Er hat sie zum Abschluss des Verkehrstrainings erhalten, durchgeführt mit Bobbycar, Marke Mercedes, gestiftet vom Autohaus um die Ecke: null Fehler! Mutter strahlt! Toll hast du das gemacht! Was habe ich doch für einen klugen Jungen!

Aus der perfekten Welt eines High-Tech-Unternehmens: Herr Furchtner, 31 Jahre, 1er Abitur, Mathematik- und Informatikstudium, promoviert in Mathematik (summa cum laude), Forschungssemester am Massachusetts Institute of Technology (MIT) in Boston/USA, inzwischen Leiter eines Entwicklungsteams in einem großen internationalen Software-Unternehmen. Herr Furchtner kommt verzweifelt zu seiner ersten Coachingsitzung, zu der ihm von der Personalabteilung geraten wurde und die von seinem Unternehmen bezahlt wird. Er war in einem Abteilungsmeeting weinend zusammengebrochen. Seinem Coach berichtet er, er habe sich auf eine neue Stelle beworben, die für ihn die nächste Sprosse seiner Karriereleiter bedeutet. Ein anderer Bewerber ist ihm vorgezogen worden.

Aus der perfekten Welt unseres Bildungswesens: Herr Hofer, 66 Jahre, pensionierter Gymnasiallehrer, wegen einer depressiven Symptomatik in hausärztlicher und psychotherapeutischer Behandlung. Er erzählt seinem Psychotherapeuten einen Traum, den er immer wieder, eigentlich so lange er denken könne, träumt. Ein Albtraum: »Ich träume davon, im Abitur zu stehen und die Prüfung nicht zu schaffen. Ich mache einen Fehler nach dem anderen. Das Seltsame: Ich weiß, obwohl ich den Traum schon so viele Male geträumt habe, immer noch nicht, welche Fehler ich mache, die mich das Abitur nicht bestehen lassen.«

Aus der perfekten Welt des Rennsports:

Null-Fehler-Toleranz: Hightech in der Formel 1!

Im neuen Technologie-Zentrum von McLaren Mercedes in Woking feilen die Ingenieure an der Renntechnologie für die nächste Saison. Computer sind immer dabei – von der Verwaltung der Bauteile über die Testläufe, bis zur Feinabstimmung auf der Strecke. Die Technik muss perfekt sein, damit die Fahrer alles aus den Autos herausholen können.

Der Formel-1-Profi Kimi Raikkönen ist bekannt als »Ice-Man«. Vom McLaren-Mercedes-Fahrer erzählt man sich im Technik-Zentrum in Woking, dass es einmal bei einem Rennen einen Unfall vor ihm auf der Strecke gab. Die Jungs in der Box warnten ihn, dass in der nächsten Kurve ein Wrack läge. Raikkönen fragte nur: »Auf welcher Seite?« und raste dann mit ungebremster Geschwindigkeit und ohne mit der Wimper zu zucken durch die dicken Rauchschwaden in die Kurve. »Sein Herz schlug nicht einen einzigen Schlag schneller«, schwört ein Insider. Und das ist kein Jägerlatein, denn das Team weiß in jedem Moment des Rennens genau, was Raikkönen macht. Es sieht, wann er Gas gibt und wann er bremst, wie viel Benzin er verbraucht, wie heiß der Motor gerade ist – und wie schnell sein Herz schlägt. 200 Sensoren an Auto und Mensch funken ständig alle Daten in die Box.[88]

Aus der perfekten Welt unseres Gesundheitswesens: Beim Healthcare-Tag 2011 werden zeitgemäße E-Health-Lösungen angeboten. Weil Qualität, Patientensicherheit und Effizienz die zentralen Herausforderungen im Gesundheitswesen sind, muss auch hier das Prinzip der Null-Fehler-Toleranz gelten. Es gilt herauszufinden, welche E-Health-Lösungen dabei zielführend sind. Bestehende Strukturen sind miteinander zu vernetzen und Anwendungen sind zu optimieren. Experten und Anwender aus Industrie, Forschung und dem Gesundheitswesen zeigen beim Healthcare-Tag 2011, wie auf technologisch und wirtschaftlich sinnvolle Weise eine integrierte Nutzung der IT im Gesundheitswesen zu erreichen ist. Die Methode: Qualitätssicherung durch lückenlose automatische Identifizierung in allen Versorgungsbereichen / Elektronische Patienten- und Gesundheitsakte / Eindeutige Patienten-ID / Healthcare-Barcode und RFID / Zukunft der Pharmazentralnummer / Normung und internationale Einflüsse (FDA) / Open Source.

Sie werden erfahren, wie durch innovative Technologien Prozesse besser und vor allem fehlerfrei gesteuert werden können. Barcode und RFID (Radio Frequency Identification) verbessern die Warenlogistik und vereinfachen die Pflichtdokumentation. Bei der Medikamentenvergabe werden Fehler vermieden und Kosten gesenkt durch zuverlässige Systeme zur automatischen Identifikation. Der Behandlungserfolg wird nachvollziehbar und kann belegt werden.[89]

Aus der perfekten und heiligen Welt der katholischen Kirche: Null-Fehler-Toleranz in der katholischen Kirche. Im Dezember 2010 legt auf der Plattform »Wir sind Kirche« der McKinsey-Direktor Thomas von Mitschke-Collande seine Empfehlungen »Zur Bewältigung der letztendlich fundamentalen Krise der katholische Kirche« vor:

»Nach innen und nach außen muss klar kommuniziert

werden, dass ab sofort Null-Fehler-Toleranz gilt und dass diese notwendig ist. Bei Fehlverhalten werden umgehende Konsequenzen gezogen, Schlüsselpositionen überprüft und wenn notwendig neu besetzt. Der jüngste Skandal im deutschen Episkopat war ein Beispiel: Die Thematik und einige Einzelheiten waren öffentlich bekannt, Eingeweihte wussten noch mehr, doch trotzdem blieben Konsequenzen aus. Ähnliches gilt für eine ganze Reihe anderer Situationen. Die katholische Kirche braucht klare und schnelle Prozesse. Die Einhaltung der Regeln muss in jedem Fall strikt kontrolliert werden, völlige Transparenz nach innen und nach außen gewährleistet sein. Wenn 75 % der Gläubigen meinen, dass diese Transparenz nicht gegeben ist – dann muss die Kirche genau dort ansetzen, will sie wieder an Glaubwürdigkeit gewinnen. Null-Fehler-Toleranz bedeutet nicht eine drakonische Bestrafung jedweden Vergehens. Aber Null-Fehler-Toleranz ist der Anspruch, die Heiligkeit der Kirche besser als bisher auch im Alltag zu leben.«[90]

Fehler stören!

Die Nachrichten aus der weiten Welt, aber auch die aus unseren eigenen überschaubaren Welten, lassen Fehler schlecht dastehen. Fehler bedeuten Scheitern und Misserfolg. Sie sind schlecht beleumundet. Fehlerlosigkeit, Null-Fehler-Toleranz, Null-Fehler-Kultur ist das, was zählt und mit Applaus bedacht wird.

Aber es zählt nicht nur der Applaus für Fehlerlosigkeit, den wir von anderen zu erhalten hoffen. Das protestantisch-calvinistische Erbe, das sich inzwischen ökumenisch auch in anderen Bekenntnissen breitgemacht hat, bestimmt, dass nur unsere guten Werke zählen. Durch gute Werke – fehlerfreie, untadlige Taten – haben wir die Chance, positiv auf uns aufmerksam zu machen und der Gnade des Herrn und anderer teilhaftig zu werden. Die Null-Fehler-Toleranz wird uns dann bei der Endabrechnung am Jüngsten Tage vielleicht doch erlösen können. Bemüht, keine Fehler zu machen, fürchten wir, Fehler zu machen. Wir müssen uns daher ständig beobachten, ob wir auch wirklich alles richtig gemacht haben, zumindest nichts falsch. Angestrengt und angespannt wird unsere Stimmung immer trüber.

Auch als gottlose Aufgeklärte sind wir tiefgläubig. Wir glauben an den Fortschritt. Wir glauben, dass alles immer besser wird. Deshalb führen wir einen umfangreichen Katalog zu vermeidender Fehler und Irrtümer stets mit uns. Diesen Null-Fehler-Katechismus haben wir ständig im Auge zu behalten. Auch das trägt nicht zu guter Stimmung bei. Im Gegenteil.

Was ist eigentlich ein Fehler?

Ein Fehler hat Voraussetzungen. Zum Beispiel, dass es ein Gegenteil gibt: den Erfolg, das Gelingen, das Richtige. Nur dort, wo etwas schiefgehen kann, kann auch etwas gelingen. Wenn man Fehler machen kann, muss es auch die Möglichkeit geben, keine Fehler zu machen. Fehler kann es also nur dort geben, wo es die Freiheit der Wahl gibt, etwas zu tun oder zu lassen. Menschen haben diese Freiheit. Tiere und Maschinen können keine Fehler machen: Tiere, weil der Instinkt sie von der Qual der Wahl entlastet; Maschinen, weil sie nur das tun können, wozu sie vorgesehen sind.

Eine weitere Voraussetzung: Erst dadurch, dass jemand zuschaut, beobachtet und bewertet, wird etwas zum Fehler. Ohne diese Voraussetzung ist das, was geschieht, lediglich eine Tatsache. Daraus ergeben sich weitreichende

Möglichkeiten der Fehlermeidung durch Wegsehen: Null-Fehler-Toleranz durch Nichtbeachtung!

Fehler sind also nicht ohne. Ohne Menschen kann es keine Fehler geben. Fehler brauchen Menschen, aber: Menschen brauchen auch Fehler!

Lob des Fehlers und des Irrtums

Fehler sind die besten Informanten, die wir haben. Da wir keinen direkten Zugang zur sogenannten Wirklichkeit haben, sondern nur unsere Annahmen über die Wirklichkeit, unsere Vorurteile, Glaubenssätze und Überzeugungen, informieren uns unsere Fehler über die Wirklichkeit da draußen, außerhalb von uns selbst. Fehler informieren uns aber auch über uns selbst, über unsere Wirklichkeit da drinnen. Unsere Fehler fordern uns auf, über uns selbst nachzudenken. Warum sollten wir über unser Verhalten nachdenken, wenn wir nicht irren? Es läuft doch! Fehler fordern uns auf, anders über die Wirklichkeit nachzudenken, anders mit ihr umzugehen, anders zu handeln.

Wenn wir von Fehlern sprechen, können wir leichter der Illusion nachhängen, wir hätten nichts damit zu tun. Fehler passieren, Fehler liegen in der Natur der Sache. Sprechen wir dagegen von Irrtum, dann sind wir mit von der Partie. Nicht die Sache, sondern man selbst irrt sich. Irrtümer müssen persönlich genommen werden – Fehler nicht.

Was machen Fehler oder Irrtümer mit uns? Und was machen wir mit unseren Fehlern oder Irrtümern?

Ich irre mich, also bin ich

Sich zu irren und Fehler zu machen, ist nicht eine unerwünschte und deshalb auszumerzende Nebenwirkung unseres Wirkens, sondern ein wesentliches Element dessen, was wir sind: Es macht uns zu Menschen. Irrtum und Fehler aus der Welt zu schaffen bedeutet, den Menschen aus der Welt zu schaffen. Sich irren kann man nur dort, wo die Freiheit besteht, Unterschiedliches zu denken und zu tun. Den Irrtum abschaffen zu wollen ist also nichts anderes als die Abschaffung des Menschen und seiner Freiheit.

Irrtümer bringen uns weiter

Irren ist menschlich. Dieser Satz ist so bekannt, dass auch viele Menschen, die keinerlei Lateinkenntnisse haben, ihn lateinisch auszusprechen wissen: Errare humanum est! *Errare* hat seine Wurzel in dem lateinischen Verb *ire*: gehen, sich bewegen. Im deutschen »Irrtum« drückt sich diese Quelle sehr direkt aus.

Wir bewegen uns in einer uns bewegenden Weise. Wir sind nicht zur Bewegungsstarre und zum Stillstand verurteilt, sondern irren vorwärts (Robert Musil).

Irrtümer spielen für die Entwicklung von Kindern die gleiche Rolle, wie sie es für die Entwicklung von Wissenschaft tun.[91]

Fehler und Irrtümer sind Schlüsselerfahrungen, mit deren Hilfe Kinder lernen. Oft verbindet sich damit die Freude am Neuen und Überraschenden. Wenn wir älter werden, machen wir weniger Fehler. Wir funktionieren effizienter und teilen immer mehr Vorstellungen über die Welt mit immer mehr anderen Erwachsenen. Der Preis, den wir dafür zu zahlen haben: Immer seltener bringen die mit Spaß und Freude verbundenen Irrtümer der Kindheit unsere inzwischen stabilen Standpunkte zum Wackeln. Die Welt enthält immer weniger Neuigkeiten. Wir suchen allerdings auch seltener danach.

Fehler und Irrtümer ermöglichen uns, unsere individuellen Biographien zu verändern. Das gilt auch im größeren Rahmen der Evolution. Dass wir, evolutionär betrachtet, sind, was wir heute sind, verdanken wir auch den Fehlern und Irrtümern der Natur, den Mutationen, also der fehlerhaften Reproduktion des Erbgutes.

Unsere Fehler und Irrtümer können die automatisierten Abläufe unseres Handelns unterbrechen. Sie können uns zögern und zaudern lassen. Sie geben uns die Gelegenheit, neu anzufangen oder anders fortzufahren, aber auch, etwas sein zu lassen.

Die Väter und Mütter des Erfolges sind unsere Irrtümer und Fehler.

Man muss sich geirrt haben, um davon wissen zu können

Man kann sich nicht gleichzeitig irren und wissen, dass man sich irrt. Ein Irrtum ist nur ein Irrtum, wenn er zur Kenntnis genommen wird. Dazu muss er aber erst stattgefunden haben. Deshalb ist der Satz »Ich habe mich geirrt« korrekter als der Satz »Ich irre mich«.

Von Fehlern oder Irrtümern zu wissen bezieht sich also auf Vergangenheit. Der Irrtum muss stattgefunden haben. Der Wunsch, Fehler- oder Irrtümer zu vermeiden, bezieht sich dagegen naturgemäß auf die Zukunft. Warum diese haarspalterische Unterscheidung? Weil sich daraus zwei verschiedene Möglichkeiten ergeben, was unsere Irrtümer mit uns machen.

Null-Fehler-Toleranz: Ignorieren oder kontrollieren? – Miese Stimmung garantiert!

Mögen wir Fehler nicht, dann mögen wir es auch nicht, dass wir uns irren. Den Wunsch nach Fehlerlosigkeit kann man sich erfüllen, indem man erst gar nicht zur Kenntnis nimmt, dass man sich geirrt hat. Andererseits kann man versuchen, in der Zukunft Fehler und Irrtümer auszumerzen. Beides hat Konsequenzen.

Erst gar nicht zur Kenntnis zu nehmen, dass man sich geirrt hat, ist mit der anstrengenden Aufgabe verbunden, sich dumm zu stellen oder – wofür es dann eine gewisse Chance gibt – mittel- oder langfristig zu verblöden. Der Irrtum kann aber auch durch Schönfärberei, Lügen und organisierte Kriminalität »aus dem Weg geräumt« werden. All diese Strategien erzeugen eine ständig wachsende Anspannung, die zur lähmenden Bewegungsstarre werden kann.

Oberflächlich betrachtet ist das Ignorieren eine erfolgversprechende Strategie: Wer nichts tut, tut auch nichts Falsches. Doch auch das hat einen hohen Preis.

Ignorieren!

Es gibt dann nämlich in einer Paarbeziehung, einer Familie, aber auch in Arbeitsgruppen keine klaren Stellungnahmen mehr. Klare Stellungnahmen legen fest; man könnte eines Fehlers überführt werden. Entscheidungen werden aufgeschoben oder umgangen – sie könnten sich ja als falsch erweisen. Wir haben es dann mit unproduktiven Teamsitzungen und Meetings zu tun, in denen viel geschwiegen oder auch viel gelärmt, aber nichts gesagt wird. Soziale Veranstaltungen im Geiste der Null-Fehler-Toleranz werden zu schwarzen Löchern, in denen Zeit, Energie und

Kreativität auf Nimmerwiedersehen verschwinden, wo aber nichts herauskommt.

Taktieren, Uneindeutigkeit oder Vieldeutigkeit kennzeichnen das eigene Verhalten und das der jeweiligen Partner. Dieses Verhalten findet man oft in Situationen mit noch ungeklärter Zukunft – zum Beispiel, wenn eine bestimmte Entwicklungsphase oder auch die Ära eines Vorgesetzten zu Ende geht, ohne dass schon klar ist, wie es weitergehen wird. In einer solchen Phase steht noch nicht fest, was die zukünftigen Kriterien für »richtig« und »falsch« sein werden. Deshalb sagt sich so mancher: Lieber gar nichts tun, ehe man sich die Finger verbrennt! Diese Devise sorgt weder für gute Stimmung, noch bringt sie einen selbst oder andere weiter. Irgendwann ist man nur noch damit beschäftigt, keine Spuren zu hinterlassen, die einen eines Fehlers überführen könnten. Jeder bleibt unter seinen Möglichkeiten, im Denken, im Handeln und besonders in der Stimmung.

Kontrollieren!

Glaubt man allerdings zu wissen, was richtig und was falsch ist, besteht eine Alternative zu der eben beschriebenen Fehlervermeidung durch Handlungsverzicht. Aber auch diese Alternative ist nicht ohne. Wie stellt man sicher, dass man sich nicht geirrt hat und das Richtige getan wurde? Besonders dann, wenn der Katalog der zu vermeidenden Irrtümer und Fehler umfangreich ist, wird man schon nach kurzer Zeit zu nichts anderem mehr kommen, als Fehler und Irrtümer auszuschließen.

Dieser Versuch führt zu einem immer bizarreren und selbstzerstörerischen Kontrollverhalten: Man kann dann sogar damit beschäftigt sein, 50-mal am Tag zu duschen um »sicherzustellen«, dass man nicht doch irrtümlicherweise noch Krankheitserreger am Körper hat, die man auf andere übertragen könnte. Aber es ist auch nicht auszuschließen, dass das Duschwasser seinerseits nicht keimfrei ist. Die angestrebte Beruhigung tritt nicht ein. Im Gegenteil: Die Beunruhigung wird immer größer und quälender.

Die Wahrscheinlichkeit, dass Fehler und Irrtümer geschehen, erhöht sich mit der Idee, Fehler und Irrtümer ausschließen zu können.

Null-Fehler-Toleranz: Beunruhigend und gefährlich

Menschen, Organisationen und Unternehmen, die sich eine Null-Fehler-Toleranz zumuten und Fehlerkataloge sowie dickleibige Verhaltenshandbücher[92] zusammengestellt haben, sind extrem instabil. Schon kleinste unvorhergesehene Ereignisse, Abweichungen und Fehler – und oft schon deren Vermutung – lösen Panik und Chaos aus. Jeder neuartige Vorfall, der weder im Fehlerkatalog noch im Verfahrenshandbuch aufgeführt ist, lässt Ordnung und Routine zusammenbrechen. Unternehmen mit einer ausgeprägten Fehlerfreundlichkeit, wo also Fehler aufgedeckt, kommuniziert, analysiert und dadurch auch korrigiert werden können, sind dagegen besonders erfolgreich darin, Ziele zu erreichen, überdurchschnittliche Renditen zu erzielen und die Konkurrenz aus dem Rennen zu werfen.[93]

Das allzu große persönliche Interesse daran, alles richtig zu machen, erhöht die Wahrscheinlichkeit von Fehlern. Das wusste man früher sehr gut. Etwa in den Zeiten, als der Begriff des Qualitätsmanagements im Gesundheitswesen noch nicht erfunden war. Es galt einmal die stillschweigende Regel, dass ein Arzt keine eigenen Familienmitglieder behandelt. Warum? Weil der »Familienarzt« alles daran setzt, bei seinen »Lieben« das Richtige zu tun. Und gerade das kann den Blick trüben.

Gefährliche Kunstfehler

Herr Siefert, ein 82-jähriger dementer Mann, ist gestürzt und hat sich dabei Risswunden am Auge und Unterarm, Prellungen und eine Beckenschaufelfraktur zugezogen. Er wird deshalb in die unfallchirurgische Abteilung eines Krankenhauses aufgenommen. Zwei Wochen später wird er aus der stationären Behandlung in ein Alten- und Pflegeheim entlassen. Bereits fünf Stunden nach seiner Entlassung wird er notfallmäßig mit massiver Luftnot, Herzrhythmusstörungen, einer schmerzhaft prallgefüllten Harnblase und einer Niereninsuffizienz wieder in ein Krankenhaus aufgenommen. Sein Sohn, selbst Arzt, ist zunächst erstaunt, dann empört, wie sein Vater in einem solchen Zustand, der sich nicht innerhalb von wenigen Stunden spontan einstellen kann, aus der unfallchirurgischen stationären Behandlung entlassen werden konnte. Er nimmt mit dem verantwortlichen Chefarzt der Abteilung telefonisch Kontakt auf, um mit ihm kollegial die Situation zu klären. Der Chefarzt vereinbart einen Rückruf; er will sich selbst sachkundig machen. In einem zweiten Telefongespräch erklärt er dann, alles sei ordnungsgemäß, lege artis (nach den Regeln der ärztlichen Kunst), abgelaufen. Beweisend dafür sei, dass Herr Siefert vor seiner Entlassung von einem Facharzt für Chirurgie gesehen worden sei.

Soviel unverfrorene Dreistigkeit ist Herrn Siefert junior nun doch zu viel. Er fühlt sich für dumm verkauft und fordert den Chefarzt auf, ihm alle Krankenunterlagen seines Vaters zuzusenden. Nachdem diese erst nach mehreren Ermahnungen vollständig vorliegen und der Chefarzt weiterhin, inzwischen assistiert von seiner Haftpflichtversicherung, auf dem »Facharztuntersuchungsargument« beharrt, beschließt Herr Siefert juristisch vorzugehen und einen Rechtsanwalt zu beauftragen, die Interessen seines

Vaters wahrzunehmen. Da sich argumentativ nichts Neues ergibt, wird zwei Jahre später auf Initiative des Anwalts ein Gutachten erstellt, das Herrn Siefert in Rechnung gestellt wird. Dieses Gutachten kommt zu dem Ergebnis, dass die Krankenakten nicht vollständig geführt wurden, dass Eintragungen über angebliche Befunde und Untersuchungen zwei Wochen später nachgetragen wurden und dass die schon erwähnte fachärztliche Entlassungsuntersuchung (in Form einer Stellungnahme) ein Jahr nach der Entlassung (!) von Herrn Siefert abgegeben wurde. Solche nachgetragenen Dokumentationen erscheinen denn auch dem Gutachter mehr als merkwürdig, insbesondere auch deshalb, weil sie vor dem Hintergrund eines bereits laufenden Verdachts auf Fehlbehandlung abgefasst wurden. Das Gutachten stellt weiter eine inadäquate Behandlung von Herrn Siefert fest. Selbst auffällige Laborwerte wurden nicht adäquat berücksichtigt, es wurde in grob fahrlässiger Weise – jenseits der unfallchirurgischen Diagnostik – nicht die geringste medizinisch notwendige Diagnostik durchgeführt und insofern eine grob fahrlässige Entlassung aus der stationären Behandlung veranlasst.

Dieses Gutachten – so absurd das erscheinen mag – führte nicht zu einer Veränderung der Argumentation von Chefarzt und Haftpflichtversicherung. Herr Siefert besitzt keine Rechtsschutzversicherung, und sein Anwalt sah trotz dieses eindeutigen Gutachtens erfahrungsgemäß ein nicht unerhebliches Risiko für einen Rechtsstreit mit dem Chefarzt und seiner Haftpflichtversicherung. Wiederum mehr als ein Jahr später – also inzwischen dreieinhalb Jahre nach der stationären Behandlung von Herrn Siefert – wird ein zweites Gutachten, dieses Mal vom Schlichtungsausschuss einer Landesärztekammer zur Begutachtung ärztlicher Behandlungen, in Auftrag gegeben. Das Gutachten kommt zu den gleichen Ergebnissen wie das erste Gutachten.

Die Versicherungskammer des Chefarztes gibt daraufhin an, es seien keine groben Behandlungsfehler festgestellt worden, sondern lediglich ein Dokumentationsmangel; er schlägt einen Vergleich vor. Der Rechtsanwalt von Herrn Siefert verweist wiederum auf das große Risiko eines Prozesses im Bereich der Arzthaftung und rät zur Annahme des Vergleichsangebotes.

Nach mehr als vier Jahren kommt es zur Auszahlung der angebotenen Abfindungssumme. Diese Summe deckt noch nicht einmal die in den vergangenen Jahren angefallenen Kosten für Gutachten und Rechtsanwalt. Das ganze Verfahren ist ausgegangen wie das Hornberger Schießen. Von Glück kann man noch sagen, dass Herr Siefert aufgrund seiner Demenz von all dem nichts mitbekommen hat. Hätte es in seinem Falle allerdings nicht Menschen gegeben, die der Meinung waren, auch demente und ältere Patienten sollten adäquat behandelt werden, so wäre gar nichts geschehen und es hätte keinen Behandlungsfehler gegeben, weil niemand einen solchen gesehen hätte.

Schätzungen zufolge leiden jährlich bis zu eine Million Menschen unter den Behandlungsfehlern ihrer Ärzte. Eine Zahl, die die Bundesärztekammer allerdings für völlig übertrieben hält. Den Rechtsstreit mit Medizinern nehmen rund 40 000 Patienten pro Jahr auf, und rund 10 000 Fälle werden in sogenannten Schlichtungsstellen der Ärzteschaft entschieden. Frank Ulrich Montgomery – Präsident der Bundesärztekammer – begutachtet seinerseits die gebräuchlichen Verfahren abschließend: »Die Qualität des bisherigen Verfahrens ist irre gut.«[94]

Na, dann ist ja alles gut. – Bei Nebenwirkungen des Gesundheitssystems fragen Sie besser nicht Ihren Arzt oder Apotheker.

2008 outeten sich 17 Ärzte, fast alle in leitender Position, als Verursacher von Behandlungsfehlern und forderten ihre Kollegen auf, ähnlich offen mit ihren Fehlern umzugehen. Sie gründeten das »Aktionsbündnis Patientensicherheit«. Bezeichnenderweise sprechen diese Ärzte von Behandlungsfehlern und nicht von Kunstfehlern. Der Kunstfehler macht den Eindruck, er sei nicht ganz so schlimm, zumindest für den Patienten. Der Arzt wird als Künstler bezeichnet, der nicht auf der Höhe seiner Kunstfertigkeit ist, also durch einen Kunstfehler seinem eigenen Ansehen als Künstler schadet. Im Gegensatz dazu stellt ein Behandlungsfehler den Arzt als Behandler eines Patienten heraus, der durch seine Behandlung seinem Patienten schadet.

Laut einer Studie des Aktionsbündnisses sind jährlich zwei bis vier Prozent der deutschen Klinikpatienten von Fehlern des medizinischen Personals betroffen. Das entspricht einer Zahl von 340 000 bis 680 000 Menschen. Etwa 17 000 von ihnen überleben die Fehlbehandlung nicht. Patientenverbände vermuten, dass es in Deutschland jährlich 25 000 Sterbefälle infolge ärztlicher Behandlungsfehler gibt. Eine Meldepflicht – wie für viele Infektionskrankheiten – gibt es für ärztliche Behandlungsfehler in Deutschland nicht. Sie wird nicht für nötig gehalten oder heftig bekämpft. Zum Vergleich: Für die Schweinegrippe gab es 2009 eine Meldepflicht. Insgesamt sind bis Januar 2010 an der Schweinegrippe 178 Menschen verstorben.

Das deutsche Gesundheitssystem ist lebensgefährlicher als Aids, als die Schweinegrippe und der deutsche Straßenverkehr, tödlicher als Brust- oder Darmkrebs. (Zum Vergleich: Im deutschen Straßenverkehr kamen im vergangenen Jahr knapp 5000 Menschen ums Leben.)

Experten sind der Ansicht, dass ärztliche Behandlungsfehler zu den häufigsten zehn Todesursachen zählen.

Darum schlägt eine Initiative des Bundespatientenbeauftragten einen Entschädigungsfond für Opfer von Ärztefehlern vor. Der Fond soll, so der Vorschlag, von Ärzten, Versicherern und Klinikpatienten finanziert werden. Bundesärztekammerpräsident Montgomery ist dagegen. Es sei nicht nötig da es ganz wenige Opfer gäbe. Und gegen eine Meldepflicht für ärztliche Behandlungsfehler läuft die Bundesärztekammer Sturm.[95]

Allerdings ist die Konstruktion des geplanten Entschädigungsfonds tatsächlich absurd. Nicht der Umgang mit den Behandlungsfehlern steht im Mittelpunkt des Interesses, sondern die Entschädigung der Opfer, wobei Klinikpatienten den Fond mitfinanzieren sollen. Das wäre dann so, als sollten Flugpassagiere die Entschädigung von Opfern bei Flugzeugabstürzen mitfinanzieren, sozusagen in Vorkasse gehen.

Vermutlich haben mehr Menschen Angst vor dem Fliegen, als vor dem Gesundheitssystem. Zu Unrecht: Fliegen gehört zu den ungefährlichsten Beschäftigungen überhaupt – statistisch gesehen. Heute passieren im Schnitt bei einer Million Starts nur 0,6 tödliche Unfälle – 1960 waren es noch 40. Die Zahl der Toten schwankte in den vergangenen Jahren weltweit zwischen 200 und 1200 – bei drei Millionen Fluggästen pro Tag oder 1 Milliarde und 95 Millionen Fluggästen pro Jahr.

Würden in der zivilen Luftfahrt »Kunstfehler« passieren wie im deutschen Gesundheitssystem, müsste es allein im deutschen Luftraum spätestens jeden dritten Tag den Crash eines bis auf den letzten Platz besetzten Airbus 320 geben, bei dem alle Passagiere an Bord ums Leben kämen.

Was wird also in der Luftfahrt richtig gemacht? Und was im (deutschen) Gesundheitssystem falsch?

Fehler analysieren

Es gibt einen unübersehbaren Unterschied im Umgang mit tödlichen Fehlern in der Luftfahrt und im Gesundheitswesen: Kein Flugzeugabsturz bleibt verborgen. Die Zahl der Todesopfer bei Flugzeugunglücken steht in allen Medien. Die zivile Luftfahrt ist – im Unterschied zum Gesundheitssystem – unter ständiger Beobachtung, im Unterschied zum Gesundheitssystem auch und gerade dort, wo es lebensgefährlich ist. Fehler im Gesundheitssystem haben es schwer, vermieden zu werden, weil sie keine Beachtung finden. Und ein nicht beachteter Fehler ist ja kein Fehler.

Was geschieht, wenn dennoch ein Fehler gefunden wird? Der Schuldige muss dingfest gemacht und bestraft werden. Das ist eine sehr archaische Vorstellung. Sie geht davon aus, dass durch die Bestrafung des »Bösen« alles wieder gut gemacht wird. Daran knüpft sich die absurde Idee: So verhindern wir in Zukunft weitere Unfälle! Die Bestrafung des Bösen macht wieder alles gut! Beides trifft natürlich nicht zu: Bestrafung macht nichts wieder gut. Sie führt nur dazu, dass Fehler in Folge noch mehr verschleiert und verheimlicht werden.

Und wie verhindert man dann Fehler? Die einfache Antwort ist: Sie sind nicht zu verhindern. Fehler sind unvermeidlich. Es gibt nur verschiedene Möglichkeiten, Fehler zu verbergen und zu vertuschen. Die Vorstellungen von Fehlerfreiheit und Null-Fehler-Toleranz sind zum Scheitern verurteilt.

Was ist stattdessen zu tun? Der erste Schritt ist die Offenlegung. Dieses Ziel wird nicht erreicht, wenn Bestrafung die Konsequenz dafür ist. Deshalb müssen Bedingungen geschaffen werden, in deren Rahmen Fehler ohne juristische oder disziplinarische Konsequenzen offengelegt werden können. So können sie analysiert werden, und nur so wurden sie nicht umsonst gemacht. Erst dann kann man die Frage stellen: Was kann man besser oder anders machen?[96]

Fehler können klug machen und das Leben verlängern

Erst wenn wir uns mit Fehlern und Irrtümern auseinandersetzen, eine Fehlerkultur entwickeln, bekommen sie den ihnen angemessenen Stellenwert. Ihr Informationswert und vor allem ihr pragmatischer Wert sind ungleich höher als der Wert des Richtigen.

Wissen kann dumm machen und das Leben verkürzen

Wer weiß, muss nicht mehr fragen, er ist sich seiner Sache sicher und kann klug handeln. – Ist das wirklich so?

Dass Wissen das Leben verkürzt, haben Sie wahrscheinlich schon einmal selbst erfahren. Wenn Sie mit Ihrem Auto an ein bisher unbekanntes Ziel fahren, auf einer bisher noch nie von Ihnen befahrenen Strecke, dann wird Ihnen die Rückfahrt von diesem Ziel auf der gleichen Strecke ungleich kürzer erscheinen als die Hinfahrt. Wissen und Erfahrung verkürzen das erlebte Leben, können aber auch das Leben selbst verkürzen, weil sie uns gefährlich werden können.

Allzu großes Vertrauen in das eigene Wissen und die eigene Erfahrung, aber auch in die verwendete Technik kann zu gefährlicher Vernachlässigung der Sicherheitsstandards und zu einer Überschätzung des eigenen Wissens führen. Widersprüche oder Widerspruch werden dann nicht berücksichtigt oder nicht geduldet.[97]

Mit Abstand die häufigste Fehlerquelle ist und bleibt die Kommunikation zwischen Menschen. Etwa die Kommunikation zwischen Ärzten untereinander oder die zwischen Ärzten und Patienten. Die wichtigste und auch gefährlichste Fehlerquelle in der Kommunikation ist das vermeintlich vorhandene Wissen.

Ein Blick in eine ärztliche Sprechstunde: Eine türkische Patientin mit schweren Verätzungen im Vaginalbereich wird von ihrem Frauenarzt in eine Klinik eingewiesen. Die türkische Patientin hat sehr schlechte Deutschkenntnisse. Aufgrund ihrer Herkunft und ihrer Religion ist ihr die Situation sichtlich unangenehm. Daher hat sie erst spät den Arzt aufgesucht. Die Frau hatte bis vor kurzem von ihrem Frauenarzt ein Arzneimittel »für die Wechseljahre« erhalten, ein Östrogen-Präparat zur vaginalen Anwendung. Es stellte sich heraus, dass sie auch das von ihrem Gynäkologen verordnete Alendronat® 70 mg (ein oral einzunehmendes Medikament zur Behandlung und Vorbeugung einer Osteoporose bei Frauen in den Wechseljahren) ebenfalls vaginal angewendet hatte.

In diesem Fall sind zahlreiche Faktoren beteiligt, die zu diesem Fehler führten. Die ovale Form und die relative Größe der oral einzunehmenden Tablette macht die Fehleinnahme erklärlich. Aufgrund ihrer geringen Deutschkenntnisse verstand die Patientin vermutlich weder die mündliche Erklärung des Arztes noch die Gebrauchsinformation. Aber noch wichtiger ist: Der Arzt verstand nicht, dass seine Patientin nicht verstand!

Studien zeigen die besondere Bedeutung des Zuhörens für das Gelingen von Kommunikation. Ärzte unterbrechen Untersuchungen zufolge ihre Patienten im Mittel nach 18 Sekunden, nachdem diese begonnen haben, die Gründe für ihren Besuch beim Arzt zu erklären.[98] Je mehr wir denken, dass wir richtig liegen, umso mehr verengt sich unsere Aufmerksamkeit. Wir hören nur noch die Informationen, die unsere Annahmen unterstützen, oder hören überhaupt auf, anderen zuzuhören. Es gibt also eine sehr enge Beziehung zwischen dem Zuhören und der Akzeptanz von Fehlbarkeit. Zuhören bedeutet, dass die Gedanken und Vorstellungen anderer interessant und wichtig sind und wir selbst im Irrtum sein könnten.

Aber erfreuliche Entwicklungen scheinen doch immerhin möglich. So gibt es heute etwa das Forum für Hausärzte »Jeder Fehler zählt«.[99] Ein Forum, in dem, nach dem Vorbild der Luftfahrt, ein Fehlerberichtssystem gepflegt wird. Kritische Ereignisse und Fehler können beschrieben, systematisch analysiert und ausgewertet werden, um auf diese Weise Erkenntnisse über Fehlerarten, -häufigkeiten und ihre Ursachen zu gewinnen. Ziel ist es, Strategien zur Vermeidung von Fehlern und zur Verbesserung der Patientensicherheit in Hausarztpraxen zu entwickeln. In den ersten fünf Jahren seines Bestehens wurden 360 Fehlerberichte im Forum gezählt.

Eine bundesweite Befragung niedergelassener Ärzte aus dem Jahr 2009[100] stellt fest, dass 41 % der befragten Ärzte von einer Fehlerfrequenz von einem Fehler pro Jahr und 31 % von einem Fehler pro Woche bis zu einem Fehler pro Monat ausgehen. Dieser Selbsteinschätzung zufolge unterlaufen den 50 000 deutschen Hausärzten innerhalb von fünf Jahren mindestens 1 032 500 Fehler. Im Forum wurden im gleichen Zeitraum aber nur 360 Fehlerberichte eingereicht, das sind 0,3486 Promille. Eine Zahl, die die Freude über einen kulturellen Wandel schmälert.

Ob es in der Zukunft einen kulturellen Wandel im Gesundheitssystem geben wird, erscheint fraglich. Es soll aber nicht unerwähnt bleiben, dass sich in dieser Kultur des Verschweigens und Schönfärbens auch kriminelle Aktivitäten breitmachen.

In einer Jahresbilanz des Jahres 2010 sind laut Polizei die kriminellen Spitzenreiter bei der Schadenssumme Ärzte: Mehrfach wurden Kliniken durchsucht, Ärzte und Apotheker festgenommen. Sie werden verdächtigt, die Krankenkassen um Millionen betrogen zu haben.[101]

Humor ist, wenn man trotzdem lacht

Es gibt nicht den geringsten Beleg dafür, dass das Leben ernst und fehlerlos sein müsste. Im Gegenteil. Dort, wo es nur noch ernst und fehlerlos zugeht, geht es früher oder später todernst zu. Und das meint ja wohl das Gegenteil von lebendig und lebensfroh.

Humor ist, wenn man trotzdem lacht, trotz oder wegen unserer Irrtümer und Fehler. Im Humor treten wir einen Schritt zurück, nehmen die ganze Fülle unseres Lebens wahr und machen sie sichtbar. Eine Fülle, zu der unsere Erfolge, aber auch unsere Misserfolge gehören, das, womit wir richtig lagen, aber auch das, wo wir danebenlagen und uns geirrt haben. Wir treten dann der Welt und uns selbst mit einem nachsichtigen, milden Lächeln gegenüber, menschlich eben.

Das Lachverbot dagegen ist mit einem Wahrheits- und Gewissheitsfundamentalismus verbunden, dass einem das Lachen vergeht. Humor hingegen enthüllt die Welt in ihrer Mehrdeutigkeit und uns Menschen in unserer Begrenztheit und Unfähigkeit, uns nicht zu irren. Humor erzeugt und entspringt dem Sinn für die Absurdität der Forderung nach Fehlerfreiheit und ist ein Gegenmittel gegen die Erniedrigung durch die Scham und den befürchteten Gesichtsverlust, den das Gebot der Perfektion uns aufnötigt.

Der Humor hat viel gemeinsam mit dem Irrtum. Witzige Situationen im Alltag ergeben sich häufig aus der Diskrepanz zwischen dem, was man denkt oder glaubt, und dem, was man tatsächlich tut oder was wirklich geschieht. Ähnlich besteht der Irrtum in dem Unterschied zwischen der Welt, wie sie ist, und der Welt, wie wir sie uns denken.

Auch die Kunst lebt vom Irrtum. Fehlerlose Kunst ist keine Kunst, sondern Kitsch,[102] sozialistischer Realismus oder »nichtentartete« Kunst. Blaue Pferde (Franz Marc hat sie gemalt) – wo gibt es denn so was?

Irrtümer und Fehler gibt es, weil wir die Wirklichkeit nie ganz erfassen können, wie sie ist. Der Künstler will das erst gar nicht. Kunst ist eine persönliche oder gar »falsche« Darstellung der Realität. Der Künstler zeigt uns seinen ganz eigenen Blick auf die Welt. Die Kunst erschafft eine Fiktion auf dem Hintergrund von Fehlbarkeit.[103] Ein gelungenes Leben, wie ein gelungenes Kunstwerk, verdankt sich der Fähigkeit, ohne Gewissheiten zu leben. Dafür sind unbekannte Territorien zu entdecken, außerhalb von uns oder in uns – und darin besteht ein wesentlicher Teil des Kunstgenusses wie des Lebensgenusses. Wir erwandern dabei unbekannte Welten. Kunst und Wissenschaft beschäftigen sich mit der begehbaren Überbrückung des Grabens zwischen unserem Geist, unseren Vorstellungen und der Welt. Sie verlangen nach Fehlern und Irrtümern.

Null-Fehler-Toleranz: Tier oder Maschine?

Wir leben allerdings in einer kulturellen Umwelt, in der die negativen Bewertungen von Fehlern und Irrtümern überwiegen. Diese negativen Bewertungen haben sich in zwei modernen Menschenbildern verdichtet, wovon das eine den Menschen zum Tier, das andere zur Maschine macht.

Im Rahmen des Programms »Biologismus« findet eine »Vertierlichung« des Menschen statt. Der Mensch wird durch seine Biologie erklärt. Bunte Bilder von Gehirnen sind an die Stelle der Bilder von Menschen getreten. Der menschliche Geist (*mind*) ist durch das menschliche Gehirn (*brain*) ersetzt worden. Die Biologie des Gehirns ist dann der Gestalter menschlichen Lebens, nicht mehr der Mensch. Da ist die These nicht weit, dass es den freien Willen nicht gibt; ein Ansatz, der fundamentale Elemente der Kultur in Frage stellt – weil der Mensch dann nur tut, was er seiner Biologie nach tun muss.

Der Biologismus ist dabei aber keineswegs resignativ oder fatalistisch. Er fordert dazu auf, und immer mehr Menschen lassen sich dazu auffordern, die Biologie und das Gehirn zu optimieren, etwa durch Neurodoping aus der Pharmaindustrie, aber auch mittels der Getränkeindustrie.[104]

Das zweite »entmenschlichende« Menschenbild, das aber eng verwandt ist mit dem biologistischen, ist die Mechanisierung des Menschen. Menschen werden wie Maschinen behandelt und behandeln sich selbst entsprechend.

Irrtümer sind nur dort möglich, wo es die Freiheit der Wahl gibt und die Freiheit, Vorstellungen, Glaubenssysteme und Überzeugungen zu entwickeln. Maschinen und Computer glauben nicht, sie können sich auch nicht irren. Solange sie funktionieren, d. h. nicht kaputtgegangen sind, tun sie das, was sie können müssen. Sie können vieles, vieles auch besser als Menschen, aber sie können einen Input, mit dem sie nichts anfangen können, nicht einfach verleugnen, den Programmierer beschuldigen oder vor Scham rot anlaufen. Sie können nicht laut lachen oder still und heimlich weinen.

Die Vorstellung, sich wie eine Maschine zu sehen und damit Irrtümer und Fehler in den Griff bekommen zu wollen, hat Auswirkungen. Der Mensch ist das einzige Lebewesen, das die Frage stellen kann: Wer bin ich? Aber durch die Antwort, die wir uns geben, verändern wir uns selbst. Wir bestimmen durch unser Bild von uns, wie wir sind und was wir für unser Wesen halten. Wir bestimmen damit, was wir glauben zu können, zu dürfen, zu müssen; was wir hoffen und was wir befürchten. Wenn die Maschine für unser Menschenbild Modell steht, entwickeln wir auch eine »Maschinenethik«, deren Kardinaltugenden die Nützlichkeit, die Unfehlbarkeit, die Machbarkeit und die Optimierbarkeit sind. Behinderung, Scheitern, Misserfolge und Irrtümer, bis hin zu unserer Sterblichkeit (auch so ein Fehler!), werden zum technischen Problem. Ein Problem, das mit Hilfe der Verbesserungswissenschaften Medizin, Psychotherapie, Ingenieurwissenschaften und Sozialwissenschaften gelöst werden kann. Biotechnologische Optimierer und Optimierte sind gefragt, um den Homo faber oder seinen Zwillingsbruder, den Homo oeconomicus, glücklich zu machen. Methode: die Anwendung des Glückskalküls: »Ich glaube nicht an Fügung und Schicksal, als Techniker bin ich gewohnt, mit den Formeln der Wahrscheinlichkeit zu rechnen ... ich brauche, um das Unwahrscheinliche als Erfahrungstatsache gelten zu lassen, keinerlei Mystik; Mathematik genügt mir.«[105]

Die Folge davon ist ein Verschwinden von Erleben, so wie sich das für einen funktionierenden Computer gehört: Es stellt sich eine Anästhetisierung von Erfahrung ein: »Ich habe mich schon oft gefragt, was die Leute eigentlich meinen, wenn sie von Erlebnis reden. Ich bin Techniker und gewohnt, die Dinge zu sehen, wie sie sind.«[106] »Technik als Kniff, die Welt so einzurichten, dass wir sie nicht erleben müssen [...] Technik als Kniff, die Welt als Widerstand aus der Welt zu schaffen, beispielsweise durch Tempo zu verdünnen, damit wir sie nicht erleben müssen [...] die Weltlosigkeit des Technikers.«[107] Die Zeit wird zu einer Abfolge von unendlich vielen Momenten, die gemanagt werden müssen. Das bewahrt vor der Erkenntnis der Begrenztheit menschlichen Tuns. »Mein Irrtum: dass wir Techniker versuchen, ohne den Tod zu leben. Wörtlich: Du behandelst das Leben nicht als Gestalt, sondern als bloße Addition, daher kein Verhältnis zur Zeit, weil kein Verhältnis zum Tod.«[108]

Mieseste Stimmung stellt sich ein, wenn wir allzu lange vergessen, dass wir nur eine begrenzte Kontrolle über den Verlauf unseres Lebens und unseres Endes haben. Behalten wir dagegen unsere Fehler- und Irrtumsfreundlichkeit, kommt dies einer Wiedereinführung des Menschen in unsere Wirklichkeit gleich. Wir können es dann mit lustvoll überraschenden Situationen zu tun bekommen, Ereignissen, mit denen wir nicht rechnen. Wir können was erleben!

6
Von toten Gäulen soll man absteigen

Wenn du entdeckst, dass du einen toten Gaul reitest, steige ab! So lautet eine alte und sehr vernünftige Indianerweisheit.

Umso erstaunlicher ist es, wie viele Anstrengungen Menschen unternehmen, um gerade das nicht zu tun. Die Verbissenheit, die dabei zutage tritt, überrascht, weil der Ritt auf toten Gäulen alles andere als erfreulich ist: Er bringt einen nirgendwo hin! Nun gut, die intensiven Reiterfahrungen der Indianer sind nicht mehr weit verbreitet.

Die toten Gäule, die wir heute trotz trüber Aussichten so ausdauernd reiten, sind Vorstellungen, Überzeugungen und Glaubenssätze, an denen wir festhalten, auch wenn sie unbrauchbar, überlebt oder ganz einfach nur falsch sind. Null-Fehler-Toleranz-Kulturen sind nichts anderes als ein kollektives Reiten auf toten Gäulen.

Wenn wir etwas erleben, was nicht in unsere Vorstellungen von uns selbst, von anderen oder der Welt passt, ist das eine besondere Herausforderung. Wir haben dann prinzipiell zwei Möglichkeiten: Wir korrigieren oder lassen ab von unserem Selbstbild und bestimmten Überzeugungen. Oder wir rechtfertigen unser Tun, unser Denken, unser Fühlen – wir reiten den toten Gaul weiter.

Wie machen wir das? Warum machen wir das?

So haben wir den Gaul doch immer geritten!

Menschen fällt es meist schwer, sich einzugestehen, dass sie sich getäuscht haben. Es ist schon schwierig zuzugeben, dass man sich in anderen getäuscht hat; sich einzugestehen, sich in sich selbst getäuscht zu haben, ist noch schwieriger. Aber es gibt Möglichkeiten, diese Enttäuschung zu umgehen: Man belügt andere und auch sich selbst.

Beliebt ist die Feststellung: So haben wir es doch schon immer gemacht! Was soll denn jetzt daran falsch sein? Dieses Argument ist umso zugkräftiger, je schwerer das Pferd schon zu seinen Lebzeiten zu reiten war. Menschen, die unter vielerlei Strapazen, Leid, Ärger und Mühe ein Ziel zu erreichen versuchen, das Ziel vielleicht sogar erreicht haben, schätzen dieses Ziel meist höher ein als eines, das ohne Mühe und mit Leichtigkeit, so nebenbei, zu erreichen war.

Die Anstrengung fordert ihren Tribut und will gewürdigt sein. Die Rechtfertigung, besser: die Selbstrechtfertigung, ist eine menschliche Denk-Errungenschaft. Sie macht es möglich, tote Gäule zu reiten, sie für lebendig zu halten oder auf ihre Reanimation durch Weiterreiten zu setzen, unabhängig davon, wie katastrophal das Ergebnis und wie mies die Stimmung dabei ist.

Auch wenn man Menschen keine Vorliebe für unangenehme Erfahrungen unterstellen muss, erscheinen ihnen Ziele, die freiwillig angestrebt werden, dann besonders attraktiv, wenn sie nicht leicht erreichbar sind. Von dieser Überzeugung lässt man sich dann nicht mehr oder nur schwer abbringen. Es hat sich ein gefestigtes Glaubensbekenntnis der Selbstrechtfertigung entwickelt. So viel Überzeugung, Denkarbeit und Beharrlichkeit können immense Kosten verursachen und sogar die Freiheit kosten.

Bienen sind eine vergleichsweise disziplinierte, sozial aufeinander abgestimmte und »gebildete« Tierart.[109] Sie haben scheinbar eine klare Vorstellung davon, wie sie sich beharrlich in bestimmten Situationen zu verhalten haben. Sperrt man Bienen in eine Flasche, deren Hals offen ist, und legt die Flasche so hin, dass der Flaschenboden auf eine Lichtquelle ausgerichtet ist, suchen die Bienen den Ausgang beharrlich am Flaschenboden, dort wo zwar das Licht, aber kein Ausgang ist. Sie halten sozusagen daran fest, dass dort, wo es hell ist, der Weg nach draußen führt. Sie sterben schließlich vor Hunger und Erschöpfung.

Sperrt man nun ein Anzahl von Fliegen in die Flasche, die genauso positioniert bleibt, fliegen diese Fliegen aufgeregt, undiszipliniert, sozial unabgestimmt und scheinbar ohne Plan und Überzeugung hin und her und finden den Ausgang. Allerdings nicht, weil sie einen richtigen Plan hätten, sondern weil sie keinen falschen haben, an dem sie festhalten können.[110]

Wir halten unserem Gaul die Treue!

Haben wir erst einmal etwas getan, können wir daran oft nichts mehr ändern. Aber wir können das, was geschehen ist, im Nachhinein rechtfertigen und es als das Richtige darstellen. Wir erfinden uns dann Geschichten, die uns nicht irren lassen.

In einem Kaufhaus werden Versuchspersonen aufgefordert, vier verschiedene Variationen einer Strumpfhose miteinander zu vergleichen und diejenige auszuwählen, die sie bevorzugen würden. Nachdem sie ihre Wahl getroffen haben, werden sie gebeten, sie zu begründen. Die vier Strumpfhosen sind völlig identisch. Alle Versuchspersonen finden jedoch bestimmte Merkmale, etwa in der Farbe oder Stoffqualität, die ihre Wahl rechtfertigen. Auch nachdem den Versuchspersonen das Experiment erklärt wurde, bestehen viele darauf, dass die Strumpfhosen nicht identisch seien und ihre Wahl also begründbar und begründet war.[111]

Menschen fällt es anscheinend leichter, Theorien zu entwickeln und sie zu verteidigen, als zu registrieren, dass sie sich geirrt haben. Gewissheit und Irrtum sind unvereinbar. Wenn wir darauf bestehen, irgendetwas zu wissen, dann sagen wir gleichzeitig, dass wir uns nicht irren und nicht falschliegen können. Wir geben vor zu wissen, nicht zu glauben. Wissen lässt sich weniger in Frage stellen als ein Glaube, und glauben ist nicht wissen. Wir denken gerne, dass wir etwas wissen, lieber als dass wir an etwas glauben. Obwohl wir ständig dabei sind, Modelle der Welt zu entwickeln und zu gebrauchen, sind wir weniger oder nie dabei zu realisieren, dass wir es getan haben. Unsere Vorstellungen und Glaubenssysteme erscheinen uns meist nicht konstruiert, sondern eher wie ein Spiegel oder Bild, das die Wahrheit über die Welt richtig abbildet.

Wir gründen eine Untersuchungskommission, um den Gaul zu analysieren!

Glaubensbekenntnisse und Selbstrechtfertigungen werden immer stabiler, wenn man sich der eigenen Überzeugungen auf eine besondere Weise vergewissert. Man wendet eine bestimmte Art der Informationspolitik an: Informationen, die zu den eigenen Überzeugungen passen, werden für nützlich, fundiert, ja überhaupt für beachtens- und bemerkenswert erklärt. Informationen, die nicht zum eigenen Glaubenssystem passen, diesem widersprechen oder es widerlegen, werden gar nicht erst bemerkt, ignoriert oder für falsch, sinnlos oder unwichtig gehalten.

So schaffen wir es, durch die Analyse unserer Überzeugungen an diesen festzuhalten und tote Gäule, nun nach sorgfältiger Analyse, überzeugt weiterzureiten. Je überzeugter wir von unseren Überzeugungen sind, umso aktiver lässt sich die Analyse gestalten. Wir gehen gezielt auf die

Suche nach bestätigenden Informationen und biegen uns Informationen so zurecht, dass sie zu unseren Glaubenssätzen passen. Wir glauben nicht, was wir sehen, sondern wir sehen, was wir glauben. Selbst, wenn wir nichts sehen, glauben wir, nein: wissen wir, wie es ist, nämlich richtig und nicht falsch. Das Ergebnis: Unsere verlässlichen Überzeugungen sind noch verlässlicher geworden, so dass noch weniger Anlass besteht, von ihnen abzulassen. Der tote Gaul kann überzeugt weitergeritten werden. Ein manchmal lebensgefährlicher Ritt:

Am 26. März 1997 wurden 39 Tote auf einer Farm im kalifornischen Rancho Santa Fe aufgefunden: Ein Massenselbstmord hatte stattgefunden. Alle Toten waren Anhänger einer Sekte, die sich Heaven's Gate nannte. Die Körper der Toten waren sorgfältig aufgebahrt, die Gesichter mit lila Tüchern bedeckt, die Füße mit nagelneuen Turnschuhen der Marke Nike bestückt. Alle Mitglieder der Sekte waren freiwillig und friedlich gestorben, um in einem Paradies weiterzuleben. Ihre Überzeugungen und ihre Absichten hatten sie ausführlich auf Video festgehalten. Der zu dieser Zeit gut sichtbare Komet Hale-Bopp kündigte angeblich ihr Fahrzeug ins Paradies an. Im Gefolge des Kometen war, wie sie zu wissen glaubten, ein gigantisches Raumschiff zu ihnen unterwegs, um sie an den neuen Ort und in eine andere gewünschte Existenz zu bringen. Voraussetzung dafür war allerdings, dass sie sich von ihrem irdischen Ballast befreit haben mussten.

Einige Wochen vor der Selbsttötung hatten einige Sektenmitglieder in einem Fachgeschäft ein Hochleistungsteleskop gekauft, um den Kometen, der noch weit entfernt war, und das ihn begleitende Raumschiff besser sehen zu können. Schon nach einigen Tagen brachten sie ihr Teleskop wieder zurück und verlangten auch ihr Geld wieder. Ihre Begründung: Das Teleskop tauge nichts, weil man das Raumschiff nicht erkennen könne. Wenn ein teures Teleskop das nicht zustande bringe, könne es nichts taugen und müsse defekt sein.[112]

Nachbarn, die Kontakt mit den Anhängern von Heaven's Gate hatten, schildern sie als angenehme, vernünftige und intelligente Menschen. Viele waren als Programmierer beschäftigt und kannten sich mit modernen Technologien, Computern und dem Internet bestens aus. Ach ja: Das Raumschiff hinter Hale-Bopp traf niemals in Kalifornien ein.

Wir besuchen andere, um zu sehen, wie man dort tote Gäule reitet! (Benchmarking)

Es ist kaum zu vermeiden, dass wir ständig Entscheidungen treffen und danach oft damit beschäftigt sind, diese Entscheidungen zu rechtfertigen. Die Rechtfertigung beschäftigt uns dann besonders, wenn wir unsere Entscheidungen nicht mehr zurücknehmen können oder auch nur glauben, sie nicht mehr zurücknehmen zu können.

In einer Entscheidungssituation sollte man daher mit niemandem reden, der gerade eine ähnliche Entscheidung getroffen hat. Vor allem sollte man sich von dieser Person keine Ratschläge geben lassen oder Entscheidungshilfen erwarten. Warum? Der Ratgeber wird uns mit einer hohen Wahrscheinlichkeit von der Richtigkeit dieser Entscheidung überzeugen wollen. Er wird uns nur Informationen liefern, die diese Entscheidung bestätigen. Er befindet sich ja selbst gerade in der Phase der Selbstrechtfertigung. Wenn man sich also bei anderen umsieht, die ebenfalls tote Gäule reiten, wird man mit hoher Wahrscheinlichkeit Zuspruch und Aufmunterung zum Weiterreiten erhalten.

Null-Fehler-Toleranz-Kulturen hält man am Leben, indem man Fehler nicht nur übersieht und schönredet, sondern am besten gar nicht erst existieren lässt. Man ist dann sogar von der Anstrengung des Übersehens entlastet. Das gelingt am besten gemeinsam. Die soziale Gruppe, der wir uns zurechnen oder die Kultur, der wir angehören, hat nicht nur einen großen Einfluss darauf, wie wir glauben oder was wir glauben, sondern auch darauf, wie wir wahrnehmen und was wir sehen, ja, ob wir überhaupt etwas sehen.

Das ist nichts Neues und spätestens seit den klassischen Experimenten von Solomon Asch aus den 50er Jahren des letzten Jahrhunderts bekannt.[113] Er zeigte, wie eine einfache Wahrnehmungsaufgabe, die kinderleicht zu lösen ist, zu falschen Antworten führt, wenn andere Personen die Aufgabe auch falsch lösen. Der soziale Druck beeinflusst die Antworten, die gegeben werden, selbst wenn sie eindeutig falsch sind.

Inzwischen wurde das Experiment wiederholt. [114] Nun wurden aber auch die Hirnaktivitäten der Versuchspersonen während der Bearbeitung der Aufgabe gemessen. Die Ergebnisse der Messungen zeigten ansteigende Aktivität in dem Teil des Gehirns, der für räumliche Wahrnehmung verantwortlich gemacht wird. Dagegen zeigte sich keine Aktivität in dem Teil, der für höhere Denkvorgänge wie bewusste Entscheidungsfindungen oder Konfliktlösungen verantwortlich ist. Die Versuchspersonen haben also ihre Antworten gegeben, so wie sie ihrer Wahrnehmung entsprachen. Die Antworten, die andere gaben, führten zu einer Veränderung der Wahrnehmung, einer Veränderung dessen, was gesehen wurde.

Soziale Kontexte, Gruppen, Teams, Organisationen, Kulturen verändern nicht nur Beurteilungen, sondern bereits die Wahrnehmungen. Wir sehen die Dinge so, wie sie um uns herum gesehen werden. Der altbekannte Satz: Was nicht sein darf, das nicht sein kann, muss nun heißen: Was nicht sein darf, das ist nicht!

Die Konsequenzen solchen zustimmenden Gruppendenkens können katastrophal, für soziale Gemeinschaften gefährlich sein. Es kann sehr bedenklich sein, immer so zu denken wie andere. Daher ist es für funktionierende Gruppen, Teams usw. empfehlenswert, der Gefahr des desaströsen Gruppendenkens zu begegnen, indem explizit zu Nichtübereinstimmung ermutigt wird oder Widerspruch außerhalb der Gruppe gesucht wird.

Wenn nur eine der instruierten »Versuchspersonen« begann, die richtige Antwort zu geben, fingen alle tatsächlichen Versuchspersonen an, dies auch zu tun. Es ist also denkbar, dass schon ein einziger »Dissident« die Wahrnehmungsstörung einer ganzen Gemeinschaft stören kann. Zweifel und Widerspruch können zu einer Art Infektion werden, die den zerstörerischen Gemeinschaftsglauben in Frage stellt oder aufhebt. Dafür braucht es noch nicht einmal eine besondere Qualifikation. Es kann kinderleicht sein, wie es uns schon in Hans Christian Andersens Märchen von des Kaisers neuen Kleidern erzählt wird.

Will man also etwas Sinnvolles tun, sollte man diejenigen besuchen, die auf das Reiten von toten Gäulen verzichtet haben, die abgestiegen sind und die nicht unsere Überzeugungen teilen. Dann können wir überprüfen, ob ein Leben nach dem Absteigen überhaupt möglich ist und wie das aussehen und geführt werden kann. Ob man sich dadurch bewegen lässt, vom toten Gaul abzusteigen, ist aber auch dann noch eine offene Frage. Aber immerhin: eine *offene* Frage.

Wir ändern die Kriterien dafür, ob ein Gaul tot ist!

Der tote Gaul ist ja nur ein bisschen tot! Wenn er nur ein bisschen tot ist, dann können wir ihn doch noch weiterreiten! Von einem ganz und gar toten Gaul würden wir selbstverständlich sofort absteigen!

Sind die erlebten Unterschiede zu unseren gelebten Überzeugungen nicht allzu groß, halten wir an unseren Überzeugungen und dem Glauben an uns fest. In den berühmten Milgram-Experimenten[115] wird gefährliche Gewalt in Form von elektrischen Stromstößen von unbescholtenen Versuchspersonen gegen andere ausgeübt. Man muss lediglich mit der Verabreichung kleiner, kaum spürbarer Stromstöße beginnen. Die kann jede Versuchsperson vor sich selbst leicht rechtfertigen, sie kommt dabei aber gleichzeitig in eine Gewaltspirale hinein. Die einzelnen Schritte der Gewalteskalation, die Unterschiede zwischen den jeweils verabreichten Stromstärken sind sehr klein. Je höher man kommt, umso schwieriger wird es allerdings, abzubrechen und aus dem Experiment auszusteigen. Man könnte dann ja auch die früher vollzogenen Schritte nicht mehr rechtfertigen. Die Bekenntnisfrage: »Sind sie bereit, einen Menschen mit 450 Volt zu schocken und dabei sehr ernsthaft zu verletzten?«, wird kaum jemand bejahen. In der kleinschrittigen Folter sind aber zwei Drittel der Versuchspersonen bereit, bis zum Äußersten (Elektroschocks mit 450 Volt) zu gehen. Der sich selbstrechtfertigende Mechanismus wird nicht nur bei fremdschädigendem Verhalten vollzogen, sondern auch bei selbstschädigendem Verhalten. Die selbstschädigenden Verhaltensweisen bei Burn-out oder Depressionen funktionieren wie die Geschichte des Frosches, der, in einen Kochtopf geworfen, sich bei langsam ansteigender Temperatur bei lebendigem Leib kochen lässt, in kochendes Wasser geworfen dagegen alles unternehmen wird, aus dem Kochtopf auszusteigen.

Ärzte nehmen im Allgemeinen teure Geschenke pharmazeutischer Unternehmen nicht an, weil sie von ihnen als Bestechung verstanden und daher strikt abgelehnt werden. Dagegen meinen die meisten Ärzte, sich durch kleine Geschenke und Zuwendungen nicht kaufen zu lassen. Sie halten an ihrer Überzeugung von sich selbst fest, unbestechlich zu sein. Die Amerikanische Medizinische Gesellschaft rät denn auch ihren Mitgliedern nicht davon ab, Geschenke bis zu einem Wert von hundert Dollar anzunehmen.[116] Erst darüber soll es gefährlich werden. Das Gegenteil ist aber der Fall:[117] Die meisten Ärzte lassen sich von den kleinen Geschenken aber eher beeinflussen als von den großen. Die Annahme eines kleinen Geschenkes hat zur Folge, sich für die Annahme zu rechtfertigen, das heißt sich zu revanchieren. Es entsteht eine Kettenreaktion von Handlungen und Entscheidungen, die zu rechtfertigen sind mit weiteren Entscheidungen und Handlungen usw.

Um den guten Glauben an sich selbst zu bewahren, werden oft furchtbare, für andere oder uns selbst schädliche oder auch nur saublöde Dinge getan. Dabei wird kaum eine Anstrengung gescheut, um sich selbst über Selbstrechtfertigungen bei guter Stimmung zu halten – was auf die Dauer zum gegenteiligen Resultat führen wird.

Man redet uns nur ein, der Gaul sei tot!

Das Festhalten an überlebten Überzeugungen gelingt ziemlich gut, wenn man überzeugt ist, die Lage so wahrzunehmen, wie sie wirklich ist. Andere, wenn sie denn vernünftig sind, müssen selbstverständlich die Dinge genauso sehen wie wir. Sehen oder bewerten sie die Situation anders, dann liegen sie eben schlicht und einfach falsch.

Die Ignoranz der anderen: Wenn wir der Überzeugung sind, dass unsere eigenen Glaubenssätze auf Fakten basieren, dann können andere Menschen, die nicht mit uns übereinstimmen, nicht die richtigen Informationen haben und sind daher bedauerlicherweise faktisch nicht auf der gleichen Höhe wie wir. Und wenn wir ihre Ansichten nicht teilen können oder wollen oder für falsch halten und zurückweisen, dann deshalb, weil wir über das richtige Faktenwissen verfügen.

Die Voreingenommenheit der anderen: Wenn andere Menschen Zugang zu den gleichen Informationen haben wie wir und sich trotzdem weigern, diese zu berücksichtigen oder anzuerkennen, müssen sie voreingenommen sein.

Die Bösartigkeit der anderen: Wenn die anderen weder ignorant in Bezug auf die Wahrheit sind, noch sich voreingenommen weigern sie anzuerkennen, dann sind sie bösartig, wenn sie nicht mit unserem Glaubenssystem übereinstimmen. Wenn der andere böse ist, fällt es leicht, an den eigenen Überzeugungen festzuhalten und sie zu rechtfertigen.

Der Wahnsinn der anderen: Schließlich bleibt noch ein letztes Mittel. Menschen, die mit unseren Überzeugungen nicht übereinstimmen, sind nicht ganz dicht. Sie müssen krank sein!

Stolz, Selbsteingenommenheit und Selbstrechtfertigung sind der Klebstoff, der uns im Sattel des toten Gauls festhält. Sie sind die Wegmarken auf unserer Reise in die Regionen der miesesten Stimmungen, seien es Überforderung, Burn-out oder Depression.

Kein Gaul kann so tot sein, dass man ihn nicht noch schlagen könnte!

Wenn wir uns von anderen schlecht und ungerecht behandelt fühlen, wenn wir dabei Unannehmlichkeiten oder gar Schmerzen empfinden, haben wir meist kein Verständnis oder gar Mitgefühl für die angenommene Quelle unserer Missempfindungen. Eine unüberwindliche Barriere trennt unsere Erlebniswelt von der des anderen. Schmerz, der uns zugefügt wird, fühlt sich ungleich wirklicher an als der, den jemand anderer empfinden mag, selbst wenn wir ihn verursachen. Insofern hält uns auch nichts davon ab, unserer Schmerzquelle Schmerzen zuzufügen. Dabei teilen wir kräftiger aus, als wir empfangen haben.[118] Zum Beispiel in einer Paarbeziehung. Mancher ist in einer Paarbeziehung ganz konzentriert darauf, was der andere falsch macht, während er gleichzeitig dadurch seine eigenen Handlungen, Vorstellungen und Überzeugungen rechtfertigt und festigt. Dass der Partner sich so uneinsichtig, störrisch, ungerecht und leidbringend verhält, bestärkt nur die eigenen Überzeugungen. Alles Positive hat seine Ursprünge in uns selbst, alles Negative ist dem Partner oder der Situation geschuldet. Verletzt man selbst einen anderen, wird man nur selten die Feststellung hören: »Ich habe das getan, weil ich boshaft bin.« Stattdessen wird es häufiger heißen: »Ich musste das tun, ich hatte keine andere Wahl.« Oder, mit dem klassischen Rechtfertigungsjoker: »Ich habe es unbewusst getan oder bin krank.«[119]

Sind wir dagegen, wie immer, edel, hilfreich und gut, dann sagen wir nicht: »Ich bin dazu provoziert worden! Ich habe es unbewusst getan! Ich war krank! Ich habe keine andere Wahl gehabt!« Nein! Wir haben es selbstverständlich getan, weil wir so sind, wie wir sind, nämlich gut.

Der Widerwille sich zu ändern, Überzeugungen von sich selbst aufzugeben, vom toten Gaul abzusteigen wird mit persönlicher Tugend (auch eine Überzeugung!) gerechtfertigt, und ganz nebenbei wird der Stab über den anderen gebrochen. Wir können also zwei Fliegen mit einer Klappe schlagen: Wir können unsere Vorurteile über uns selbst und unsere Vorurteile über andere am Leben halten und uns selbst bestätigen: Du vermittelst mir, dass ich ein schlechter und unfähiger Mensch bin und dass ich etwas Schlimmes getan habe. Da ich aber nicht schlecht und unfähig bin, musst du selbst schlecht sein, wenn du mich so abwertest.

Wir können aber nicht nur andere Menschen ungerecht behandeln und verletzen, sondern haben auch die einzigartige Möglichkeit, uns selbst Leid und Schmerzen zuzufügen. Die Gewalt gegen uns selbst eskaliert dabei oft sogar noch schneller, dramatischer und destruktiver als gegenüber anderen. Wir sind uns selbst gegenüber nicht zimperlich! Sonst wären die zahlreichen selbstdestruktiven Lebensstile, die man beobachten kann und die mit schlechtester Lebensqualität einhergehen, gar nicht möglich.

Wir »frisieren« die Vergangenheit!

Sobald wir uns eine feste Überzeugung oder Story zu eigen gemacht haben, verändern wir nicht nur die gegenwärtig uns zur Verfügung stehenden Informationen so, dass sie zu unseren Überzeugungen passen, sondern wir verändern auch die Vergangenheit, das heißt das, was wir – uns erinnernd – für die Vergangenheit halten. Unsere Überzeugungen bekommen eine feste »historische« Grundlage. Erinnerungen werden so revidiert und die eigene Überzeugung gestärkt.

Auf dem Wege der »nachbessernden« Selbstrechtfertigung wird jede Ungewissheit oder Ambivalenz ausgeräumt. Aus dem Zweifel, ob der Gaul vielleicht doch tot ist, wird die Sicherheit, dass er zwar lahmen mag, aber leibt und lebt.

Wir spannen mehrere tote Gäule zusammen, damit sie schneller werden! (Synergie)

Es ist schon anstrengend, einen einzigen Glaubenssatz aufrechtzuerhalten, wenn das Leben ständig sein Veto einlegt. Aber vielleicht ließe sich ja durch die Vernetzung mehrerer

Glaubenssätze noch etwas retten. Man könnte beispielsweise Folgendes tun: Die Überzeugung »Für mich ist alles machbar!«, die nur unter großer Mühe aufrechtzuerhalten ist, wird mit der Überzeugung »Ich muss beliebt sein, und mein Wert hängt von meiner Beliebtheit ab!« verbunden. Aber dann stellen sich weitere Fragen: Wie bekomme ich das hin? Was muss ich tun, um beliebt zu sein? Was muss ich tun, wenn ich nicht beliebt bin, weil jemand herausgefunden hat, dass für mich doch nicht alles machbar ist? Eine weitere Überzeugung verspricht die Rettung: »Ich darf mir nichts anmerken lassen!« Jetzt habe ich es geschafft: Die drei toten Gäule sind zusammengespannt. Ich brauche nicht von einem toten Gaul abzusteigen, sondern kann sogar die toten Pferde wechseln. Auch wenn ich dabei nicht von der Stelle komme und dafür in gestrecktem Galopp in die unangenehmste Stimmung hineingaloppiere. Je länger das so geht, umso unwahrscheinlicher wird das Absteigen. Es erscheint geradezu waghalsig, dies zu tun. Also weiter: Nur nichts anmerken lassen!

Wir entwickeln eine sehr enge, intime Beziehung zu unserem toten Gaul!

Neben den Rechtfertigungsstrategien, die es Tätern ermöglicht, ihre moralischen Überzeugungen beizubehalten, sind sie am Vergessen interessiert: Vergessen wir's! Ganz anders die Opfer, das heißt die Menschen, die sich selbst als Opfer bezeichnen, weil jemand gegen ihre eigenen Vorstellungen von Moral verstoßen hat. Opfer leiden selten an Vergesslichkeit. Sie erklären sich selbst und anderen, welche anhaltend negativen Folgen ihre Erfahrungen haben. Sie halten Gedanken an das ihnen zugefügte Unrecht lange aufrecht. Gefühle des Hasses werden kultiviert und stabilisiert. Zu hassen erscheint diesen Menschen wie eine

Bestrafung des Täters. Rache ist der Versuch, Gerechtigkeit herzustellen. So leben nicht wenige Ehepaare nach der Scheidung den intimsten Teil ihrer Paarbeziehung. Verbunden durch Rachefeldzüge, wollen sie nicht voneinander lassen. Die Opfer, meist beide Partner, verharren dabei in der immer wieder gestellten quälenden Frage: Wie konnte mir so etwas Schlimmes geschehen, wo ich doch so ein anständiger Mensch bin? Auch dabei werden tote Gäule weitergeritten, auf eine sehr intime Weise, allerdings begleitet von miesester Stimmung.

Tote Gäule zu reiten ist die hohe Schule der Reitkunst!

Mit Stolz und Selbsteingenommenheit schafft man es, das Reiten von toten Gäulen als eine besondere Qualität darzustellen. Auf lebendigen Gäulen kann schließlich jeder reiten. Halten wir dadurch unsere Überzeugungen und Vorstellungen aufrecht, kann dies den Effekt haben, dass den Reitern toter Gäule eine umfassende und tiefe Beruhigung zuteil wird. Es beruhigt ungemein, wenn man einen Glaubenssatz hat, der Sicherheit verspricht. Allemal mehr, als auf einem wilden, undressierten Hengst durchgeschüttelt zu werden.

Wir besorgen uns eine stärkere Peitsche und entwickeln ein Motivationsprogramm!

Hierbei geht es um Maßnahmen, die einerseits den Gaul zum Laufen bringen und andererseits den Reiter im Sattel halten sollen. Nun kann alles zum Einsatz kommen, was für solche Fälle in Hülle und Fülle zur Verfügung steht. Also: chemische und psychologische Reithilfen. Schließlich ist das Doping ohnehin für den Einsatz bei Pferderennen entwickelt worden. Psychologische Unterstützung kann dem Reiter helfen, nicht vorschnell an das Absteigen zu denken. Lösungs- und zielorientiertes Reitercoaching mit den entsprechenden positiven, Hoffnung vermittelnden Zielsetzungen kann hilfreich sein, den einmal entwickelten Glauben an sich selbst wiederzufinden. Glaubensstärkung kommt dabei überkonfessionell, Methoden und Schulen übergreifend zur Anwendung: Es wird schon wieder werden!!!

Trotzdem sei daran erinnert: Wenn das Leben unsere Vorstellungen nicht bestätigt, sind sie einfach nur falsch.

7
Trauma, Katastrophen und das posttraumatische Wachstum

Katastrophen bringen Verzweiflung und traumatische Erfahrungen mit sich. Sei es die Reaktorkatastrophe von Tschernobyl im April 1986 oder von Fukushima im März 2011, der Tsunami im Indischen Pazifik im Dezember 2004 und in Japan im März 2011, das Erdbeben in Haiti im Januar 2010, der Hurrikan Katrina im August 2005. Traumatisch wirken sich aber auch politische, gesellschaftliche und wirtschaftliche Katastrophen aus: Kriege, Vernichtung und Vertreibung, aber auch Ereignisse wie die Weltwirtschaftskrise von 1929 oder die gegenwärtigen Finanz-, Schulden- und Staatskrisen. Doch auch abgesehen von Katastrophen und Ereignissen, die ganze Länder, Bevölkerungen oder gesellschaftliche Gruppierungen betreffen, gibt es im Leben Einzelner Ereignisse, die als traumatisierend erfahren werden können – der Verlust des Arbeitsplatzes, eine Scheidung, Missbrauch und andere Formen von Gewalteinwirkung. Vor allem auf die Folgen solcher individuellen Traumatisierungen wollen wir im Folgenden unser Augenmerk richten.

Was aber ist eigentlich ein Trauma? Wie erklären sich die damit einhergehenden Stimmungen? Wie werden diese Stimmungen nachhaltig? Was machen Katastrophen mit uns, und was können wir aus Katastrophen machen?

Was ist ein Trauma?

Ereignisse wirken sich unterschiedlich auf Menschen aus. Nicht alles, was der eine als traumatisch empfindet, wird auch von allen anderen so erlebt. Damit etwas als traumatisch erfahren wird, braucht es dreierlei: einen Menschen, seine Vorstellungen über sich, die Welt und das Leben und eine Erfahrung, die nicht zu seinen Annahmen passt.

Passen Erfahrungen nicht mehr zu den eigenen Überzeugungen, dann geschieht etwas, was nicht für möglich gehalten wurde, etwas Unvorstellbares. Eine Erwartung wird enttäuscht. Wird das Unvorstellbare positiv gewertet, also etwa die überraschende Genesung von einer als unheilbar diagnostizierten Krankheit, haben wir es mit einem Wunder zu tun. Ist das nicht für möglich gehaltene Ereignis negativer Art, wird es als Trauma empfunden. Traumata sind also negative Wunder, und Wunder sind positive Traumata.

Traumata sind Erfahrungen, die Vorstellungen verletzen oder, besser gesagt, zusammenbrechen lassen. Unsere Vorstellungen sind so etwas wie ein Filter, den wir zwischen uns und die Welt schieben. Vorstellungen helfen uns und sind notwendig, damit wir uns in der Welt orientieren und einigermaßen zurechtfinden können. Die Welt ist uns direkt, ohne jeden Filter, gar nicht zugänglich – wir brauchen das schützende Raster unserer Vorstellungen, so, wie wir auch nicht direkt und ungeschützt in die Sonne schauen sollten, da wir sonst unsere Sehkraft einbüßen.

Der Filter der von uns entwickelten Annahmen ist nicht per se richtig oder falsch. Überzeugungen sind solange brauchbar und gut, solange sie nicht allzu sehr unseren Erfahrungen widersprechen. Das, was wir erfahren, entspricht dann unseren Annahmen über die Wirklichkeit: Die Landschaft entspricht der verwendeten Landkarte. Die Speisen entsprechen der uns gereichten Speisekarte. Unsere Vorstellungen von der Welt und unserem Leben sind aber nicht eins zu eins die Welt. Das Leben kann sein Veto gegen unsere Vorstellungen einlegen. Wenn das Leben das tut, erfahren wir etwas über die Begrenztheit unserer Vorstellungen. Wir kommen mit unseren Vorstellungen und Annahmen nicht mehr weiter. Wenn wir auf einer Autobahn nicht mehr weiterfahren können, weil der Tank unseres Autos leer ist, bedeutet das ja keineswegs zwingend, dass auch die Autobahn an dieser Stelle zu Ende ist. Uns ist nur das Benzin ausgegangen.

Machen wir neue, bisher unbekannte Erfahrungen, können oder müssen wir unsere Vorstellungen und Annahmen verändern und an unsere Erfahrungen anpassen. Wenn wir das nicht tun, handeln wir uns nachhaltige Probleme und dauerhaft katastrophale Stimmungen ein.

Traumatisches Erleben und Erzählen

Wenn wir ein Trauma erleben und davon erzählen, erzählen wir von Katastrophen: »Es ist nichts mehr so wie vorher – Ich habe den Boden unter den Füßen verloren – Für mich ist eine Welt zusammengebrochen – Es war unvorstellbar, ich habe das nicht für möglich gehalten – Es verschlägt mir die Sprache – Ich kann es nicht fassen – Nein, das kann nicht sein, das ist unmöglich – Alles was bisher galt, gilt nicht mehr – Ich habe keinen Platz mehr in der Welt.«

In diesen Aussagen drückt sich die traumatische Erfahrung aus. Unsere Wahrnehmung, unsere Konzepte, unsere Drehbücher, unsere Deutungsschemata und unsere Annahmen über uns und die Welt funktionieren nicht mehr. Der Filter unserer Vorstellungen ist durchlöchert, zerstört oder zusammengebrochen. Wir fühlen uns der Welt schutzlos ausgeliefert. Zu unseren Vorstellungen gehören Annahmen über uns selbst, über andere und den Zustand der Welt:

Annahmen über uns selbst können Vorstellungen sein über das Ausmaß unserer Selbstbestimmung, über unsere Kontrollkompetenzen, über die Verlässlichkeit unserer Urteile, unserer Fähigkeiten und Talente. Machen wir nun Erfahrungen, die nicht mehr zu unseren Vorstellungen passen, dann können diese Erfahrungen traumatisieren. Besonders traumatisierungssensibel sind Menschen, die die Vorstellungen entwickelt haben, sich nur auf sich selbst verlassen zu können und dabei der Ansicht sind, ein großes Maß an Kontrolle über das eigene Leben oder die Welt zu haben.

Annahmen über andere sind Vorstellungen über die Berechenbarkeit, Vorhersagbarkeit und Zuverlässigkeit anderer. Hier sind die Menschen besonders traumatisierungssensibel, die besonders hingebungsvoll vertrauen und sich vorbehaltlos auf andere verlassen.

Annahmen über die Welt. Hier sind Menschen besonders traumatisierungssensibel, die einen stabilen, rational logischen Weltfilter für sich entwickelt haben, die davon ausgehen, dass es in der Welt berechenbar zugeht oder die an eine ausgleichende Gerechtigkeit glauben. Menschen also, die einen Filter benutzen, der auf Vorstellungen von Fairness, Gerechtigkeit, Logik und Ordnung basiert.

In der traumatisierenden Erfahrung brechen diese Filter zusammen.

Posttraumatische Möglichkeiten

Welche Möglichkeiten gibt es, mit solchen umstürzenden Erfahrungen umzugehen? Wie kann die Welt aufs Neue gefiltert werden? Nie mehr? Durch neue Filter? Mit Hilfe von Verlusttröstungen wie Alkohol, Drogen, Mitleid, Therapie …?

Eine Möglichkeit: Alles soll wieder so werden, wie es einmal war!

Eine weitverbreitete posttraumatische Maßnahme ist die Anstrengung, es wieder so werden zu lassen, wie es vor dem Trauma war. Das Ziel: eine völlige Wiederherstellung des früheren Zustandes. Einige therapeutische Maßnahmen (Traumatherapien) haben dieses Ziel. Die Verarbeitung des Traumas ist der Versuch der Wiederherstellung und Reparatur des alten Filters. Begleitet werden diese Versuche der Rückkehr zu den unbrauchbar gewordenen Filtern und Lebenskonzepten durch oft billige Tröstungen: Man solle doch dankbar sein, überlebt zu haben, man solle doch einsehen, dass man in dieser Welt weiterhin Halt haben könne. Man solle sich wieder zum alten Vertrauen durchringen, an sich selbst und die eigene Selbstwirksamkeit glauben.

Die psychiatrisch-diagnostische Legitimation für solche von Traumatherapeuten oftmals im Eigenauftrag erbrachte Dienstleistungen stellt die »moderne« Diagnose sogenannter posttraumatischer Belastungsstörungen (PTBS) dar. Unter posttraumatischen Belastungsstörungen werden Phänomene zusammengefasst, die nach einer traumatischen Erfahrung erlebt werden können, aber keinesfalls zwingend erlebt werden müssen.

Der posttraumatische Erinnerungsdruck

Menschen können sich einem massiven Erinnerungsdruck an die traumatische Erfahrung ausgesetzt sehen. Es stellt sich ein Erinnern an Bilder, Geräusche, Gerüche der Traumasituation ein. Man empfindet und erlebt sich so, als befinde man sich weiterhin in der traumatisierenden Situation. Man fühlt sich von diesen Eindrücken überflutet. Abschalten erscheint nicht möglich. Menschen, die sich emotional und gedanklich in der traumatischen Vergangenheit befinden, verlieren dadurch die Möglichkeit, in der Gegenwart zu leben. Das kann zur Folge haben, dass sich der Traumatisierte und seine Angehörigen in zwei verschiedenen Zeitzonen aufhalten: Der Traumatisierte befindet sich in der Vergangenheit, während sich die anderen mit der Gegenwart und Zukunft beschäftigen. Alle fühlen sich aber wechselseitig nicht geachtet, beachtet und gewürdigt, weil ihr Erleben permanent heruntergespielt wird. Was nicht gelingt: mit der Vergangenheit zu leben, ohne ihr Gefangener zu sein; sich zu erinnern und sich der Gegenwart und Zukunft zuzuwenden.

Die posttraumatische Vermeidung

Menschen können aber auch ausschließlich mit der Vermeidung von Erinnerungen an die traumatisierte Vergangenheit beschäftigt sein. Sie versuchen sich mit Gewalt von der Vergangenheit zu lösen, sie nicht zu sehen, so zu tun, als sei alles nach wie vor wie immer, d.h. normal. Der Preis, der für diese anstrengende Vermeidung zu zahlen ist, kann eine emotionale Taubheit sein. Mit eigenen Emotionen und denen von anderen kann nicht mehr angemessen umgegangen werden. Der traumatisierte Mensch ist emotional nicht verfügbar, er beschäftigt sich nur noch mit sich selbst, hört nicht mehr zu, verschanzt sich, verschwindet plötzlich aus dem Haus, während die anderen Schuldgefühle entwickeln. Die Traumatisierten nehmen nicht mehr ihre frühere Rolle ein (als Vater, Mutter ...), verweigern die Teilnahme an Familienroutinen (Festen ...). Andere übernehmen die Rolle des Traumatisierten nach innen und/oder nach außen. Es tun sich Gedächtnislücken auf. Bei anderen und einem selbst nehmen Gleichgültigkeit und Desinteresse zu bis hin zur vollständigen Leugnung der traumatischen Erfahrung und ihrer Auswirkungen auf das eigene Leben: Das ist mir nicht passiert! Wenn es mir passiert wäre und ich spürte, was mit mir passiert ist, würde ich verrückt!

Die posttraumatische Wachsamkeit
Eine dritte Möglichkeit der sogenannten posttraumatischen Belastungsreaktionen ist eine übererregte Wachsamkeit. Alle möglichen Reize, Geräusche und selbst kleinste Berührungen führen zu extremem Erschrecken. Die Wachsamkeit gegenüber der erneuten Gefährdung durch traumatisierende Erfahrungen ist motiviert von der Vorstellung, etwas – und zwar rechtzeitig und effektiv – gegen die Wiederholung des Traumas tun und Fehler vermeiden zu können. Dieses Denken ergreift auch nahe Angehörige: Sie denken, das Problem des Traumatisierten verursacht zu haben, aber es auch kontrollieren und heilen zu können, damit wieder alles so ist wie vorher. Angehörige entwickeln dabei Vorstellungen und Hoffnungen, die Vorstellung der Kontrolle, die Hoffnung der Heilung, beispielsweise durch Liebe. Diese Vorstellungen und Hoffnungen werden meist enttäuscht, denn sie widersprechen den gemachten Erfahrungen. Die enttäuschenden Erfahrungen mit dem traumatisierten Familienmitglied traumatisieren nun die anderen Familienmitglieder. Die traumatisierende Infektion hat inzwischen auch die höheren Weihen einer psychiatrischen Diagnose erhalten: Mitgefühlserschöpfungssyndrom (Compassion Fatigue Syndrom, CFS)[120].

Wie erklären sich posttraumatische Belastungsstörungen?

Wie aber kommt es zu diesen posttraumatischen Belastungsstörungen? Gibt es Verhaltensweisen, die sie begünstigen oder geradezu herbeirufen? Was könnte eine Gebrauchsanleitung für die Herstellung posttraumatischer Belastungsstörungen sein?

Die erste und wohl wichtigste Maßnahme ist die, daran festzuhalten, dass alles wieder so sein kann wie vorher. Die alten Vorstellungen werden beibehalten, als sei nichts geschehen. Die traumatische Erfahrung wird ignoriert, die Erinnerung daran vermieden. Das kann sogar eine gewisse Zeit funktionieren – bis zur nächsten Erfahrung, die traumatisiert. Damit handelt man sich aber auch die ersten Belastungsprobleme ein: Aktives Vergessen hält das, was man zu vergessen versucht, maximal in der Erinnerung. Man versucht, einen nicht unwesentlichen Teil seiner selbst, nämlich die traumatische Erfahrung, zu ignorieren – um den Preis des Verlustes eben dieses Selbstanteils.

Da das aber letztlich und langfristig nicht möglich ist, wird man ständig von der Vergangenheit eingeholt und kommt nicht in die Gegenwart, geschweige denn in die Zukunft: Je massiver die willkürliche Vermeidung von Erinnerung ist, umso zwingender ist der unwillkürliche Erinnerungsdruck. Wird die Vorstellung aufrechterhalten, dass ich weiterhin die Macht und Kontrolle habe, zukünftige traumatische Erfahrungen vermeiden und in den Griff bekommen zu können, hat die dazu notwendige übererregte und übersensible Wachsamkeit eine Belastung zur Folge, die für einen selbst und meist auch für andere fast unerträglich wird.

Durchaus problematisch können daher Vorschläge sein, Traumatisierte dazu einzuladen und zu ermutigen, sich als jemanden wahrzunehmen, der Gestaltungskraft besitzt und »es schafft«. Was aber, wenn genau diese Vorstellung traumatisiert worden ist? Dann muss doch wohl genau diese Vorstellung als nicht mehr haltbar in Frage gestellt werden. Ebenso problematisch ist die Vorstellung, Traumatisierte dürften nicht mehr mit ihrem Trauma konfrontiert werden. Zweifelhaft begründet wird diese Vorstellung damit, dass es sonst zu einer Retraumatisierung komme. Hier geht wohl einiges durcheinander: Retraumatisierung meint die Wiederholung des Traumas. Aber gerade das findet ja statt, wenn versucht wird, sich der traumatischen Erfahrung zu entledigen.

Die Menschheitsgeschichte – eine Traumageschichte

Die Geschichte von Menschen, aber auch die Menschheitsgeschichte an sich lässt sich als eine Folge von Traumata beschreiben: eine Folge von Naturkatastrophen, Kriegen, Vernichtung, Unterdrückung, Unfreiheit, Vertreibung und Epidemien. Trotzdem hat die Menschheit überlebt, das heißt, die Menschheitsgeschichte ist auch eine von Wiederaufbau, Friedenszeiten, Freiheit, Aufbruch und Entwicklung, kurz: Die Menschheitsgeschichte ist eine Geschichte *posttraumatischen Wachstums*, und das in fast allen Fällen ohne Traumatherapien. Menschen sind chronische Traumaüberwinder. Sie haben notwendigerweise ihre Filter und ihre Vorstellungen, sie haben sich Lebenserzählungen erfunden, die aber nicht das Leben sind und nicht ein für allemal festgeschrieben sind. Sie werden immer wieder neu erfunden und neu erzählt und dadurch den Erfahrungen angepasst. Lebenserzählungen haben Erzähler und Zuhörer, die aber auch nicht nur zuhören, sondern auch wiederum erzählen. Es entsteht ein Geflecht von Mithörern und Miterzählern. Es entsteht Kultur.

Der Umgang mit traumatischen Erfahrungen ist ein wesentlicher Teil unserer Kultur. Bewältigte, verdaute und integrierte Traumata sind Erfahrungen, über die man spricht und vor allem über deren Wirkung auf die kulturellen Filter und Glaubenssysteme man spricht und streitet. Traumata müssen also nicht sprachlos machen, sondern können eine Anregung zum Sprechen und für neues Sprechen sein: »Ein Mann hat eine Erfahrung gemacht, jetzt sucht er die Geschichte dazu – man kann nicht leben mit einer Erfahrung, die ohne Geschichte bleibt.«[121]

Posttraumatisches Wachstum oder posttraumatische Verzweiflung?

Was macht posttraumatisches Wachstum möglich? Was verhindert posttraumatisches Wachstum?

Posttraumatisches Wachstum besteht darin, die Erfahrungen, die man gemacht hat, anzuerkennen und die eigenen Vorstellungen von sich und der Welt zu überprüfen, zu verändern und, wenn notwendig, durch neue zu ersetzen. Man akzeptiert etwa, wahrscheinlich auch in Zukunft nicht in der Lage zu sein, die anderen, die Welt und das Leben vollständig kontrollieren zu können. Man macht sich vielleicht mit der Vorstellung vertraut, auf niemanden zählen zu können, der einen vor leidvollen Erfahrungen schützt, oder dass die Welt und das Leben nicht verlässlichen Regeln gehorchen, die für Gerechtigkeit und Glück sorgen.

Voraussetzung ist allerdings, dass man sich eingesteht, durch ein traumatisches Ereignis verändert zu sein, dass man verwundbar ist, dass man verwundet wurde und das Leben nicht so verlaufen ist, wie man es sich gewünscht und erhofft hat. Traumatische Erfahrungen sind insofern wiederum auch nichts Besonderes, sondern ein Stück weit der Regelfall. Das menschliche Leben ist eine Folge traumatischer Erfahrungen.

Naturkatastrophen oder Glaubenskatastrophen?

Nicht nur Annahmen über die Welt können aus den Angeln gehoben werden, auch ein Teil der Welt selbst kann zusammenbrechen, und der Boden, auf dem man steht, kann verlorengehen: Denken wir an die eingangs erwähnten Katastrophen überindividuellen Ausmaßes wie Erdbeben, Vulkanausbrüche oder Tsunamis.

Aber auch wenn wir – wie selbstverständlich – in diesem Fall von Naturkatastrophen sprechen, gibt es keine Katastrophen oder Traumata ohne den Menschen. Die Natur kennt keine Katastrophen. Katastrophen kennt nur der Mensch, weil er das Geschehen als solches deutet.

Katastrophen – auch die Erfahrungen mit Naturkatastrophen – stellen wichtige, vielleicht die wichtigsten Herausforderungen für die kulturelle Ideenausstattung von Gesellschaften dar. Wie mit Katastrophen umgegangen wird, zeigt, welche gesellschaftlichen Weltbilder in einer Kultur gültig sind.

Dass der feste Grund kein sicherer Boden ist, dass die überschaubare Welt zusammenbrechen kann, wissen Menschen seit jeher: Erdbeben, Vulkanausbrüche, Sturmfluten gab es, seit es Menschen gibt. Sie wurden Teil von Schöpfungsmythen, Naturmythen und Weltbildern und erhielten als Teil göttlicher Vorsehung oder Strafe ihren Sinn. Auf diese Weise konnte Chaos als Ordnung verstanden und verarbeitet werden.

Die Erschütterung des Glaubens an eine allmächtige und gerechte Göttlichkeit

Diese Vorstellung bekam am 1. November 1755 massive Risse. An diesem Tag wurde Lissabon durch ein gewaltiges Erdbeben und eine bis dahin für unvorstellbar gehaltene Flutwelle fast völlig zerstört. Eine 15 Meter hohe Welle ergoss sich in die Mündung des Tejo. Man feierte Allerheiligen, und viele Menschen hatten sich in den Kirchen versammelt, was zur Erhöhung der Opfer (10 000 innerhalb weniger Minuten) beitrug. Zerstört wurde aber nicht nur Lissabon, sondern der Glaube an eine Schöpfung, die in sich stimmig ist, und an einen Schöpfer, der es gut meint. Die Zweifel nahmen überhand, ob diese unvorstellbare

Katastrophe wirklich von einem allmächtigen Gott zu verantworten sei. Der gute und allmächtige Gott hatte mehr oder weniger ausgedient. Man brauchte neue Glaubenssysteme.

Das posttraumatische Wachstum oder die Erfindung des Blitzableiters

Geradezu symbolisch für diesen Wandel im Welt- und Katastrophenverständnis ist die Erfindung des Blitzableiters, zeitgleich mit dem Lissaboner Erdbeben. Der Blitzableiter macht den Blitz zu einem von Menschen beherrschbaren Risiko. Jahrtausendelang waren Blitz und Donner Attribute der alles beherrschenden Götter. Der vom Himmel fahrende Blitz, der Angst und Schrecken verbreitet hatte, wurde nun auf die Erde geholt. Er wird zu einem weltlichen Ereignis, dem mit Wissenschaft und Technik beizukommen ist. Besonders Kirchtürme sind Blitzeinschlägen ausgesetzt. Nun konnten sie durch Blitzableiter geschützt werden, zumindest besser als durch Fürbitten. Der Blitzableiter an Kirchtürmen leitet den Abgang des alten Glaubenssystems ein und bringt das neue Glaubenssystem der Wissenschaft und Technik auf den Weg.

Ein Weltverständnis, in dessen Zentrum der weise Ratschluss der Götter steht, unterscheidet sich aber nicht grundsätzlich von einem Weltverständnis, in dessen Zentrum die Berechenbarkeit und Beherrschbarkeit durch Wissenschaft und Technik steht. Beide sind gesellschaftliche Konstrukte oder Absprachen, die helfen sollen, einen festen Boden zu schaffen bzw. die Welt zu filtern, damit man darin zurechtkommt. Solange man damit zurechtkommt!

Die Erschütterung des Glaubens an Technik und Wissenschaft

Aber auch in den Zeiten des Glaubens an die Naturbeherrschung durch Wissenschaft und Technik ereignen sich Katastrophen und bleibt unsere Verwundbarkeit bestehen. Die Traumatisierungsbereitschaft nimmt sogar zu. Die Ungewissheit kommt gewaltig zurück, je mehr Raum Wissenschaft und Technik in unserer Lebensführung einnehmen. Die Risiken wachsen in unserer Vorstellung, je mehr wir sie zu berechnen und zu minimieren suchen.

Kennzeichnend für uns moderne Menschen ist unsere ambivalente Mischung von aktionistischer Selbstüberschätzung und lähmender Verunsicherung. Der Größenwahn und die depressive Lähmung und Selbstaufgabe scheinen zu den beiden vorherrschenden Lebensstilen geworden zu sein. Die selbstüberschätzende, kontrollierende Vermeidung des Schadenfalles geht mit der Aufgabe jeglicher Einflussnahme – sogar über Kontrollierbares – einher. Der Versuch, Risiken zu beherrschen, führt zur Herrschaft des möglichen Risikos über uns.

Wer sich selbst als Urheber allen Geschehens begreift, sich für die Gestaltung der Welt verantwortlich fühlt, verantwortlich gemacht wird und sich verantwortlich machen lässt, das heißt, wer die Grundlagen des Lebens in menschlichen Entscheidungen sieht, lebt eben ständig in der Situation des Scheiterns. Handeln ist dann riskant geworden.

Der Glaube an die Sicherheit durch Risikoberechnung

Gefahren existieren unabhängig vom Geschädigten. Er hat sie nicht verursacht und muss sie darum auch nicht verantworten. Ein Risiko dagegen geht auf das Verhalten und die

Entscheidung des Handelnden zurück und muss daher von diesem verantwortet werden. Risiken sollen deshalb minimiert und in ein Nullrisiko verwandelt werden. Wie kann man das Risiko berechnen, um Entscheidungen sicher zu machen und Katastrophen zu verhindern?

Sicherheit ist zu einem hohen Wert geworden, der sich parallel zum Risikodenken entwickelt. Die entsprechenden neuzeitlichen Verfahrensweisen der Sicherheits- und Risikomathematik entwickeln sich und reifen seit dem 17. Jahrhundert aneinander. Beide sind Teil des sich ausbreitenden Glaubens an Wissenschaft, Technik und mathematische Berechenbarkeit. Der Glaube an die Berechenbarkeit findet seinen Ausdruck im Prinzip der rationalen Kalkulation, einem Durchspielen von Gesetzmäßigkeiten. Diese Regelmäßigkeiten gehorchen unabhängig vom konkreten Fall einem ganz bestimmten Kalkül. Dieses Kalkül ist das Wahrscheinlichkeitskalkül, das vor der Renaissance unbekannt war und im 17. und 18. Jahrhundert einen rasanten Aufstieg erlebte.

Die Kalkulation eines Risikos ist der Versuch, die Zeit zu beherrschen und die Zukunft zu disziplinieren. Das Konzept der Wahrscheinlichkeit spaltet die Wirklichkeit in konkurrierende Möglichkeiten auf, über deren tatsächliche Realisierung nichts gesagt wird. Die Wahrscheinlichkeit kann lediglich darauf abzielen, Ungewissheiten abzuschätzen und handhabbar zu machen, ohne sie in Gewissheiten verwandeln zu können. Letztlich bezeichnen Wahrscheinlichkeiten nichts anderes als den Grad des Vertrauens eines bestimmten Menschen in einer bestimmten Situation zu einem bestimmten Zeitpunkt aufgrund einer bestimmten Informationsmenge in das Eintreten eines Ereignisses.[122]

»Risiko« ist zu einem Schlüsselwort der Moderne geworden. Es wird vorausgesetzt, dass wir es in der Hand haben, Risiken abzuschätzen und zu minimieren. Dahinter steht ein Glaubenssystem, das den verantwortlichen

Menschen in den Vordergrund stellt. Nichts spricht dafür, dass das Leben heute für die Menschen katastrophaler ist als in früheren Zeiten, aber die Risikoempfindlichkeit bzw. der Sicherheitsanspruch haben stark zugenommen – und ebenso die Verwundbarkeit der Gesellschaft und die Traumatisierbarkeit des Einzelnen. Die Vorhersehbarkeit von Zukunft hat wegen des Anwachsens von Innovationen abgenommen, ebenso wie das verfügbare Erfahrungswissen. Erfahrungswissen wird durch Vertrauen in Experten ersetzt. Ein wiederum hochriskantes Geschäft. Experten liefern, wenn man sie denn überhaupt versteht, Informationen, die sich meist einer direkten Überprüfung durch den gesunden Menschenverstand entziehen. Das Denken in Kategorien des Risikos ist wie ein Virus, der sich in Form von Unsicherheit ausbreitet, für deren Begrenzung es eigentlich zuständig sein sollte.

Wenn es einmal das Entwicklungsprinzip »Versuch und Irrtum« gegeben haben soll, gilt nun das Prinzip »Versuch ohne Irrtum«. Das neue Glaubenssystem verlangt Schadenswahrscheinlichkeiten, die gegen null und Erfolgswahrscheinlichkeiten, die gegen eins gehen. So wollte man etwa dem »Nullrisiko« beim ersten Golfkrieg Glauben verschaffen, als amerikanische Behörden der Öffentlichkeit die Doktrin des »Nullgefallenen« verkündeten.[123] Folge: Enttäuschte Erwartungen, die aber mit an Sicherheit grenzender Wahrscheinlichkeit.

Moderne Katastrophen werden mit Hilfe des Glaubenssystems Wissenschaft und Technik gedeutet und legitimieren die üblichen postkatastrophalen Appelle: noch mehr wissenschaftliche Beherrschung und technische Kontrolle, das heißt Risikominimierung.

Deutungen von Katastrophen als Gottes oder des Schicksals Wille gelten als überholter Aberglaube. Der neue Aberglaube besteht nun in der Zuversicht, die Beherrschbarkeit und Kontrolle mit anderen Mitteln erreichen zu können.

Nach dem Tsunami im Dezember 2004 mit 225 000 Toten meldeten sich lautstark die Experten zu Wort: Durch ein leistungsstarkes Alarmsystem wären neun Zehntel der Opfer zu retten gewesen.

Man behauptet, wirksam reagieren zu können – zum Beispiel bei Auftreten von Rinderwahn, Vogel- und Schweinegrippe oder EHEC. Ergebnis: Die Unsicherheit ist vollkommen. Die Fachleute sind nicht imstande, die Gemüter zu beruhigen. Sie können sich nicht einmal selbst glaubwürdig beruhigen. Sie hinterlassen stattdessen Ratlosigkeit und verstärken den Hang, jedem Gerücht Glauben zu schenken und sich jeder heilversprechenden, katastrophenprophylaktischen und traumaverhindernden Maßnahme zu unterwerfen, seien es Reiseverbote, Mundschutz, Impfungen, Medikamentenhortung oder die Empfehlung, auf Rindfleisch und Rohkost zu verzichten.

Eines ist sicher: Ängste aller Art unterhalten einen großen Markt. Mit unserem Sicherheitswahn lässt sich viel Geld verdienen. Allerdings verdienen nicht alle daran. Aber alle müssen zahlen: 245 Mill. € für 29,8 Millionen nicht verbrauchter Impfdosen gegen die Schweinegrippe, nachdem 34 Millionen Dosen bestellt wurden. Im Herbst 2011 wurden die nicht verbrauchten Impfdosen im Müllheizkraftwerk Rothensee verbrannt. Das Müllheizkraftwerk bei Magdeburg hatte das günstigste Angebot unterbreitet: 14 000 € – wirklich günstig angesichts der Anschaffungskosten.

Vorher erzielte die Firma Roche mit der angeblichen Wunderwaffe gegen die Schweinegrippe, dem Medikament Tamiflu®, im Jahre 2009 einen Rekordumsatz von etwa 2,2 Milliarden Euro, nachdem die Bundesländer beschlossen hatten, sich von der Firma Roche einen Vorrat an Tamiflu® anlegen zu lassen, und das, obwohl es kaum Studien über das Medikament gab und keinen Beleg, dass es überhaupt eine Wirkung hat.

Alternative Traumatherapien: Reanimation des alten Glaubens

Neben dem Aberglauben an Wissenschaft und Technik, der beruhigen soll, gibt es aber auch weiterhin den alten Aberglauben an Gottes Zorn.

Pat Robertson, einer der einflussreichsten fundamentalistischen Fernsehprediger der USA, verkündete: Das Erdbeben in Haiti 2010 habe sich ereignet, weil die Bevölkerung Haitis (d.h. die schwarzen Sklaven) Ende des 18. Jahrhunderts einen Pakt mit dem Teufel geschlossen hätten, um die französischen Kolonialherren zu verjagen. Deswegen seien sie mit einem Fluch beladen, für den die Nachkommen zu büßen hätten. Er empfiehlt: beten! Schon 2005 hatte er den Hurrikan Katrina als Strafe Gottes erkannt. Robertson ist ein einflussreicher konservativer Fernsehprediger in den Vereinigten Staaten und Gründer der fundamentalistischen Christian Coalition of America sowie Präsident der Regent University. Der Glaube dient hier vermutlich sehr profanen Zielen und Zwecken, sprich politischen Absichten. So mutmaßt etwa Rush Limbaugh, einer der prominenten rechten und rassistischen Radiomoderatoren der USA, Gott habe dafür gesorgt, dass der Vulkan Eyjafjallajökull ausgebrochen sei, Aschewolken gespien und den europäischen Flugverkehr lahmgelegt habe, um seine Verärgerung über Obamas Gesundheitsreform zum Ausdruck zu bringen.

Was stattdessen?

Traumata und Katastrophen sind nicht zu vermeiden. Es gibt keinen unfehlbaren Katastrophenschutz und keine sichere Traumaprophylaxe. Es kann also lediglich darum gehen, was man aus dieser Tatsache macht. Die Katastrophe von Tschernobyl wurde leider nicht genutzt, den Glauben an die Beherrschung der Atomenergie durch Technik und Wissenschaft in Frage zu stellen. Die neuerliche Traumatisierung durch Fukushima stellt eine neue Chance zum posttraumatischen Wachstum dar; ob sie genutzt wird, bleibt abzuwarten. Die Chance bestünde darin, zunächst einmal zu konstatieren, dass die alten Vorstellungen nicht mehr funktionieren. Erst auf dieser Basis können sich neue Einsichten und Verhaltensweisen entwickeln.

Je konsequenter aber am Glaubenssystem der Wissensgesellschaft festgehalten wird, umso größer wird die Enttäuschungssensibilität. Das verschlechtert die Stimmung. Risikominimierungsanstrengungen vergrößern die Unsicherheit. Die Stimmung trübt sich weiter ein.

Die Tugend, die in einem neuen Glaubenssystem Platz finden müsste, wäre die Tugend der *resignativen Reife*. Die Einsicht, dass Handlungen und Entscheidungen nicht auf der Grundlage wissenschaftlicher Gewissheit vollzogen werden, sondern auf der Grundlage ihrer Abwesenheit. Und zum posttraumatischen Wachstum könnte nicht zuletzt der Gedanke beitragen, dass wir mit unlösbaren Problemen leben müssen. Diese Einsicht, hätten wir sie erst einmal akzeptiert, könnte unserer Stimmung guttun und uns Entspannung verschaffen.

8
Hirndoping: Stimmt die Chemie, stimmt auch die Stimmung!

Die Biochemie-Prüfung (Ein Bericht)

»Ich bin 23 Jahre alt und studiere im vierten Semester Medizin.[124] Vor sechs Jahren war ich als Austauschschüler in den USA, in Philadelphia. Mein Gastbruder hatte Pillen besorgt, die wir dann gemeinsam nahmen. Wir zogen anschließend die ganze Nacht durch die Stadt, besprühten Wände und alte Güterzüge mit Graffiti. Es war toll. Als ich dann schließlich im Bett lag, konnte ich nicht schlafen. Mein Herz schlug mir bis zum Hals und schnell und immer schneller. Meine Augen konnte ich weder zumachen noch ruhig halten. Mir war fürchterlich heiß. Ich war schweißgebadet. So was wollte ich nicht noch einmal erleben. Ich schwor mir: Um die Pille, es war Ritalin®[125], werde ich in Zukunft einen großen Bogen machen.

Jetzt denke ich aber wieder öfter an Ritalin®. Die Wiederholungsklausur in Biochemie kommt immer näher. In der ersten Klausur habe ich die erforderlichen 60 % richtig angekreuzter Antworten knapp verfehlt. Nun sitze ich zu Hause in meiner Wohngemeinschaft oder in der Bibliothek und lese und lese. Es dauert nicht lange und mich überkommt Müdigkeit. Ich lese weiter. Aber nach einigen Seiten merke ich, dass die Wörter keinen Sinn machen. Es ist so, als würde ich vorlesen, ohne mir selbst zuzuhören. Dabei bin ich keineswegs untätig, im Gegenteil: Ich schaue aus dem Fenster, sehe andere Studenten, die auf der Wiese vor der Bibliothek in der Sonne liegen und mit ihrem neuen iPad beschäftigt sind. Ich frage mich, ob ein iPad vielleicht eine Alternative zu meinem Laptop sein könnte und erinnere mich daran, dass ich zu Hause unbedingt eine Sicherungskopie auf meiner externen Festplatte machen müsste. Ich erinnere mich auch, dass neben meinem Laptop die Kaffeetasse steht, die ich heute Morgen nur halb ausgetrunken habe. Kaffee? Ein Kaffee wäre nicht schlecht! Ob ich mal eine Kaffeepause mache? Nein, das geht nicht! Schlag dir das aus dem Kopf! Du musst lernen! Die Biochemieklausur! 60 %! Ich führe ständig einen Kampf mit mir selbst und habe das Gefühl, ich kann diesen Kampf nicht gewinnen. Ich spüre den Druck, den mir mein Teilstudienplatz macht – nur bis zum Physikum ist mir mein Studienplatz gewährt. Ich spüre den Druck der Frage, was wohl aus mir werden soll, wenn das nichts wird mit dem Medizinstudium wegen der Biochemieklausur. Dieser Druck blockiert mich. Um dem Druck standhalten zu können, müsste ich ihn loswerden. Ich brauche Stille und Konzentration in meinem Kopf, wenigstens für die nächsten drei Wochen.

Jetzt dachte ich wieder an Philadelphia und Ritalin®. Ich hatte kürzlich in einer Zeitung gelesen, Ritalin® sei die neue Modedroge unter Studenten, weil sie sich damit besser konzentrieren könnten. In den USA sei jeder vierte Student, aber auch jeder fünfte Professor auf Ritalin®. Beim Weiterlesen wurde ich immer ruhiger. Ich muss mich meiner Gedanken nicht schämen. Ich bin keineswegs allein: Rund zwei Millionen Bundesbürger dopen sich am Arbeitsplatz mit leistungsfördernden Mitteln[126], und die Verordnungen von Ritalin® sind in zehn Jahren um mehr als das Zehnfache gestiegen, nämlich von 5 000 000 Tagesdosen im Jahre 1998 auf 53 000 000 Tagesdosen im Jahr 2008.[127] Dabei sind die nicht verordneten, aber dennoch konsumierten Tagesdosen noch gar nicht mitgerechnet.

Wenn Ritalin® so vielen hilft, warum dann nicht auch

mir? Ich will es haben, sofort! Eine Bekannte, deren Vater Arzt ist, besorgt mir eine orangefarbene Pappschachtel: Ritalin® 10 mg. Zwar habe ich auch gelesen, dass Ritalin® meine Gefühle einengen kann, dass ich zu nichts mehr Lust haben könnte, auf was ich jetzt noch Lust habe, dass meine Neugier und meine Kreativität eingeschränkt oder gar nicht mehr vorhanden sein könnten. Was soll's? Ich stehe vor der Wiederholungsklausur in Biochemie. Ich brauche 60 % richtige Antworten. Was interessiert mich meine Befindlichkeit oder gar Kreativität? Wenn ein gefühlloser Roboter die Klausur schafft, dann will ich ein Roboter sein!

Ich nehme also die erste Pille. Die Wirkung lässt nicht lange auf sich warten: Ich bin tatsächlich konzentriert. Ich lese, obwohl im Nebenzimmer meiner Wohngemeinschaft AC/DC in voller Lautstärke »Highway to hell« zum Besten gibt. Ich höre es nicht. Nein, ich höre es schon, sonst wüsste ich ja nichts davon, aber es interessiert mich ganz einfach nicht und kommt nicht an mich ran. Ich lese weiter.

Der nächste Tag wird noch besser: Ich sitze wieder in der Bibliothek vor meinen Biochemiebüchern. Nichts lenkt mich mehr ab. Ich schaue nicht einmal mehr aus dem Fenster und auf das, was sich da draußen abspielt. Ich habe nur noch einen Blick für die Biochemie. Und so geht es vier Stunden ununterbrochen weiter. Ich vergesse die Wiese, andere Studenten, iPads, den Laptop, Kaffee, Pausen …

Ich gehe dann aber doch in die Mensa. Ich weiß nicht, welches Gericht ich wählen soll. Aber ich habe eigentlich auch keinen Appetit. Abends auf dem Nachhauseweg hole ich mir Geld aus einem Geldautomaten. Morgen muss eingekauft werden. Ich bin genervt, dass der Automat so langsam ist und trete dagegen. Das habe ich noch nie gemacht.

Irgendwie habe ich aber doch das Gefühl, etwas zu tun, was nicht ganz in Ordnung ist. Ich beichte meiner Freundin, dass ich Ritalin® nehme und was dabei mit mir geschieht. Statt der erwarteten Vorwürfe fragt sie, ob ich ihr etwas abgebe, sie habe schließlich in der kommenden Woche eine schwere Zwischenprüfung. Sie studiert BWL. Ich gebe ihr nichts ab, schließlich müssen meine Pillen bis zur Klausur reichen.

Meine Bedenken sind immer noch nicht ganz verschwunden. Ich lege pillenfreie Tage ein. Diese Tage sind alles andere als erfreulich. Ich bin kaum leistungsfähig. Schon das Lesen einer einzigen Seite ist fast nicht zu bewältigen. Die pillenfreien Tage werden abgesetzt.

Der Klausurtermin rückt näher. Ich will nichts falsch machen und meine Wiederholungsklausur nicht gefährden. Ich frage deshalb beim Studiendekanat der Medizinischen Fakultät nach, ob Ritalin® gegen die Prüfungsordnung verstoße. Ich erhalte folgende beruhigende Information: Wenn derjenige, der sich mit Ritalin® dopt, nicht auffällig wird, kann er die Klausur schreiben. Wenn er aber andere durch sein Verhalten stört und deren Klausur gefährdet, muss er von der Klausur ausgeschlossen werden.[128]

Am Tage meiner Klausur gehe ich in den Prüfungsraum, setzte mich und will ganz offen dopen. Ich habe ja die offizielle Erlaubnis von der Medizinischen Fakultät bekommen. Die orangefarbene Pappschachtel liegt vor mir auf dem Tisch: Ritalin® 10 mg.

Bei der Tour de France würde ich jetzt auf der Stelle verhaftet. In der anschließenden Pressekonferenz würde ich dann von böswilligen Unterstellungen sprechen und davon, dass mir jemand in krimineller Absicht die Packung Ritalin® auf dem Tisch platziert hätte oder, noch besser, dass es sich hier um ein leicht aufzuklärendes Missverständnis handle, da ich krank (ADHS) bin und mich nur der notwendigen Behandlung unterziehe.

Wie auch immer: Bei der Tour de France wäre ich verhaftet worden, bei der Biochemieklausur meines Medizinstudiums aber darf ich das. Ich schlucke also eine Pille und mache fleißig meine Kreuzchen, ohne aufzublicken. Nichts sonst existiert um mich herum außer der Klausur und den Kreuzchen. Ich schaffe 70 % richtige Kreuzchen. Richtig freuen kann ich mich aber nicht, denn das war meine vorläufig letzte Pille. Danach bin ich nicht nur zu gar nichts mehr in der Lage, noch nicht mal zu dem analphabetischen Minimalprogramm irgendwelcher Kreuzchen, sondern habe auch noch ausgesprochen schlechte Laune.«

Wer bin ich? Wie ist die Stimmung? Die Ich-AG und der Geschäftsklimaindex – eine Selbsterkundung

Seit 1991 kürt die Gesellschaft für Deutsche Sprache in jedem Jahr das Unwort des Jahres. Die Auswahl ist moralisch und kritisch motiviert. Unschöne und unerwünschte Wörter unseres Sprachgebrauchs sollen identifiziert werden, Formulierungen, die sachlich grob unangemessen sind oder die Menschenwürde verletzen, sollen gebrandmarkt werden. Unwörter der vergangenen Jahre waren etwa: alternativlos (2010), notleidende Banken (2008) und Humankapital (2004).

Bei aller vielleicht berechtigten ästhetischen oder moralischen Kritik an den Unwörtern der vergangenen Jahre – sie geben gesellschaftlichen Stimmungen, Vorstellungen und Überzeugungen einen Namen. Die Unwörter sind Begriffe, die das Begreifen erleichtern. Will man sich ein Bild unserer gesellschaftlichen Verfassung machen, kommt man um die Unwörter nicht mehr herum.

2002 wurde die Ich-AG zum Unwort des Jahres gewählt. Eine gute Wahl! Sie bringt aktuelle Stimmungen und Vorstellungen präzise auf den Punkt:

»Das Verständnis der eigenen Person als Aktiengesellschaft. Der Begriff bezeichnet den entscheidenden sozialen Wandel zur Jahrtausendwende. Menschen sehen sich verstärkt als Lebensunternehmer, die Eigenverantwortung statt Fremdverantwortung wählen. Diese Entwicklung geht mit dem ökonomisch erzwungenen Rückzug des Staates aus einem flächendeckenden Sicherheitsnetz einher. Weiterhin befördert die Transformation der Arbeitskultur [...] das Selbstverständnis als Ich-AG. Dazu gehört vor allem, [...] permanent am Kurswert der eigenen Person zu arbeiten.«[129]

Zum ökonomischen und gesellschaftlichen Selbstverständnis gehört aber auch der sogenannte Geschäftsklimaindex. Er wird monatlich vom Institut für Wirtschaftsforschung (ifo) erstellt und soll Stimmungen und Geschäftserwartungen ermitteln. Ist die Stimmung gut, gilt das als verlässliches Zeichen dafür, dass es auch mit den Geschäften gutgehen kann. Ist die Stimmung dreimal hintereinander gut, wird alles (wieder) gut.

Die Herausforderung besteht darin, den (Geschäfts-)Erfolg zu sichern und gute Stimmung zu erzeugen. Einerseits sind deshalb Maßnahmen notwendig, die das Scheitern verhindern und den Erfolg sicherstellen, und andererseits braucht es Maßnahmen, um im Fall des Scheiterns trotzdem gute Stimmung zu erzeugen und sicherzustellen.

Moderne Menschen, die sich selbst als Ich-AG begreifen, können nun mit der Eingriffstechnik des chemischen Dopings selbst Hand an sich anlegen, um optimal aufgestellt zu sein: Doping, um nicht zu scheitern und daher erst gar keine miese Laune haben zu müssen. Doping, nachdem man doch gescheitert ist, um die miese Laune wieder zu vertreiben.

Diese Art von Selbststeuerung und Selbstoptimierung zielt auf das, was wir für unser Steuerungsorgan halten: unser Gehirn. Eine Bereicherung dessen, was wir schon länger auch ohne Chemie versucht haben. Die sogenannte Selbstmanagementliteratur ist voll davon. So will das gut verkäufliche Produkt des »Neurolinguistischen Programmierens« etwa anleiten, »sein Gehirn bedarfsgerecht zu benutzen«[130]. Der Geschäftserfolg der Ich-AG ist eine Produktionsaufgabe. Allerdings sind der Produzent und das Produkt identisch. Man ist nun gleichzeitig Regisseur, Produzent, Hauptdarsteller und Zuschauer seines eigenen Erfolgsfilms. Man praktiziert ein Joint Venture mit sich selbst.

Das kann Probleme machen: »Würdest du eigentlich mit dir selbst ein Joint Venture gründen? Ein Huhn schlägt einem Schwein ein Joint Venture vor. Das Schwein fragt das Huhn, was sie denn gemeinsam produzieren wollen. Das Huhn antwortet: ham and eggs. Vom Markt beeindruckt, verfällt das Schwein in ein langes Nachdenken. Bis es schließlich einen wichtigen Gedanken fasst: Aber das würde ja bedeuten, dass ich geschlachtet werde, und dir geht es besser als je zuvor! Das Huhn erwidert ungerührt, was meinst du denn, worin der Sinn eines Joint Venture besteht? Du gehst Joint Ventures natürlich nur als Huhn ein, aber wenn du mit dir selbst ein Joint Venture vereinbarst, dann bist du das Schwein ... Für das Joint Venture mit dir selbst solltest du ein Managementsystem wählen, welches voraussetzt, dass du dich nicht über jede einzelne operative Maßnahme mit dir einigen musst. Du willst kurze Entscheidungswege und kurze Entscheidungszeiten. Es ist besser, wenn weder du noch du, wenn sich keiner von euch beiden in das operative Geschäft einmischt.«[131]

Das Leben? Alles eine Frage der Ökonomie!

Das eigene Leben eine Ich-AG, die eigene Stimmung ein Geschäftsklimaindex – das sind keine Erfindungen von Sprachverwirrten, sondern weitverbreitete und angesehene Vorstellungen, abgesegnet mit der höchsten Ehrung, dem Nobelpreis. 1992 wird Gary Becker, Professor für Ökonomie und Soziologie an der Universität von Chicago, der Nobelpreis für Ökonomie verliehen. Ausdrücklich dafür, dass er das ökonomische Instrumentarium zur Analyse menschlichen Verhaltens über den begrenzten Bereich der Wirtschaft hinaus erweitert hat. Er fühlt sich als Ökonom berechtigt, nicht nur über die Produktion und den Verkauf von Autos, sondern auch über Familie, Schuld, Liebe – also über all das, was das Leben auch oder vor allem ausmacht – zu sprechen und darüber seine Werturteile abzugeben. Entscheidungen für oder gegen eine Ehe, für oder gegen Kinder, für oder gegen eine bestimmte Umgangsweise mit den Kindern und mit sich selbst werden bei ihm zu einer Frage der Ökonomie und der Nutzenmaximierung. Ehen und Kinder sind Kostenfaktoren, die berücksichtigt werden wollen, um das Lebensunternehmen weiterhin profitabel zu halten. Auch die »Qualität« der Kinder ist ein wichtiger Kostenfaktor: »Eine Familie muss nicht nur die Anzahl der Kinder bestimmen, sondern auch, wie viel sie für sie aufwenden will […] Ich werde teurere Kinder als Kinder ›höherer Qualität‹ bezeichnen, in der gleichen Weise wie Cadillacs Wagen von höherer Qualität sind als Chevrolets.«[132]

Ein Mensch, welche Rolle er auch immer gerade hat, ist ein Unternehmen, dessen Bestand durch unternehmerisch kluge Entscheidungen zu sichern ist, besser: das expandieren soll. Insofern erfordern die Gesetze des Marktes, dass der Ich-AG-Mensch zum Geschäftserfolg und zur Erhaltung oder Wiederherstellung eines guten Geschäftsklimas sein Wissen und seine Kompetenzen, sein äußeres und inneres Erscheinungsbild, seine Gesundheit, sein Ansehen, seine Arbeitsmotivation, seine persönlichen Vorlieben und seine gute Stimmung als eine knappe Ressource zu betrachten hat, die notwendigerweise aufzubauen, zu erhalten und zu vergrößern ist. Entsprechende Investitionen sind notwendig.

Die Ich-AG ist ein Produktions-Unternehmen, das optimal gemanagt sein will. Der ökonomische Mensch ist ein Produktionsmittel, eine Kompetenzmaschine, die von demselben Menschen optimal entwickelt, gewartet und immer wieder nachoptimiert werden muss, will sie auf dem Markt der Konkurrenzunternehmen bestehen. Die Anforderungen an die Autonomie der Unternehmensentscheidungen sind gewaltig. Das Risiko des unternehmerischen Scheiterns ist immer gegenwärtig. Die Bedrohung der Insolvenz nie gebannt. Die Insolvenz, der Todesfall des Unternehmens, ist dann, wenn man der Unternehmer seines Lebens ist, sogar der individuelle Tod. Das erklärt uns auch eindringlich unser Universalökonom Becker: »Entsprechend dem ökonomischen Ansatz sind [...] die meisten (wenn nicht alle) Todesfälle bis zu einem gewissen Grade ›Selbstmorde‹, in dem Sinne, dass man sie hätte hinausschieben können, wenn man mehr Ressourcen in die Lebensverlängerung investiert hätte.«[133]

Es steht viel auf dem Spiel. Man ist für alles verantwortlich. Man ist selbst schuld, wenn die Ich-AG Schaden nimmt und sich der Geschäftsklimaindex eintrübt.

Was ist zu tun?

Dem Terror des Sollens kann auf verschiedenen Ebenen nachgekommen werden: Äußerlich durch die Optimierung des Körpers, innerlich durch entsprechendes Doping der Leistungsfähigkeit und moralisch durch die Steigerung von guter Laune.

Die funktionierende Kompetenzmaschine, das individuelle Humankapital, muss funktionsfähig gemacht und funktionsfähig erhalten werden, in Fitnessstudios, Kosmetiksalons und Beauty-Farmen, mit Hilfe von Coachinginstituten und Kliniken für plastische Chirurgie. Es bedarf ausdauernder Anstrengung, um nicht im Marktabseits zu verschwinden. Dort, wo der ökonomische Tod zu Hause ist. Schafft man es trotz all dieser Anstrengungen nicht, wird man die Schuld dafür auf sich nehmen müssen. Schließlich hätte man es doch schaffen können mit noch mehr Coaching und Motivationsseminaren und mit der entsprechenden zur Verfügung stehenden Chemie: Wozu gibt es schließlich Botox®, Viagra®, Ritalin® und Antidepressiva? Sie sind die chemischen Heilsversprechungen für Körper, Geist und gute Laune und die Maßnahmen gegen das Scheitern und das Altern.

Sie helfen uns, Überflüssiges, weil unökonomisch, zu unterlassen: das wegzulassen, was für den Erfolg unseres Geschäftsmodells nur hinderlich ist:

- Botox® lähmt die Gesichtsmuskulatur und reduziert drastisch die Möglichkeiten menschlicher Mimik. Es erspart dem gelähmten Verbraucher/Produzenten, sorgenvoll die Stirn zu runzeln oder die Mundwinkel verzweifelt und traurig nach unten zu ziehen: »Das sanfte Geheimnis ewiger Jugend … man sieht ausgeruht aus.«[134]
- Viagra® reduziert die Möglichkeiten des Rückzugs und der Verweigerung und erspart die Rechtfertigung von beidem vor anderen und vor sich selbst.
- Ritalin® lähmt die zu weit gespannte Aufmerksamkeit und reduziert drastisch die Möglichkeiten der Ablenkung. Es erspart uns die Anstrengung, uns für etwas aus der Vielfalt der Möglichkeiten zu entscheiden.
- Antidepressiva reduzieren, wenn sie es denn überhaupt tun, was nicht gesichert ist, die Möglichkeiten der Verzweiflung und des Trauerns. Sie entlasten von der Anstrengung, dem Scheitern ins Auge zu schauen oder sich von lieb Gewonnenem zu trennen.

Die technische Sicherstellung der konkurrenzfähigen Ich-AG gibt den Neurotechnologien und dem Hirndoping ihre Rechtfertigung.

Die Chemieindustrie (Ein Bericht)

»Ich bin 48 Jahre alt, Chemieingenieur und Abteilungsleiter eines Chemieunternehmens, in dem ich seit 15 Jahren tätig bin.[135] Meine Abteilung ist für die Qualitätskontrolle verantwortlich. Ich habe 21 Mitarbeiter und drei Teamleiter, denen jeweils 7 Mitarbeiter unterstehen.

Seit Monaten geht es mir schlecht und immer schlechter. Ich schleppe mich oft nur noch widerwillig zur Arbeit. Aber auch meine Freizeit, Feierabend und Wochenende, kann ich kaum genießen. Gelegentlich habe ich schon daran gedacht, mir einen anderen Job zu suchen, in einem anderen Unternehmen, oder an eine freiberufliche Tätigkeit als Berater. Mit meiner Frau will ich darüber nicht sprechen. Sie ist mit der Pflege ihrer kranken Mutter beschäftigt und hart an der Grenze ihrer Belastbarkeit. Sie ist Lehrerin, liebt aber ihren Beruf, so mein Eindruck, schon lange nicht mehr. Unser Sohn studiert Wirtschaftsinformatik und tut sich dabei auch nicht leicht.

Ich habe meine Rolle bisher immer so verstanden, dass ich der feste Fels in der Brandung bin, eine sichere Bezugsgröße für meine Familie, sowohl psychisch als auch finanziell. Ich war bisher mit dieser Rolle ganz einverstanden. Auch in meiner Abteilung sah ich mich so. Nun hat vor eineinhalb Jahren eine Mitarbeiterbefragung in unserem Unternehmen stattgefunden. Das Ergebnis war, was meine Person betraf, nicht so günstig, wie ich es erwartet hatte. Vor einem halben Jahr dann eine zweite Mitarbeiterbefragung. Diese fiel für mich noch ungünstiger aus. Ich wurde deshalb wiederholt von meinem Bereichsleiter – er ist zehn

Jahre jünger als ich – zu Mitarbeitergesprächen vorgeladen. Er hat mich nachdrücklich auf die schlechten Ergebnisse der Mitarbeiterbefragungen hingewiesen: ›Daran müssen Sie arbeiten. Das muss besser werden!‹ In einem halben Jahr soll die nächste Befragung stattfinden. Die Gespräche mit meinem Bereichsleiter sind für mich ein Horror. Ich merke, wie mir die Kontrolle über mich entgleitet. Ich bin nervös, fahrig und habe das Gefühl, ihm und der ganzen Situation schutzlos ausgeliefert zu sein.

In den Meetings mit meinen Mitarbeitern und meinen Teamleitern passiert Ähnliches, wenn auch nicht so massiv. Dabei mache ich nur meinen Job, und den versuche ich natürlich gut zu machen. In der Qualitätskontrolle bin ich nun mal dafür verantwortlich, Fehler aufzuspüren und zu beseitigen. Wir sind für die Fehler verantwortlich und nicht für das, was in Ordnung ist. Ich habe jeden meiner Mitarbeiter in Verdacht, mich negativ zu beurteilen. Also versuche ich, alles noch besser zu machen und meinen Job noch sorgfältiger zu erledigen. Obwohl das doch unsere Aufgabe ist, habe ich immer mehr den Eindruck, gerade das missfällt meinen Mitarbeitern.

Ich habe das Gefühl, meine Würde, mein Gesicht und meinen Glauben an mich selbst verloren zu haben, weiß aber nicht, wie ich all das wiederfinden soll. An die nächste Mitarbeiterbefragung darf ich gar nicht denken. Alle diese schlechten Gedanken und miesen Gefühle nehme ich aus dem Büro mit nach Hause. Ich habe seit Monaten nicht mehr durchgeschlafen. Morgens um 4.00 Uhr oder 4.30 Uhr wache ich auf, bin sofort hellwach und grüble darüber nach, wie das noch werden soll, was ich tun kann, um da rauszukommen. Ich komme aber auf keinen grünen Zweig.

Mit einem meiner Teamleiter habe ich kürzlich ein längeres Gespräch unter vier Augen geführt. Ich habe versucht, deutlich zu machen, was ich von unserer Abteilung und auch von seinem Team erwarte, wo es schlecht läuft und wo es Verbesserungsbedarf gibt. Das Ergebnis: Nach dem Gespräch ging es mir schlechter als vorher. Ich hatte das Gefühl, meine Führungsrolle wird nicht mehr akzeptiert, obwohl ich versucht habe, unsere Aufgaben nochmals klar und deutlich darzustellen. Ich weiß nicht mehr, wie ich um Akzeptanz kämpfen kann.

Ich habe schon vor Monaten meinen Hausarzt wegen der Schlafprobleme aufgesucht. Von meiner Situation im Unternehmen habe ich nichts erzählt. Er würde das ohnehin nicht verstehen, ich würde nur blöd dastehen. Er meinte, ich hätte alle Anzeichen einer Depression und verschrieb mir ein Antidepressivum, das ich nun schon über viele Wochen einnehme.

Ich habe das Gefühl, dass ich die Situation am Arbeitsplatz inzwischen etwas besser aushalte. Ich bin nicht mehr so dünnhäutig, irgendwie nicht ganz anwesend bei Meetings und Besprechungen. Meine Würde, so mein Eindruck, habe ich immer noch nicht wieder gefunden, aber es macht mir etwas weniger aus. Meine Gedanken an einen Jobwechsel habe ich aufgegeben. Ich versuche hier durchzuhalten und hoffe, dass alles wieder so wird, wie es war.«

Neurotechnologischer Fortschritt?

Worte und Bezeichnungen sind nicht so unschuldig, wie sie oft erscheinen mögen oder erscheinen sollen. Sie decken auf, wie wir denken, wie wir fühlen und in welcher Stimmung wir sind. Das gilt auch für angeblich sachliche Begriffe, wie die Naturwissenschaften sie prägen.

Wenn ich von Hirndoping spreche, habe ich nicht die Illusion, eine unschuldige Bezeichnung zu verwenden, die stimmungsneutral gelesen werden wird. Eine alternative Bezeichnung wäre der Begriff Neurotechnologie.

Der Begriff Technologie bezieht sich auf eine Gesamtheit von Verfahren zur Produktion von Waren und Dienstleistungen, eine Methode, die eingesetzt wird, um ein bestimmtes Ergebnis zu erreichen. Meist ist dann auch der technische Fortschritt nicht weit.

Inzwischen ist der technische Fortschritt so weit fortgeschritten, dass der moderne Mensch nicht nur die ihn umgebende Natur, sondern mehr und mehr auch sich selbst technisch »behandeln« kann. Man kann sich selbst zum Gegenstand machen oder wird zum Gegenstand fortschrittlicher Entwicklung gemacht. Dort ist es denn auch, wo die Neurotechnologien ihre Anwendung finden: am und im Menschen. Es geht also nicht mehr allein um Technologisierung, sondern um *Selbst*technologisierung.

Im engeren Sinne spricht man von Neurotechnologien, wenn es um technische Eingriffe in das Gehirn von Menschen geht mit dem Ziel, die Funktionen des Gehirns zu verändern. Zu den frühen Neurotechnologien und Pionierleistungen auf diesem Gebiet gehört die Lobotomie.[136] Dabei werden operativ Teile des Gehirns durchtrennt. Neuere Verfahren sind etwa die transkranielle Magnetstimulation[137], die chemische Intervention oder auch die tiefe Hirnstimulation (DBS=Deep Brain Stimulation).

Bei der tiefen Hirnstimulation werden Elektroden ins Gehirn geschoben, um über einen Sensor von außen bestimmte Regionen im Gehirn zu stimulieren oder zu hemmen. Das Verfahren, das unter der Bezeichnung »Hirnschrittmacher« eine gewisse Popularität erreicht hat, wird bei Bewegungsstörungen, etwa beim Morbus Parkinson, inzwischen aber auch bei zwanghaften Impulsen und Depressionen eingesetzt. Einer gelungenen Operation können jedoch vorübergehende oder länger andauernde Sprachstörungen, inadäquat gehobene Stimmung, abnorme Antriebssteigerung, materielles Verschwendungsverhalten (etwa unvernünftige Finanztransaktionen) und eine starke Einschränkung der persönlichen Leistungsfähigkeit folgen.[138] Manche Patienten werden aber auch trotz Besserung der motorischen Störungen und trotz des Ziels einer Unterdrückung depressiver Gefühle nach der tiefen Hirnstimulation depressiv.

Ein Parkinson-Patient hat seine Erfahrungen mit dem Hirnschrittmacher beschrieben:[139]

Wegen der Nebenwirkungen, besonders der auftretenden Sprachprobleme, entschied er sich, den Schrittmacher zeitweise über eine Fernbedienung auszuschalten und damit auf die technische Beherrschung eines Teils seines Gehirns zu verzichten. »In derselben Sekunde kehrte meine Stimme zurück, sonor, wohlartikuliert, nur ein wenig heiser. Interessant war, dass nicht nur das Sprechen im technischen Sinne wieder sofort funktionierte, sondern auch meine Verstandestätigkeit und die kognitiven Funktionen – im buchstäblichen Sinne – wieder angeknipst waren [...] mein Hirn arbeitete.«[140] Das Ausschalten brachte dem Patienten noch etwas anderes: »Die Möglichkeit, die Fernsteuerung meines Schrittmachers durch die Bedienung eines Knopfes für eine Zeit abzustellen, in der ich so klar und prägnant reden konnte wie früher, sicherte mir das Verbleiben im Beruf und gab mir meinen Stolz und meine professionelle Autorität zurück.«[141]

Das Ausschalten des Hirnschrittmachers ermöglichte ihm, wenigstens vorübergehend die Autorität über sein Leben wieder zu übernehmen.

Ebenso wie das Ausschalten hinterlässt das Anschalten des Geräts einen tiefen und ambivalenten Eindruck: »Faszinierend wie erschreckend war vor allem, dass die Depression von mir abfiel, so als sei ein eisernes Band um meine Seele gesprungen. Faszinierend war die Leichtigkeit dieses Vorganges. Ein Knopfdruck, bestätigt durch ein kaum hörbares digitales Piepsen, unterstützt von einer winzigen Leuchtdiode, öffnete schlagartig den mir verhangenen

Himmel. Freunde, die ich anrief, meinten, ich wäre frisch verliebt, so fröhlich muss ich geklungen haben.«[142]

Erschreckend hingegen das Gefühl einer Entwertung eigener Anstrengungen: »Erschreckend und irgendwie demütigend war die Banalität dieses Vorganges. In den zahllosen traurigen Geschichten, die mir in diesem Jahr durch den Kopf gegangen waren, hatte ich das Gewicht der Welt gespürt. Dies einfach per Knopfdruck wegzudrücken, erschien mir geradezu frivol«[143], und »dass man durch einen Knopfdruck um die Früchte einer schweren Trauerarbeit gebracht wird«.[144] Das Resümee des Autors: »Die moderne Medizin wird uns bei der Suche nach dem verlorenen Glück nicht helfen können.«[145]

Hirndoping: Der chemische Eingriff

Der verbreitetste und anwendungsfreundlichste Bereich der Neurotechnologien ist der chemische Eingriff zur Veränderung der Gehirnfunktionen. Allein schon die Zahlen beeindrucken:

- In den USA ist angeblich jeder vierte Student, aber auch jeder fünfte Professor auf Ritalin®.[146]
- Rund 2 Millionen Bundesbürger dopen sich am Arbeitsplatz mit leistungsfördernden chemischen Substanzen.[147]
- Die Verordnungen von Ritalin® in Deutschland sind in zehn Jahren um mehr als das Zehnfache gestiegen, nämlich von 5 000 000 Tagesdosen im Jahre 1998 auf 53 000 000 Tagesdosen im Jahr 2008.[148]
- In den USA wurden im Jahre 2000 für Antidepressiva 13,1 Milliarden Dollar ausgeben, im Jahr 2007 waren es 18 Milliarden und 2010 sollen es schon 26 Milliarden Dollar gewesen sein. 227 Millionen Rezepte wurden 2006 dort für Antidepressiva ausgestellt.[149]

- In Deutschland sind die Verordnungen von Antidepressiva in den letzten zehn Jahren um das Siebenfache gestiegen: 1998: 59 000 000 Tagesdosen, 2008: 426 000 000 Tagesdosen.[150]
- Der Markt für Hirndoping expandiert weiter, die Wünsche nach chemischer Mobilmachung sind ungebrochen: Der Gesundheitsreport der Deutschen Angestelltenkrankenkasse (DAK) berichtet über eine Befragung unter ihren Versicherten, wonach 25 % angeben, dass der Wunsch, Gedächtnis und Konzentration im Beruf zu steigern, ein vertretbarer Grund für eine Medikamenteneinnahme sei. 13 % meinen, der Wunsch nach Beseitigung von Müdigkeit berechtige zur Medikamenteneinnahme, und 8 % halten Medikamente für sinnvoll, um unter Termindruck länger arbeiten und bei einem schnelleren und hektischeren Arbeitstempo noch mithalten zu können.

Neurodoping: Was wird angeboten?

Es lassen sich zwei Hauptgruppen[151] unterscheiden: Leistungssteigernde und stimmungsaufhellende Medikamente.

Zu den Substanzen, von denen Leistungssteigerung erwartet wird, gehören vor allem Amphetamine, chemische Substanzen, die mit Amphetaminen verwandt sind oder amphetaminähnliche Wirkungen haben. Die beiden bekanntesten und am häufigsten eingesetzten Mittel sind:

- *Methylphenidat (Ritalin®)*: Methylphenidat wurde schon 1944 von Leandro Panizzo synthetisch hergestellt und 1954 unter dem Namen Ritalin® in den Handel gebracht. Den Handelsnamen verdankt Methylphenidat der Frau des Erfinders: Rita. Sie benutzte Methylphenidat im Selbstversuch wohl auch als Erste schon als

Doping. Sie steigerte unter Ritalin® ihre Leistung im Tennisspiel. Nachdem Methylphenidat zunächst rezeptfrei erhältlich war, unterliegt es seit 1971 dem Betäubungsmittelgesetz. Seinen medizinisch begründeten Absatzmarkt hatte Ritalin® zunächst für Kinder, bei denen ein sogenanntes Aufmerksamkeitsdefizit-Hyperaktivitäts-Syndrom (ADHS) diagnostiziert wurde. Methylphenidat steigert die Wachheit, verbessert die Aufmerksamkeit und verkürzt die Reaktionszeit. Es verbessert nicht die Stimmung oder die Gedächtnisleistung.

- *Modafinil (Vigil®)*: Die genauen chemischen Wirkmechanismen sind nicht bekannt. Modafinil wird eine wachmachende Wirkung zugeschrieben. In Studien zeigen sich leichte Verbesserungen von Wachheit und Aufmerksamkeit. Bei starker Leistungseinschränkung durch Schlafdefizit und Müdigkeit kann Modafinil die negativen Wirkungen aufheben.

Zu den Substanzen, von denen erwartet wird, dass sie miese Stimmung vertreiben, gehören die verschiedenen unter dem Sammeletikett Antidepressiva zusammengefassten Substanzen oder solche, die als sogenannte Stimmungsaufheller gelten. Antidepressiva sind seit den 1950er Jahren auf dem Markt und werden nicht, wie der Name nahe legt, nur bei Depressionen eingesetzt. Sie haben sich inzwischen ein weites Anwendungsfeld erobert, so unter anderem bei Ängsten, Panik, Zwängen und Schlafstörungen. Zu den verbreiteten älteren Antidepressiva zählen Saroten® und Ludiomil®, die immer noch in Gebrauch sind. Inzwischen sind neue Antidepressiva hinzugekommen. Die bekanntesten sind die Serotonin-Wiederaufnahmehemmer. Zu diesen gehört das in den USA berühmt gewordene Präparat Prozac®. Bei Menschen, die nicht depressiv sind, verbessert keiner dieser chemischen Substanzen die Stimmung, doch kommt es zur Verschlechterung der Schlafqualität;

Wachheit und Aufmerksamkeit können abnehmen, und die Reaktionszeit kann sich verlängern.

Nicht viel besser sieht es allerdings mit der Wirkung von Antidepressiva bei Menschen aus, die als depressiv diagnostiziert werden. Die erwarteten Effekte der Antidepressiva sind häufig nicht sehr viel stärker als die von Zuckerpillen (Placebo).[152] Nur die Nebenwirkungen sind natürlich sehr wohl stärker als die von Zuckerpillen.

Neurodoping: Wie sieht das Marketing aus?

Hinzu kommt eine merkwürdige Situation in der Arzneimittelforschung:[153] Die überwiegende Zahl der Arzneimittelstudien zu Antidepressiva wird von den am Verkauf von Antidepressiva beteiligten und natürlich interessierten Pharmafirmen finanziert. Inzwischen liegen mehrere nicht von der Pharmaindustrie finanzierte Studien vor, die zeigen, dass für die jeweils untersuchte (hauseigene) Substanz häufiger positive Ergebnisse erbracht werden als in anderweitig finanzierten Studien. Dadurch wird nicht nur das eigene Produkt in ein möglichst günstiges Licht gerückt, sondern es werden auch Ärzte und Patienten über die Wirkungen oder eben auch nicht vorhandenen Wirkungen ihrer Produkte im Unklaren gelassen. Ärztliche Behandlungsentscheidungen werden dadurch beeinflusst und Patienten sogar gefährdet. Pharmafirmen stellen sich so die Evidenz her, die sie für ihr Marketing und den Verkauf ihrer eigenen chemischen Produkte brauchen. Genauso absurd wäre es, wenn bei einer Eiskunstlaufweltmeisterschaft die Sportler selbst bestimmen könnten, welche Bewertungen sie für ihre Darbietung bekommen. Nur geht es nicht um Eiskunstlauf, um Pirouetten, Rittberger, Lutz und Axel, sondern um Chemie, Wirkungen, Nebenwirkungen, Millionen von Menschen und Milliardenumsätze.

Reboxetin oder wie der Deal abgewickelt wird

Dies ist die Geschichte der Substanz Reboxetin, die unter dem Handelsnamen Edronax® von der Firma Pfizer verkauft wird. Reboxetin wird als Antidepressivum gehandelt, als sogenannter selektiver Noradrenalin-Wiederaufnahmehemmer, aber außerdem bei Panikstörungen, bei Angst und Konzentrationsstörungen eingesetzt. In den USA ist Reboxetin aufgrund von Studien, die zu negativen Erkenntnissen kamen, nicht zugelassen.

Anfang 2002 stieß das »Institut für Qualität und Wirtschaftlichkeit im Gesundheitswesen« (IQWiG) im Auftrag des Gemeinsamen Bundesausschusses (G-BA) bei den Recherchen zu Reboxetin auf bisher nicht veröffentlichte Studien. Reboxetin war in wenigstens 16 Studien mit 4600 Teilnehmern untersucht worden. Veröffentlicht waren aber nur Ergebnisse zu 1600 Patienten. Nach massivem öffentlichem Druck gab der Hersteller Pfizer die fehlenden Daten heraus. Die Daten von 3033 Patienten (74 % aller untersuchten Patienten) waren unter Verschluss gehalten worden. Ergebnis: Von der früher angenommenen positiven Wirkung von Reboxetin blieb nichts mehr übrig. Auch potentielle Nebenwirkungen wurden durch die selektive Publikation unterschätzt. Der G-BA schloss im September 2010 Reboxetin von der Erstattungsfähigkeit der gesetzlichen Krankenkassen aus.

Aber: Der Deal geht weiter!

Die Firma Pfizer blieb nicht untätig. Sie ist (verständlicherweise!) weiterhin bestrebt, Ärzten und Patienten Reboxetin für bestimmte Situationen als erstattungsfähige Behandlungsoption zu erhalten. Begründung: Für einen kleinen Kreis von Menschen, die an einer Depression leiden, stelle Reboxetin eine wirkungsvolle Behandlungsoption durch den betreuenden Arzt dar; die Behandlung von

Depressionen sei komplex, das Krankheitsbild vielschichtig und erfordere daher oftmals exakt auf den Einzelfall abgestimmte Therapievarianten und -kombinationen. Pfizer hat diese Begründung im März 2010 dem Gemeinsamen Bundesausschuss so dargelegt. Ergebnis: Der Gemeinsame Bundesausschuss kommt zu dem Schluss, obwohl er Reboxetin von der Erstattungsfähigkeit der gesetzlichen Krankenkassen ausgeschlossen hat, Reboxetin in medizinisch gut begründeten Einzelfällen zur Verordnung zu Lasten der GKV zuzulassen.

Wer schützt uns eigentlich vor diesen Verbraucherschützern?

Der Gemeinsame Bundesausschuss (G-BA) ist das oberste Beschlussgremium der gemeinsamen Selbstverwaltung der Ärzte, Zahnärzte, Psychotherapeuten, Krankenhäuser und Krankenkassen in Deutschland. Er bestimmt in Form von Richtlinien den Leistungskatalog der Gesetzlichen Krankenversicherung (GKV) für mehr als 70 Millionen Versicherte und legt damit fest, welche Leistungen der medizinischen Versorgung von der GKV erstattet werden. Darüber hinaus beschließt der G-BA Maßnahmen der Qualitätssicherung für den ambulanten und stationären Bereich des Gesundheitswesens. [154]

Neuro-Enhancement oder Hirndoping?

Der Begriff des Enhancements zielt auf eine harmlos klingende Verbesserung und Weiterentwicklung von etwas Vorhandenem ab, lässt aber weitgehend offen, was dort an Vorhandenem verbessert oder weiterentwickelt wird (*to enhance* = anreichern, aufwerten, steigern, verbessern, weiterentwickeln; *enhancement* = Anreicherung, Erweiterung, Steigerung, Verbesserung).

Der Begriff des Dopings dagegen wird im Sport benutzt

und hat dort eine weniger offene Bedeutung. Das Wort »Doping« stammt ebenfalls aus dem Englischen und leitet sich von dem Verb *to dope* ab, was in etwa »Drogen verabreichen« oder »konsumieren« bedeutet. Es hat seinen Ursprung in Südafrika, wo es im Afrikaans zur Bezeichnung des Konsums von Getränken mit stimulierender Wirkung verwendet wird. In England wurde der Begriff zunächst für Aufputschmittel, die im Pferdesport Verwendung fanden, benutzt. Doping wird verstanden als der Versuch, eine Leistungssteigerung zu bewirken durch Einnahme körperfremder Substanzen, unerlaubter Wirkstoffe oder die Anwendung unerlaubter Methoden zur Leistungssteigerung. Die Welt-Anti-Doping-Agentur (WADA) führt eine ständig überarbeitete Liste verbotener Wirkstoffe und Substanzen. Auf der Verbotsliste finden sich auch Amphetamine, Methylphenidat und Modafinil.

Doping im Sport ist also untrennbar mit dem Unerlaubten und Verbotenen verknüpft. Gemeinsam ist dem Hirndoping und dem Sportdoping die Leistungssteigerung. Aber: Ritalin® und Vigil® sind nicht verboten, zumindest dann nicht, wenn man sich nicht gerade in einem sportlichen Wettkampf befindet.

Beim Hirndoping wird also nichts Verbotenes gemacht; allenfalls findet ein Missbrauch statt. Medikamente können missbraucht werden, wenn sie zweckentfremdet verwendet werden, also nicht für die zurzeit vorgesehene Behandlung von Menschen mit den dafür vorgesehenen Diagnosen. Medikamente für Gesunde sind ein Widerspruch in sich selbst. Aber genau das ist die Praxis des Hirndopings.

Hirndoping: Die Dealer meines Vertrauens

Der DAK Gesundheitsreport 2009 stellt fest: Für etwa die Hälfte der ärztlichen Verordnungen von Methylphenidat und Modafanil liegen keine bzw. medizinisch nicht nachvollziehbare Begründungen vor.[155]

Gemäß einer Umfrage des Wissenschaftsmagazins *Nature* haben von den Teilnehmern, die Neurodoping mit Methylphenidat, Modafinil oder Betablockern betrieben, 34 % diese Substanzen aus dem Internet bezogen, 14 % über Apotheken und 52 % von Ärzten. Auch diese Zahlen machen deutlich, dass die Verwendung des Begriffs Hirndoping für missbräuchlich verwendete chemische Substanzen angemessen ist.

Der Bezug und die Anwendung der Substanzen für das Hirndoping haben die Begrenzung auf die Behandlung medizinisch indizierter Zustände schon lange verlassen. Es geht beim Hirndoping nicht um die Behandlung von Krankheiten, sondern um die Leistungssteigerung von Gesunden. Im DAK Gesundheitsreport wird etwas verschämt von »zulassungsüberschreitenden Diagnosen« berichtet. Ein englischer Fachausdruck nennt das Dealen von Neurodope durch Ärzte »off-label-use«[156].

Hirndoping ist Teil einer Entwicklung, in der sich die unterscheidende Abgrenzung von Krankheit und Gesundheit auflöst und sich die Methoden, Ziele und Vorstellungen ärztlichen Handelns radikal verändern. Ärztliches Handeln verfolgt grundsätzlich die Heilung oder Linderung von Krankheiten sowie die Begleitung von Kranken. Inzwischen jedoch umfasst es immer mehr auch eine Lebensstilberatung. Die Optimierung, Steigerung und Wettbewerbsbefähigung von Gesunden ist zu einem wichtigen ärztlichen Betätigungsfeld geworden.

Es tun sich fast unendlich erweiterbare Märkte für den Absatz von Produkten zum Hirndoping auf. Ist die Grenze zwischen krank und gesund gefallen – und die Grenze ist schon durchlässiger, als uns manche Behauptungen glauben machen wollen –, ist der Markt für das Hirndoping bei jedem Mann und jeder Frau und natürlich besonders bei Kindern offen. Verständlich daher, dass dieser expandierende Zukunftsmarkt heiß umkämpft ist. Die Parole heißt: Neue Märkte erkennen! Neue Märkte erschließen! Wachstum generieren! Im Vergleich dazu ist der klassische Drogenhandel fast schon so etwas wie ein romantisches Überbleibsel aus dem Frühkapitalismus. Wir haben es mit einer modernen Neuroökonomie und einem Neurokapitalismus zu tun, der einerseits global operiert, expandiert und anderseits den modernen Menschen auf sein Gehirn und das chemische Milieu in seinen Synapsenspalten reduziert. Die Expansion ist sicher nicht auf eine Verschlechterung der Weltgesundheit zurückzuführen, sondern auf eine Veränderung der Definition von Gesundheit und auf die Verlockung, Gesundheit durch die entsprechenden Angebote des Hirndopings optimieren zu können. Die Angebote sind da oder in der Entwicklung. Jetzt braucht man nur noch die entsprechenden Abnehmer: gesunde Menschen, die zu noch größerer Gesundheit, zu noch höherer Leistungsfähigkeit und zu noch besserer Stimmung gedopt werden müssen. Volkswirtschaftlich wird das als »angebotsinduzierte Nachfrage« und »angebotsinduziertes Wachstum« bezeichnet.

Gleichzeitig wird eine alte Klamotte des gescheiterten sozialistischen Projekts wieder aus der Mottenkiste gezogen: der neue, weil verbesserte Mensch: »Wenn die Menschheit die Kontrolle über die anarchischen Kräfte ihrer eigenen Gesellschaft gewonnen hat, wird sie sich selber im Mörser und der Retorte des Chemikers zugänglich werden. Das erste Mal wird sich die Menschheit selber als Rohmaterial oder höchstens als physisch und psychisch halb fertiges Produkt ansehen.« So die weitsichtige Prognose Leo Trotzkis am 27. November 1932 in einer Rede vor Vertretern einer dänischen Studentenorganisation.[157]

Hirndoping im alltäglichen Wettkampf

Der unablässige Wettbewerb in allen Bereichen des Lebens unterwirft uns dem Diktat fortwährender Selbstoptimierung. Die Anforderungen sind vielfältig, die Messlatten werden immer höher gesetzt. Die Angst vor dem Scheitern wird immer größer, die Stimme der Ängstlichen immer kleinlauter, denn: Die Angst darf sich nicht äußern.

Die Aufforderungen kommen meist plump und wenig überzeugend daher. Sie schreiben schnelles Handeln und schnelle alternativlose Entscheidungen vor. Seltener holen sie weiter aus und versuchen Plausibilität und Fundiertheit vorzuführen. So wie etwa das dickleibige Werk des bestseller- und fernsehtauglichen Peter Sloterdijk. Der Titel tritt dem Leser gleichermaßen aufdringlich befehlend wie eindeutig überzeugt entgegen: »Du musst dein Leben ändern!«[158]

Sloterdijk will seinen Aufruf als Beitrag zur »Anthropotechnik« verstanden wissen, Verfahren, die zur Verbesserung des Menschen notwendig sind, um nach vorn und nach oben zu kommen. Der Autor ist sich am Ende seines Buches gewiss, dass »die Zeitgenossen sich früher oder später davon überzeugen, dass es kein Menschenrecht auf Nicht-Überforderung gibt«[159]. Stattdessen gebe es nur eine Richtung, nicht einfach nur zu leben, sondern sein Leben richtig zu führen: nach oben und nach vorn.

Die Selbstoptimierung der Ich-AG und die Optimierung von Unternehmen gleichen sich an. Hirndoping ist das Mittel, das in beiden Fällen seinen Zweck zu erfüllen verspricht.

In vielen Unternehmen und Organisationen ist Qualitätsmanagement zu einer Kurzformel für den permanenten Aufruf zur Selbstoptimierung geworden. Das Besondere und Neue: Die Norm ist nicht festgelegt. Norm ist die permanente Verbesserung, begleitet von einer Demokratisierung betrieblicher Führungsstile und der sogenannten partizipativen Führung. Es wird nicht mehr auf Anordnung und Befehl und Gehorsam gesetzt. Es wird an die Eigenverantwortlichkeit und die Selbstoptimierung der Mitarbeiter appelliert. Die Mitarbeiter sollen sich selbst führen und werden dabei »unterstützt« durch Mitarbeiterbefragungen oder 360°-Feedbacks. Mit Hilfe von Fragebögen werden Mitarbeiter durch eine Vielzahl von Personen in unterschiedlichster Hinsicht auf mehrstufigen Skalen bewertet. Die Bewertungen erfolgen anonym, und die Bewerteten erhalten ein individuelles Bewertungsprofil. Dieses zeigt den Verbesserungsbedarf auf. Der Erfolg der Bemühungen wird durch weitere Befragungen überprüft. Das Ergebnis ist in den meisten Fällen problematisch. Mitarbeiterbefragungen führen zu Selbsterfahrungserlebnissen, die im besten Falle noch mehr Optimierungsdruck erzeugen, oft jedoch lediglich Demütigung und Selbstzweifel. In beiden Fällen kann Hirndoping Hilfe und Unterstützung versprechen.

Die so Beobachteten sind mit diesem demokratischen Verfahren einer permanenten Kontrolle und einer Aufsicht durch alle ausgeliefert, die sie selbst zur Selbstbeobachtung und Selbstoptimierung zwingen. Man muss damit rechnen, unausweichlich immer und überall beobachtet zu werden. Dies setzt einen Selbstdisziplinierungs- und Selbstoptimierungsprozess in Gang, der nie an ein Ziel gelangt. Eine Infragestellung der Verfahren ist kaum möglich, da sie einen Wahrheits- und Objektivitätsmythos vorgaukeln, dem man sich nur schwer entziehen kann. Umso schwerer wiegen die dabei »ans Licht kommenden« Unzulänglichkeiten. Der Generalverdacht gegenüber der Selbstbewertung wird nie ausgeräumt. Man hat sich selbst zu misstrauen. Aber damit nicht genug!

Benchmarking und Hirndoping

Leistungsvergleiche und Leistungsbeurteilungen werden nicht nur innerhalb eines Unternehmens, einer Abteilung oder einer Institution durchgeführt, sondern auch im Abgleich mit anderen Unternehmen, Abteilungen und Mitarbeitern. Wir haben es dann mit dem sogenannten Benchmarking zu tun: »Unter Benchmarking wird ein kontinuierlicher Prozess verstanden, bei dem Produkte und Dienstleistungen der eigenen Unternehmung mit denen des stärksten Mitbewerbers gemessen und miteinander verglichen werden [...] Benchmarking ist also keineswegs eine einmalige Wettbewerbsanalyse bzw. Stärken-Schwächen-Analyse mit anschließendem Vergleich [...] Vielmehr ist Benchmarking ein kontinuierliches Verbesserungssystem, das direkt in die Unternehmung implementiert wird, [...] mit dem die Unternehmensziele und -aktivitäten im ständigen Vergleich [...] angepasst werden können. Benchmarking ist heutzutage wichtiger als je zuvor, denn von Tag zu Tag verschärfen sich diverse Marktbedingungen. Mit Hilfe von Benchmarking können Unternehmungen wettbewerbs- und überlebensfähig bleiben.«[160]

Maßstab für Qualität und Erfolg sind auch hier keine Normen, statistische Mittelwerte oder festen Soll-Werte. Beim Benchmarking – und hier liegt die Gemeinsamkeit mit dem Leistungssport deutlich vor Augen – geht es um die Jagd nach immer neuen Rekorden. »Nach dem Spiel ist vor dem Spiel« (Sepp Herberger). Zielgröße sind die

Besten, die es zu übertreffen gilt. Bescheidenheit ist nicht vorgesehen. Sie bedeutet Niederlage, gefährdet das Überleben und ist vielleicht sogar schon der Tod. Die so wertgeschätzten und oft beschworenen Win-Win-Situationen gibt es beim Benchmarking nicht. Nur einer kann der Beste sein. Wer es nicht ist, muss alles Erdenkliche tun, um es zu werden. Wenn er es dann ist, ist die Sache aber noch lange nicht vorbei. Jetzt muss er alles tun, um es zu bleiben, während die andern alles versuchen, es zu werden: »Ein erfolgreiches Benchmarking darf keine einmalige Angelegenheit sein. Benchmarking kann seine volle Wirkungskraft nur durch wiederholte Anwendung erzielen.«[161]

Wir haben hier also fast eine identische Situation wie bei der Tour de France. Verständlich daher, dass hier auch mit ähnlichen Mitteln gearbeitet wird. Beim Benchmarking ist aber Hirndoping nicht verboten. Wenn man erwischt wird, ist es nicht schlimm. Im Gegenteil: Nicht selten hat einem ja sogar der Mannschaftsarzt, Pardon: der Betriebsarzt oder der befreundete Apotheker des Vertrauens eindringlich zum Doping geraten. Beim Benchmarking fragen Sie Ihren Arzt oder Apotheker!

Achtung: Allgemeine Kriegsstimmung

Ist das Leben im Studium, im Beruf, in der Familie, in der Partnerschaft schon ein Wettkampf, der in guter Stimmung und mit der entsprechenden Leistungsstärke angegangen werden will, so ist der Krieg erst recht ein Unternehmen, das eiserne Nerven und volle Leistungsstärke verlangt. Nicht selten verwischen sich aber auch die Grenzen zwischen beiden Operationsfeldern. Im Frühjahr 2010 war folgende Schlagzeile zu lesen: Bei Apple herrscht Kriegsstimmung! Der Kriegsgegner ist Google!

Was liegt näher, als nicht nur im Wettbewerb im Unternehmen oder zwischen Unternehmen, sondern auch im Krieg auf Hirndoping zu setzen?

Hermann-Göring-Pillen, Stuka-Tabletten und Panzerschokoladen

Schon lange gehören chemische Substanzen, die in Gehirnfunktionen eingreifen, zur modernen Kriegführung. Ende des 19. Jahrhunderts war die stimulierende Substanz Methamphetamin synthetisiert worden. Die Berliner Temmler-Werke brachten sie unter dem Handelsnamen Pervitin auf den Markt. Während des Zweiten Weltkrieges fand Pervitin bei der deutschen Wehrmacht unter den Kosenamen »Panzerschokolade«, »Stuka-Tablette« und »Hermann-Göring-Pille« millionenfache Verwendung. Allein zwischen April und Juni 1940 orderten Wehrmacht und Luftwaffe mehr als 35 Millionen Pervitin-Tabletten.

Pervitin euphorisiert, verringert das Schlafbedürfnis und steigert Leistungsfähigkeit und Mitteilungsbedürfnis. Hunger- und Durstgefühle werden dagegen reduziert. Die Wirkung kann je nach Dosierung bis zu 36 Stunden andauern. Danach kann sich trotz Müdigkeit quälende Schlaflosigkeit einstellen, gefolgt von Lethargie und depressiven Verstimmungen. Das Bedürfnis nach Pervitin war nicht nur bei den Kriegsherrn verständlicherweise da, sondern auch bei den einfachen Soldaten, die in den Krieg geschickt wurden und dort bleiben mussten. Das bezeugen Feldpostbriefe aus dem besetzten Polen, die ein junger Soldat in den Jahren 1939 und 1940 an seine Eltern und Geschwister schrieb: »Der Dienst ist stramm, und Ihr müsst verstehen, wenn ich späterhin Euch nur alle zwei bis vier Tage schreibe. Heute schreibe ich hauptsächlich um Pervitin … Euer Hein.« Ein halbes Jahr später: »Vielleicht könntet Ihr mir noch etwas Pervitin für meinen Vorrat besorgen?« und vier

Wochen später: »Schickt mir nach Möglichkeit bald noch etwas Pervitin.« Der Absender dieser Briefe ist der junge Heinrich Böll.[162]

Pervitin war ein äußerst effizientes Mittel, um Soldaten auch extreme Strapazen abverlangen zu können: »Jeder Sanitätsoffizier muss sich darüber im Klaren sein, dass er im Pervitin ein sehr differenziertes und starkes Reizmittel in der Hand hat, das ihm jederzeit gestattet, bestimmte Personen seines Wirkungskreises bei der Durchführung übernormaler Leistungen tatkräftig und wirkungsvoll zu unterstützen«, so die Aufklärung in einem Merkblatt für Marinesanitätsoffiziere.[163] Von Pervitin unterstützt, hoffte man gegen Ende des Krieges, als die Dinge längst nicht mehr so liefen wie gewünscht, auf weitere Steigerungsmöglichkeiten. Man hoffte nicht nur auf die Wunderwaffe, sondern setzte auf die Wunderpille. Im März 1944 wünschte sich Vizeadmiral Hellmuth Heye – nach dem Krieg CDU-Bundestagsabgeordneter und Wehrbeauftragter des Bundestages – die Pille, die »den Soldaten einsatzfähig hält, der über die normale Zeit hinaus als Einzelkämpfer gefordert ist, und zugleich das Selbstwertgefühl hebt«.[164] Nicht nur zahllosen Soldaten wurde Pervitin verabreicht. Auch Adolf Hitler soll es konsumiert haben.

Nach dem Zweiten Weltkrieg wurde Methamphetamin vielfältig eingesetzt. Im Vietnamkrieg diente es zur Optimierung von Kampfeinsätzen. Aber auch im Sport fand Methamphetamin seine Abnehmer. Es wird seit einigen Jahren vermutet, dass die Deutsche Fußballnationalmannschaft mit Unterstützung von Pervitin 1954 das Wunder von Bern vollbracht hat.[165] Im Boxkampf um den Europameistertitel im Mittelgewicht ging 1968 Jupp Elze in der 15. Runde bewusstlos zu Boden und starb eine Woche später an den Folgen einer Hirnblutung. Er war mit Pervitin gedopt und hatte, bevor er zu Boden ging, etwa 150 Kopftreffer abbekommen, die er auf Grund der erhöhten

Schmerzschwelle durch Pervitin zwar wegsteckte, die ihn aber das Leben kosteten. Andre Agassi berichtet, dass er mehrfach mit Methamphetamin (Crystal Meth) versucht hatte, sich aus einem Formtief herauszuholen.[166] Aber die Geschichte der chemischen Kriegführung ist noch nicht zu Ende.

Gutgelaunt in den Krieg hinein!

In der US-Armee bestand seit dem Beginn des zweiten Golfkrieges ein enormer Bedarf an Hirndoping. Besonders dann, wenn nachts bombardiert wurde und lange Nachtflüge nötig waren. Zum Einsatz kamen Amphetamine und Modafinil.[167] Dabei wurde Zwangsdoping praktiziert. Bei Verweigerung stand die Flugtauglichkeit der Piloten in Frage.[168] 97 % der US Bomber-Piloten dopten sich in etwa 100 Kampfeinsätzen mit D-Amphetamin.[169]

Auch bei den britischen Truppen wird gedopt.[170] Soldaten und die Besatzung von Flugzeugen erhalten vom britischen Verteidigungsministerium Wachmacher wie die zu den Amphetaminen gehörenden Substanzen Dexedrin oder Ephetrin.[171] Nach einem vom britischen Verteidigungsministerium in Auftrag gegebenen Test wird mit Modafinil gedopt, weil man herausgefunden hat, dass eine Dosis davon den Soldaten ermöglicht, mehr als 18 Stunden ohne größere Nebenwirkungen wach zu bleiben. Grundlage der Untersuchung war der Hinweis auf Erfahrungen bei kanadischen und französischen Soldaten, die mit Modafinil bis zu 60 Stunden ohne Schlaf ausgekommen waren. Allerdings hatten andere Untersuchungen auch ergeben, dass Modafinil Schwindel oder ein zu großes Selbstvertrauen verursachen kann.[172]

Piloten bezeichnen die Speed-Tabletten als »go-pills«. Um nach dem Einsatz wieder abschalten und einschlafen zu können, werden nach dem Einsatz »no-go pills« genommen, Sedativa wie Stilnox®, Ambien®, Zoldem® oder Restoril® und Remestan®. Im Afghanistan-Einsatz erhielten die Piloten jeweils 10 mg Dexedrin. Während des ersten Irak-Kriegs hatte man noch 5 mg verabreicht. 60 % der Piloten hatten sich damals mit Speed aufgeputscht, in manchen Einheiten, die besonders häufig Einsätze flogen, bis zu 96 %, also nahezu alle.

Gutgelaunt aus dem Krieg heraus!

Dank Hirndoping lässt sich also leistungsstark Krieg führen. Wie kommt man aber funktionstüchtig wieder heraus?

Eine nicht gerade neue Frage. Schon im Ersten Weltkrieg konnte man nicht übersehen, dass viele Soldaten schwer beeinträchtigt aus dem Krieg zurückkamen. Man beobachtete häufig Symptome wie Bewegungsstörungen, Lähmungen und Zittern. Der psychische Zustand dieser Soldaten fand weniger Beachtung, aber man entwickelte schnell Bezeichnungen wie »Kriegsneurosen« oder »Granatschock«.

Die »Behandlungen« sollten die Soldaten so schnell wie möglich wieder verwendungsfähig machen und auf keinen Fall Zweifel an der Sinnhaftigkeit des Krieges aufkommen lassen. Unter anderem kam die »Behandlungsmethode« »Faradisation« zum Einsatz. Dabei wurden Elektroschocks verabreicht, die von militärischen Kommandos begleitet wurden. Eine Prozedur, die für viele so unangenehm war, dass sie es vorzogen, die Flucht in die Gesundheit anzutreten, und freiwillig wieder an die Front gingen. Dieser »Behandlung« lag die schlichte Vorstellung zu Grunde, dass die an einem Kriegsschock erkrankten Soldaten durch einen (elektrischen) Gegenschock geheilt würden.

Damals wie heute haben sich in den Köpfen der Soldaten oft grauenhafte Bilder dauerhaft festgesetzt. Viele

Armeeangehörige leiden unter Depressionen, Angstzuständen und schrecklichen Erinnerungen. Sie können nicht vergessen. Schreckliche Ereignisse drängen sich in ihren Alltag und ihre Träume. Inzwischen ist nicht mehr die Rede von Kriegsneurosen, sondern vom Posttraumatischen Stress-Syndrom (PTSD). Man schätzt, dass jeder dritte aus dem Krieg kommende Soldat diese Zustände hat. In anonymisierten Befragungen der Soldaten offenbart sich die erlebte Brutalität des Kriegsalltags:

Mehr als die Hälfte der Irak-Kämpfer erklärt, selbst einen Gegner getötet zu haben oder für den Tod eines Gegners verantwortlich zu sein, über 90 % gerieten ein- oder mehrmals unter Beschuss, 86 % der Befragten kennen mindestens einen im Irak getöteten oder schwer verletzten US-Amerikaner persönlich. Praktisch jeder an Euphrat und Tigris eingesetzte Soldat (95 %) sah während seines Einsatzes Leichen, jeder Zweite musste diese auch selbst wegräumen. Mit der Zahl der persönlich erlebten Schusswechsel steigen auch die PTSD-Fälle.[173] Doch auch hier ist Abhilfe dank Hirndoping nahe.

Es wird am Vergessen gearbeitet! Amerikanische Forscher experimentieren mit einer Substanz, die das Angstgedächtnis und die traumatisierenden Erinnerungen auslöschen soll. Das US-amerikanische Militär ist interessiert daran, durch gezieltes Hirndoping Soldaten vergessen zu lassen, was sie im Krieg Schreckliches erlebt haben.[174] Die Organisation, die u. a. mit diesen Fragen beschäftigt ist, ist die »Defense advanced research projects agency« (DARPA), eine Behörde des US-Verteidigungsministeriums, die Forschungsprojekte für die US-Streitkräfte durchführt. Im Forschungszweig »Military Bioengineering & Human Enhancing« wird daran gearbeitet, wie mit Drogen, Gentechnik und Mikrochips die Kampffähigkeit der US-Truppen gesteigert werden kann. In einem aktuellen Programm ist es das Ziel, die Schmerzschwelle von Soldaten bei Kampfeinsätzen zu erhöhen und den Kampfstress sowie die psychischen Folgen von Kampfeinsätzen durch chemische Interventionen positiv zu beeinflussen oder auszuschalten (www.darpa.mil).

Die chemische Substanz Propranolol genießt besondere Aufmerksamkeit. Propranolol ist ein sogenannter Betablocker, der unter den Namen Beta-Tablinen®, Dociton®, Inderal®, Obsidan® oder Prophylux® im Handel ist. Betablocker werden bei Bluthochdruck, bei Herzinsuffizienz und Herzrhythmusstörungen, aber inzwischen auch bei Ängsten eingesetzt. Der Wirkmechanismus von Propranolol besteht darin, dass es die Wirkung von Adrenalin und Noradrenalin blockiert. Unter anderem, und da wird es als Mittel zum Hirndoping interessant, blockiert es die Wirkung von Adrenalin und Noradrenalin im Gehirn auf die sogenannten Mandelkerne. Propranolol verhindert die Aktivierung der Mandelkerne und dadurch die Stabilisierung von Gedächtnisinhalten. Kurz: Propranolol verhindert Erinnerung und erzeugt Vergessen.

Schon 1994 hatte eine Studie[175] gezeigt, dass Propranolol, vor dem Erleben eines emotional belastenden Ereignisses verabreicht, die Erinnerung an dieses Ereignis behindert. Aber Propranolol wirkt auch als »Pille danach«: Es stellte sich heraus[176], dass Propranolol, sechs Stunden nach einem traumatisierenden Erlebnis verabreicht, eine wesentlich bessere Stimmung zur Folge hat, als wenn Propranolol nicht verabreicht wird.

Der chemische Fortschritt geht aber noch weiter: In einem kontrollierten Laborexperiment konnte unter Propranolol der Zugriff auf Inhalte aus dem Angstgedächtnis komplett verhindert werden, und das auf Dauer. Selbst vorhandene und gelernte Angst- und Panikreaktionen lösten sich in Wohlgefallen auf, wenn die Versuchspersonen wieder mit den entsprechenden traumatisierenden Situationen konfrontiert wurden.[177]

Welch ein Segen! Kriege, wenn auch nicht mehr gewinnbar, bleiben führbar, unterstützt durch Hirndoping, von Soldaten, die in guter Stimmung sind und bleiben. Nun wird es möglich, nicht nur gutgelaunt und leistungsstark in den Krieg zu ziehen, sondern auch gutgelaunt und leistungsstark wieder aus dem Krieg herauszukommen.

Dabei sollte aber nicht vergessen werden, Propranolol auch Angehörigen, Bekannten und Freunden von kämpfenden Soldaten zur Verfügung zu stellen, damit auch sie in guter Stimmung sind, während sich ihre Lieben im Krieg betätigen. Vor allem wäre es dann nicht mehr nötig, sich über den Sinn und die Folgen von Kriegen Gedanken zu machen. Welche Entlastung!

Hirndoping ermöglicht also, dabei zu bleiben, durchzuhalten, nicht aufzugeben und nicht auszusteigen – wo immer es sei und worum auch immer es geht.

Kriegsuntaugliches Hirndoping

Kriegsuntauglich sind die alten »Spaßdrogen« (Marihuana, Haschisch und LSD) der 1960er Jahre, die nichts mit dem Hirndoping des 21. Jahrhunderts zu tun haben. Gegensätzlicher könnten Verwendung und Zielrichtung nicht sein. Schon ein Leitmotto der Hippiekultur gibt darüber Auskunft: *Turn on, tune in, drop out* (Timothy Leary) – Rauche einen Joint, wirf einen LSD-Trip ein und steige aus. Steige aus: aus dem Tagesgeschäft, dem Leistungsgeschäft, dem Konsumgeschäft, dem Kriegsgeschäft, einer Gesellschaft, die Druck macht. Von der Wirkung dieser Drogen wusste schon lange vor der Hippiebewegung auch ein deutscher Professor: »Denn ich war verurteilt zu Deutschen. Wenn man von einem unerträglichen Druck loskommen will, so hat man Haschisch nötig.«[178] Der da loskommen will, ist Friedrich Nietzsche im Jahr 1888.

Diese Art von Neurodoping war für die US-Army als Mittel der chemischen Kriegführung nicht geeignet. LSD aber war auf seine Kriegstauglichkeit getestet worden. Ein Testdokument kann man heute noch als amüsantes Video[179] anschauen: Soldaten klettern nach LSD-Verabreichung während eines simulierten Gefechts auf Bäume, wollen von dort aber nicht mehr herunterkommen oder wälzen sich lachend auf dem Boden. Der Offizier ist nicht mehr Herr der Lage. Testergebnis: Mit den Spaßdrogen der Hippiebewegung lässt sich kein Staat machen, geschweige denn ein Krieg führen. Mit diesen Drogen konnte man in Vietnam nichts anfangen. Sie gehörten verboten. Was denn auch 1966 geschah.

Andere Drogen gab es hingegen auch während der Hippiebewegung reichlich und legal. Parallel zum Konsum von Drop-out-Drogen wurden im Jahre 1965 in den USA 123 Millionen Mal Tranquilizer und 24 Millionen Mal Amphetamine verordnet.[180] Die Mehrzahl der Konsumenten dieser Drogen waren aber nicht die Hippies. Ärzte verordneten diese chemischen Substanzen meist jenen, die nicht »aussteigen«, damit diese mit Hilfe der »Uppers« und »Downers« durchhielten und durch ihren beschwerlichen Alltag kamen – *»mothers little helpers«* (Rolling Stones).

Moralisches Hirndoping – eine ernste Realsatire

Ethik hat Konjunktur. Ethik-Kongresse finden statt, Ethik-Institute werden gegründet, Fachzeitschriften und Fachbücher über Ethik füllen die Regale. Der Fortschritt in Wissenschaft und Technik, politische und wirtschaftliche Veränderungen und auch Krisen haben Ethikdiskussionen zur Folge. Diese Diskussionen laufen Entwicklungen oft hinterher. Nachlaufende Diskussionen haben aber meist weniger mit Ethik zu tun als mit Moral. Moral stellt fest, was sein soll (du sollst ...) oder nicht sein soll (du darfst nicht ...), nachdem Entwicklungen einen Moralstau erzeugt haben, der abgeführt werden will. Ethik hat dagegen etwas mit der Diskussion darüber zu tun, wie sich Moral begründet, was also die Kriterien für gut oder böse und für moralische Werturteile sein sollen. Die Entscheidung, was als Recht und was als Unrecht zu gelten hat, was verboten und was erlaubt ist, ist eine moralische Entscheidung. Die Frage, warum etwas als Recht oder als Unrecht zu gelten hat, warum also etwas erlaubt und etwas anderes verboten ist, ist eine ethische Frage. Die ethische Auseinandersetzung geht also im Idealfall der moralischen Festlegung voraus. Leider gibt es dabei immer wieder Verwechslungen. Moral wird für ethisch gehalten und Ethik für moralisch.

So auch erwartungsgemäß bei Fragen zur Ethik und Moral des Hirndopings. Nachdem die technische Entwicklung und die praktische Anwendung des Hirndopings nicht mehr länger ignoriert werden können, finden entsprechende nachlaufende Diskussionen statt.

So setzt sich in den USA eine Wissenschaftlergruppe[181] dafür ein, dass es verantwortungsvollen und entscheidungsfähigen Erwachsenen erlaubt sein soll, chemische Substanzen und Medikamente zum Hirndoping einzusetzen. Sie ergänzen ihre Pro-Hirndoping-Stellungnahme mit Forderungen nach mehr Forschung, um Kosten-Nutzen-Risiken genauer zu bestimmen, und sprechen sich im Weiteren gegen Hirndoping unter Zwang aus und für fairen und gerechten Zugang zum Hirndoping.

In Deutschland schließt sich eine Gruppe von Philosophen, Juristen und Medizinern[182] im Wesentlichen dem Pro-Hirndoping-Statement ihrer US-amerikanischen Kollegen an. Aus ethischen Gründen soll ein Blick auf diesen moralischen, teilweise absurden, großteils komischen deutschen Beitrag zum Hirndoping geworfen werden.

Gleich zu Beginn wird deutlich, worum es geht: um eine

moralische Verteidigung des Hirndopings. Man wehrt sich deshalb entschieden gegen die moralische Vorverurteilung durch den Begriff »Neurodoping« oder »Medikamentenmissbrauch.«

Weiter geht es mit moralischen Werturteilen:

- Als moralisch unproblematisch und daher für die Moralkommission des Memorandums auch als unbedenklich wird einmaliges, aktuell nötiges, nicht regelmäßig und nicht zu intensiv betriebenes Hirndoping eingestuft. Einspruch: Wer entscheidet darüber, was einmalig, aktuell nötig, nicht regelmäßig und ausreichend unintensiv ist?
- Als moralisch unbedenklich wird auch das eigenverantwortliche Hirndoping entscheidungsfähiger Personen angesehen, wenn ein Arzt der Dealer ist.
  Einspruch: Was unterscheidet ein eigenverantwortliches von einem nicht eigenverantwortlichen Hirndoping, was eine entscheidungsfähige von einer nicht entscheidungsfähigen Person? Wer entscheidet darüber, ob der, der dies zu entscheiden hat, eine eigenverantwortliche und entscheidungsfähige Person ist? Was macht das Hirndoping mit ärztlichem Rezept moralisch einwandfreier als das ohne Rezept? Was macht den Arzt so selbstverständlich moralisch unverdächtig? Schließlich ist er doch heute schon der Hauptdealer für Hirndoping, pardon: Medikamentenmissbrauch.
- Die offizielle Freigabe des Hirndopings wird auch deshalb als moralisch vertretbar betrachtet, weil so kein schlechtes Gewissen erzeugt bzw. Gefühlen der Selbstentfremdung und Identitätskrisen vorgebeugt werde.
  Einspruch: Woher kommt die Gewissheit, dass Selbstentfremdung und Identitätskrisen mit der verweigerten Erlaubnis des Dopings zu tun haben und nicht mit dem Doping selbst?

- Moralisch angemessen sei es, das Potential des Hirndopings zu nutzen, um Lebensfreude und Mitgefühl zu steigern und durch Verstärkung der kognitiven und emotionalen Kompetenz (zum Beispiel in Wissenschaft und Wirtschaft) das Leben vieler Menschen besser zu machen.

  Einspruch: Woher diese außergewöhnlich positive Zuversicht? Die gegenteilige Behauptung läge näher: Es spricht viel dafür (zumindest mehr als für die eben dargestellten Behauptungen), dass Adolf Hitler und viele Soldaten der deutschen Wehrmacht mit einem wirksamen Amphetamin (Pervitin) gedopt waren; hat dieses Hirndoping tatsächlich dazu beigetragen, Lebensfreude und Mitgefühl zu fördern und das Leben vieler Menschen besser zu machen?
- Moralisch angemessen sei es, heißt es weiter, für Verteilungsgerechtigkeit zu sorgen, zum Beispiel durch eine großzügig subventionierte Verbreitung von Hirndoping gerade unter den Angehörigen benachteiligter Schichten. Dazu kann man nur noch bemerken: Früher hieß es: »Freibier für alle!« Nun könnte es heißen: »Neurodoping für alle!« Dabei wäre zu berücksichtigen, dass es besonders auch dem Hartz-IV-Bezieher aus moralischen Gründen (!) möglich gemacht werden muss, den Dealer seines Vertrauens aufzusuchen und sein Hirndoping zu finanzieren. Die Schulspeisung für Kinder aus »sozial schwachem Milieu« sollte als Nachtisch immer auch eine Leckerei besagter Substanzen bereithalten.
- Doch die Gerechtigkeitsüberlegungen der Memorandum-Autoren gehen noch weiter: Da die kognitiv Unterprivilegierten von Hirndoping mehr profitieren als die kognitiv Privilegierten, müssten sie beim Doping besonders berücksichtigt werden.

  Also: Eliteuniversitäten für die Privilegierten – Hirndoping fürs Prekariat!

- Und es werden schließlich auch praktische Vorschläge für unsere Politiker gemacht: »... der Staat (könnte) den Kauf von Neuro-Enhancement-Präparate(n) durch wohlhabende Personen besteuern und das damit gewonnen Geld ... etwa zur Subvention von Neuro-Enhancement-Präparate(n) für Einkommensschwache (verwenden).«[183]
  Also: Eine neue Solidaritätsabgabe. Nicht mehr für unsere benachteiligten Brüder und Schwestern im Osten, sondern eine Hirndoping-Solidaritätsabgabe für unsere benachteiligten Brüder und Schwestern aus dem Prekariat. Könnte das nicht wirksam dazu beitragen, den solidarischen Zusammenhalt in unserer Gesellschaft weiter voranzubringen?
- Schließlich der moralische Appell an die Pharmaindustrie: »Der Nachweis, dass ein Präparat zuverlässig ein nennenswertes Enhancement bewirkt, obliegt dem Pharmaunternehmen, das dieses vermarktet.«[184]
  Hier doch noch ein entschiedener Einspruch: Angesichts der inzwischen vielfältig nachgewiesenen Praktiken der Pharmaunternehmen,[185] sich diese Nachweise so zurechtzuschustern, dass sie den Absatz der eigenen Produkte vergrößern und nicht verringern, ist dieser Appell nichts anderes als die direkte Aufforderung an Pharmaunternehmen, ihren Werbeetat für Präparate zum Hirndoping zu erhöhen.

Nach so viel Moral und teilweise abstrusen Lächerlichkeiten sehnt man sich nach einer ernsthaften, das heißt ethischen Reflexion. Das Memorandum bleibt vieles schuldig. Folgende zwei Auslassungen scheinen mir dabei besonders wichtig.

Der neue Arzt – die neue Gesundheit

Naiv wird die Frage nach der Rolle des Arztes umgangen und ebenso die nach der Unterscheidung zwischen krank und gesund. Eine Frage, die für das Hirndoping und seine Beurteilung von zentraler Bedeutung ist. Das Hirndoping ist Teil einer bisher weitgehend unterschätzten Veränderung der Vorstellungen von Krankheit und Gesundheit und der Rolle ärztlichen Handelns. Gesundheit ist nicht länger etwas Gegebenes, das aber selbstverständlich von Gefahren bedroht sein kann. Gesundheit ist etwas Herstellbares und Optimierbares geworden, worauf ein Anspruch besteht. Niemand darf es versäumen, an ihrer Verbesserung zu arbeiten.

Der Arzt ist daher längst nicht mehr nur der Krankheitsexperte, der, wenn er es denn kann, heilt oder, wenn er es nicht (mehr) kann, den Kranken begleitet. Er ist zum Gesundheitsexperten mutiert, zu einem Gesundheitsproduzenten, der schon längst zum Lebensstilberater und Lebensstilkontrolleur geworden ist. Die Biologie ist nicht mehr Schicksal, sondern Ausgangsmaterial, das verfeinert und verbessert werden muss. Insofern passen der neue Gesundheitsbegriff und auch die neue Rolle des Arztes oder des Gesundheitssystems ganz in die zeitgenössische Vorstellung der hoffnungsvollen, optimistischen Selbstoptimierung. In der Medizin hat, ob man es nun wahrhaben will oder nicht, ein grundlegender Wandel stattgefunden. Das Ziel der Heilung oder Wiederherstellung (*restitutio ad integrum*) ist ersetzt oder zumindest ergänzt worden durch das Ziel der Entwicklung zum Besten (*transformatio ad optimum*). Das Hirndoping ist ein Teil dieses Veränderungsprozesses. Dies nicht zu überdenken ist nicht nur nachlässig, sondern unethisch. Stattdessen unreflektiert das Hirndoping als eine positive Entwicklung zu begrüßen und Ärzten selbstverständlich eine verantwortliche Rolle zuzubilligen oder gar als ein moralisches Korrektiv zu betrachten, ist nicht nur naiv, sondern ethisch problematisch.

Banal ist die immer wieder kolportierte Aussage, dass viele Verbesserungen menschlicher Leistungen, aber auch von Stimmungen und Vorstellungen ohnehin Veränderungen im Gehirn nach sich ziehen und dass das Hirndoping eben nur *direkt* auf die Funktionen und die Struktur des Gehirns einwirkt. Weniger banal ist dagegen die Schlussfolgerung, dass es daher keinen Unterschied mache, ob die Einwirkungen auf das Gehirn durch Lernen, Erfahrungen, Übungen, Erleben erfolgen oder direkt durch Hirndoping. Dem ist aber keineswegs so. Durch die Anwendung von Hirndoping kann sich die Antwort auf die Frage: »Wer bin ich?« verändern. Menschen können sich durch die Vorstellung davon, wer oder was sie sind, verändern. Hirndoping verändert uns also nicht nur aufgrund der chemischen Einwirkung, sondern noch drastischer und nachhaltiger durch die veränderte Vorstellung, die wir von uns entwickeln.

Wer bin ich? Was soll aus mir werden? Und wie ist die Stimmung?

Genauso, wie Sie bei Kuchenrezepten Mehl, Zucker und Backpulver in den richtigen Mengen verwenden müssen, braucht auch Ihr Gehirn eine ausgewogene chemische Balance, um bestmöglich arbeiten zu können – so erklärt es uns die Werbung für ein Antidepressivum. Und die Werbung für ein anderes verspricht: Z. korrigiert dieses Ungleichgewicht.[186] Wieder ein anderes Antidepressivum ist angeblich einfach nur gut: Die beste Sache, seit es Scheibenbrot gibt. Den Alltag im Griff haben! Schnell, stark, gut verträglich, kraftvoll – ein gutes Langzeitinvestment! Das Leben läuft wieder rund.

Das Gehirn als Teig, der zu einem bekömmlichen Kuchen

wird, wenn man die richtige Backmischung verwendet, ihn ordentlich durchknetet und bei der richtigen Temperatur bäckt. Das Gehirn ist ein Ort, in den man investieren soll, ein Motor, der bewirkt, dass das Leben rund läuft, wenn nur der Kraftstoff stimmt: innovativ gemischt und deshalb stark, sanft und gut.

Die Frage »Wer bin ich?« wird hier eindeutig beantwortet: Ich bin nicht nur mein Gehirn, sondern mein Gehirn ist eine Maschine, die so gewartet und für die das Kraftstoffgemisch so gewählt werden muss, dass sie optimal funktioniert. Unzulänglichkeit ist Nachlässigkeit bei der Wartung.

Es ist aber auch nachlässig, wenn Eltern es versäumen, ihre Kinder chemisch »nachzubessern« vor allem dann, wenn es die Nachbarn tun.

Welch eine Veränderung des Bildes von uns selbst, und welch eine Verkennung der Verhältnisse! Unser Medizinstudent in der Biochemieklausur dopt sich wohl kaum wegen eines Ritalin®-Mangels in seinem Gehirn, sondern wegen einer Klausur und eines Medizinunterrichts, die in einer bestimmten Form (Ritalin®bedürftig) konzipiert sind, oder auch, weil das Medizinstudium nicht das ist, was dem Studenten entspricht, oder, oder, oder.

Warum aber sollten wir uns über uns und unsere Lebenssituation Gedanken machen – mit der möglichen Konsequenz, diese zu verlassen oder zu verändern? Das macht ein Motor ja schließlich auch nicht, und ein Kuchenteig denkt auch selten über seine Zukunft als Kuchen nach.

Das Gehirn-Maschinen-Modell bringt seinen Benutzer in ein Dilemma. Es gaukelt ihm unendliche Optimierungsmöglichkeiten seines Gehirns vor, während er gleichzeitig seine begrenzte, weil menschliche Kapazität erfährt. Scheitern und Verlieren sind in diesem Menschenmodell nicht vorgesehen. Miese Stimmung? Selber schuld. Es gibt kein Element des Lebens, dessen Ausführung und dessen Nutzen nicht gesteigert werden könnten. Unterstützung bekommt dieses Maschinen-Modell von neoliberalen Freiheitsfetischisten. Der Ruf der Freiheit ist der Befehl an sich selbst: »Ich kann, weil ich soll.«[187] Die angepriesene Gesellschaft, in der sich diese Freiheit breitmachen soll, ist die, die den Einzelnen zwingt, nützlich und erfolgreich zu sein. »Erfolgsorientierung und Eigenverantwortlichkeit, Wachstum und Wettbewerb … – das sind die unverzichtbaren Grundbegriffe einer ›Agenda Freiheit‹.«[188]

Der auf diese Weise zum Erfolg gezwungene Mensch verkümmert zur Leistungsmaschine, wie umgekehrt die Vorstellung einer Leistungsmaschine den Erfolgszwang nach sich zieht. Menschliche Möglichkeiten – etwa die des Nichtkönnens, des Nichtwollens, des Verweigerns – werden auf Hirnfunktionen und auf das Müssen und Sollen reduziert. Die nicht genutzten Möglichkeiten werden zu einem Defekt der Hirnfunktion, der schnell und effizient behoben werden muss und behoben werden kann.

Aber da Menschen keine Maschinen und erst recht keine Hirnmaschinen sind, führt die Behandlung und Selbstbehandlung als Maschine nicht ins technische Paradies. Die Erschöpfung, das Versagen und die miese Stimmung werden nicht abgeschafft. Im Gegenteil, sie nehmen zu und führen zur sozialen Isolation.

Im Angesicht der Selbstermächtigungs- und Optimierungsforderungen verliert der Scheiternde nicht nur die Anerkennung der anderen, sondern auch das Gefühl für sich selbst. Das Selbstbewusstsein verkümmert zum Selbstzweifel. Die Stimmung ist mies, der Mensch depressiv. Nimmt er den Kampf gegen die miese Stimmung auf und bedient sich dabei des entsprechenden Hilfsangebots, wird der Terror der Selbstoptimierung, des Erfolgs und der guten Stimmung, dem er ausgeliefert war, bestätigt. Die miese Stimmung ist die Stimmung des Nichtgenügens und der Unzulänglichkeit. Die neurotechnischen Erfolgstherapien sind dagegen kein Heilmittel, auch wenn sie es vollmundig versprechen. Sie bringen bestenfalls Krisenmakulatur, Coping und Wartung. Maschinentechnische Verfahren des Hirndopings und medikamentöse Abfederung verdrängen und verhindern den menschlichen Umgang mit Krisen, das Innehalten, das Erinnern und das Trauern. Beim chemischen Stimmungstuning gehorchen selbst diejenigen – und die besonders – den Selbstoptimierungszwängen, die an ihnen schon lange verzweifelt sind.

9
Gebrauchsanleitung zur Herstellung von Depressionen

Was sind eigentlich Depressionen?

Depressionen sind heute so weit verbreitet, dass die Alltagssprache den Begriff ganz selbstverständlich benutzt.[189] Doch auch das Selbstverständliche lohnt eine genauere Betrachtung. Das Wort »Depression« leitet sich vom lateinischen *deprimere* ab, was »herunterdrücken,« »erniedrigen« oder »unterdrücken« meint.

Der Begriff Depression wird in unterschiedlichsten Zusammenhängen benutzt: Alltagssprachlich bezeichnen wir damit einen Zustand, den man salopp mit »null Bock auf gar nichts« umschreiben könnte – einen Zustand von Antriebslosigkeit und Niedergedrücktheit, in dem die Welt nur noch grau erscheint. In der medizinisch-psychiatrischen Fachsprache benennt die Depression eine psychische Störung.

In der Geomorphologie versteht man darunter eine Senke in der Landschaft, in der Ökonomie eine miese Konjunkturphase und in der Meteorologie ein Schlechtwetter- oder Tiefdruckgebiet. Der stillschweigend mitgedachte Gegenpol wäre: die gute Stimmung, der Aufschwung, das Schönwetter- und das Hochdruckgebiet.

In der psychiatrischen Diagnose wird die Depression denn auch als ein Zustand des Mangels definiert, als ein Zustand, der nicht ist, wie er sein soll. In der Depression herrscht eine – negativ bewertete – Soll-Ist-Wert-Differenz.

Menschen, bei denen Depressionen diagnostiziert werden, empfinden Gefühle des Ungenügens, der Minderwertigkeit und Unfähigkeit, wo erwartungsgemäß Gefühle des Genügens, der Vollwertigkeit und Fähigkeit sein sollen, Selbstzweifel und Verlust an Selbstachtung, wo Selbstbewusstsein und Selbstachtung vorhanden sein sollen. Depressive Menschen fühlen sich erschöpft, wo man Energie, Initiative und Antrieb von ihnen erwartet, und befinden sich in einem Zustand innerer Leere und fühlloser Gleichgültigkeit, statt sich positiv gestimmt ans Tageswerk zu machen.

Gemessen an den herrschenden Werten und Vorstellungen, glaubt der Depressive zu scheitern und zu versagen. Wenn man sich für die erlebten Mängel selbst verantwortlich fühlt, entstehen zusätzlich Schuldgefühle. Selbstanklagen werden erhoben. Die Beweislast der Anklage ist erdrückend. In dem Prozess, den man gegen sich selbst zu führen hat, ist Freispruch oder Begnadigung nicht vorgesehen. Das Verfahren läuft auf eine Verurteilung hinaus, manchmal auf ein Todesurteil.

Wie lassen sich Depressionen herstellen?

Stellen sich Gefühle nicht irgendwie einfach ein, und haben sie ihre Ursachen nicht außerhalb von uns selbst? Man ärgert sich über dies oder das und über diesen oder jenen. Wir reagieren doch mit unseren Gefühlen auf die Umwelt oder, wenn schon, steigen Stimmungen auf mysteriöse Weise, ohne unser Zutun, in unserem Inneren hoch!

Das ist vielleicht eine bequeme und verbreitete Vorstellung, aber Gefühle und Stimmungen, positive wie negative, hat man erst, nachdem man sie hergestellt hat. Die Produktion von Gefühlen erfolgt über die Bewertung von Tatsachen. Gefühle und Stimmungen sind hausgemacht.

Auch wenn wir uns über jemanden ärgern, ärgern wir uns natürlich immer höchstpersönlich selbst. Niemand kann uns ärgern. Wir geben allenfalls jemandem die Erlaubnis, uns zu ärgern. Wir sind als Stimmungs-Produzenten immer mit von der Partie. Depressionen gibt es nicht, solange sie nicht hergestellt werden.

Gute wie schlechte Stimmungen werden erzeugt, indem wir etwas bewerten: das eigene Tun, die eigene Person, das Tun anderer, die Welt um uns herum. Werte, die wir beim Bewerten verwenden, werden wiederum bewertet. Wir unterscheiden gute von schlechten, hohe von niedrigen Werten. Dadurch machen wir es möglich, uns selbst als wertvoll oder wertlos zu betrachten – was die entsprechenden, damit einhergehenden Hochgefühle oder Abwertungsgefühle bewirkt. Wenn wir uns also als stark, aktiv und gut bewerten, bleibt die gute Stimmung nicht aus. Ganz anders, wenn wir uns für schwach, passiv und böse halten. »Wertneutral« gehen wir jedenfalls am allerwenigsten mit uns selber um.

Positive Werte stellen eine Aufforderung dar, sie in unserem eigenen Leben umzusetzen. Sie sprechen eine deutliche und direkte Sprache. Sie fordern uns auf. Sie sind Ansprüche, die wir an uns selbst und auch an andere stellen. Wertorientierung ist Anspruchshaltung.

Unsere Bewertungen folgen bestimmten Vorstellungen, die aus der Unterscheidung eines Ist-Wertes und eines Soll-Wertes entstehen. Der Ist-Wert umschreibt einen Zustand, wie er ist. Der Soll-Wert gibt an, was erwartet, gewünscht oder ersehnt wird. Das, was nicht vorhanden ist, gegebenenfalls aber vielleicht schon einmal da war oder künftig sein soll. Oder man möchte weniger bzw. mehr vom Vorhandenen.

In einem nächsten Schritt wird die Differenz zwischen Ist- und Soll-Wert negativ bewertet. Erst damit ist die festgestellte Tatsache zu einem Problem gemacht worden.

Probleme sind dazu da, dass man sie löst, sagt der Volksmund. Probleme rufen nach ihrer praktischen Bewältigung. Sie rufen Akteure und Aktionen auf den Plan. Wer nach Lösungen sucht, hat Probleme.

Das Leben – eine Zentralheizung

Ein Gedankenexperiment: Stellen wir uns eine Zentralheizung vor. Sie verfügt über einen Thermostat, der die aktuelle Raumtemperatur misst. Diese liegt im Augenblick bei 15 Grad Celsius. Als Soll-Wert sind jedoch 20 Grad Celsius eingegeben worden. Die Soll-Ist-Differenz von 5 Grad Celsius signalisiert dem Heizsystem ein Problem. Die Heizung beginnt also, das Problem auf die ihr einprogrammierte Weise zu lösen. Sie fährt den Brenner höher, stellt mehr Heizenergie her und versucht, den Ist-Wert an den Soll-Wert anzugleichen. Gelingt ihr das, kann sie die Raumtemperatur von 15 Grad Celsius auf 20 Grad Celsius erhöhen, hat sie das Problem gelöst. So weit – so gut.

Man kann sich nun aber auch eine Situation vorstellen, in der es der Heizung nicht gelingt, das Problem zu lösen, was immer die Gründe dafür sein mögen: Der Brenner des Heizungssystems ist überfordert, den Soll-Wert zu erreichen; die Außentemperatur ist so tief, die Hausisolierung so mangelhaft, dass sich die Raumtemperatur »beim besten Willen« nicht steigern lässt. Nun hat die Heizung ein weiteres Problem. Die Heizung kann sich nämlich bei der Problemlösung überfordern – sie geht kaputt! Nun sind die Lösungsanstrengungen zum Problem geworden. Wenn wir nun wieder auf die Menschen und deren Leben zurückkommen, können wir uns die Frage stellen: Wie setzen Menschen ihre Existenz aufs Spiel bei ihren Versuchen, ihre Lebensprobleme zu lösen, und wie viele Biographien scheitern daran?

Es gibt aber im Leben und in unserem Gedankenexperiment eine zweite Möglichkeit: Der Soll-Wert wird an den Ist-Wert angeglichen. Der Soll-Wert am Thermostat wird von 20 Grad Celsius auf 15 Grad Celsius umgestellt. Die Problemlösung wird in diesem Fall durch eine Einstellungsänderung erreicht. Das heißt, der Verzicht auf die Lösung des Problems ist die Lösung. Dieser Verzicht kann die Vermeidung einer möglicherweise existentiellen Gefährdung bedeuten.

Es gibt also zwei prinzipielle Möglichkeiten, Probleme zu lösen. Die übliche Lösungsstrategie: Ist-Zustände auf Soll-Zustandsniveau zu bringen, und die zweite, weniger verbreitete Lösungsstrategie: den Soll-Zustand auf Ist-Zustandsniveau herunterzuschrauben.

Beide Strategien setzen voraus, dass zuvor eine Sachlage in der beschriebenen Weise definiert wurde.

Lösbare und unlösbare Probleme

Ein Problem ist nur ein Problem, wenn es auch lösbar ist. Ein unlösbares Problem ist dagegen eine Restriktion, eine Tatsache, die einem nicht gefallen mag, die also negativ bewertet wird, die aber nicht für veränderbar gehalten wird: ein unlösbares Problem.

Warum diese Unterscheidung? Dazu ein weiteres Gedankenexperiment: Mitteleuropäern mag das Wetter zu vielen Zeiten des Jahres nicht gefallen. Wenn wir nun das Wetter, etwa das Regenwetter in einem stabilen novemberlichen Tiefdruckgebiet, zum Problem (wenn vielleicht auch nur einem saisonalen) erklären, dann werden wir uns um Lösungen bemühen. Wie können wir den gewünschten Soll-Wert – sonniges, stabiles Hochdruckwetter – herstellen? Nun: Wir könnten Sonnentänze veranstalten, Stoßgebete an Sonnengötter richten, Tier- oder Menschenopfer zur

Versöhnung der Regengötter darbringen oder nachhaltige Maßnahmen zur weiteren Steigerung des Treibhausklimas ergreifen. Man würde wohl in den meisten Fällen feststellen, dass die dabei erzielten Ergebnisse nicht überzeugen. Man kann sich aber auch entschließen, das Wetter als eine Restriktion zu werten. Das heißt nicht, dass wir uns nun als arme verzweifelte Wetteropfer sehen müssen, die hilflos den unbeeinflussbaren Wetterlagen ausgeliefert sind. Im Gegenteil. Wir gewinnen Energie und Zeit, indem wir uns Tänze, Gebete, Opfer ersparen, und wir gewinnen neue Möglichkeiten: Man kann sich angemessene Regenkleidung besorgen, vielleicht sogar einen Schirm, sich nach einem Flug in sonnigere Gefilde umtun …

Die Unterscheidung zwischen Problemen und Restriktionen kann ein erster Schritt sein, um weiterzukommen. Im Falle von Restriktionen werden Veränderung, bessere Stimmung und eine Verbesserung der eigenen Lebensqualität durch den Verzicht auf Lösungen möglich.

Depressive Soll-Werte

Einigkeit: Wir werden niemals auseinandergehen!

Uneinigkeit, Unterschiede und Konflikt sind Unwerte. Einigkeit dagegen ist ein höchst angesehener Wert. Aber leider lässt er sich nur mit erheblicher Anstrengung realisieren. Alles, was die Harmonie gefährdet, ist zu vermeiden oder im Keim zu ersticken, schließlich könnte daraus ein Flächenbrand werden und – zum Beispiel in einer Partnerschaft oder Ehe – zur befürchteten Trennung führen. Gefährlich sind vor allem die bösen egoistischen Eigeninteressen, die sich immer wieder bemerkbar machen. Der Feind befindet sich also im eigenen Inneren. Die gefährlichen Gedanken, Gefühle oder gar Handlungsimpulse müssen erkannt, bekämpft und ausgemerzt werden. Anstrengende Überwachungs- und Verfolgungsmaßnahmen sind notwendig. Lassen sich die egoistischen Gedanken und Gefühle doch wieder einmal blicken, stellen sich Schuldgefühle ein. Und doch gelingt es auf Dauer einfach nicht, diese Terroristenzellen auszuräuchern.

Erschwerend kommt hinzu, dass man sich von all den inneren Kämpfen nichts anmerken lassen darf. Denn auch das würde das Ziel der Einigkeit gefährden. Deshalb kann es nach einer Zeit des anstrengenden und erschöpfenden Kampfes gegen die aufrührerischen Impulse im Innern sinnvoll sein, sie nicht nur vor dem anderen, sondern auch vor sich selbst zu verbergen. Die vom gemeinsamen Harmonie-Ideal abweichenden Gefühle werden einfach nicht mehr gefühlt, solche Gedanken nicht mehr gedacht. Die innere Leere, Gefühllosigkeit ist geschaffen und kann sich breitmachen. Oder, um mit Karl Valentin zu sprechen: Dann brauchen wir diese gefährlichen Gefühle noch nicht einmal ignorieren!

Diese Maßnahmen haben allerdings kein vergnügliches soziales Arrangement zur Folge. Nicht nur verliert man die Verbindung zu sich selbst, sondern auch die zum anderen. Man wird sich fremd. Weder teilt man die eigenen Gedanken und Impulse mit, noch gibt man dem anderen die Gelegenheit, daran teilzuhaben. »Besucht« man einander, um sich zu begegnen, trifft man niemanden an, der Besuchte ist ja nicht zu Hause! Er ist unerreichbar geworden. Das führt zu Gefühlen der Erschöpfung und Überforderung; keiner fühlt sich mehr vom anderen verstanden.

Aber nicht nur die sozialen Beziehungen werden unerquicklich. Der Treuefundamentalist verliert bei den anstrengenden Versuchen, den anderen nicht zu verlieren, sich selbst. Er ist maßlos erschöpft von dem Versuch, eine mögliche Trennung zu verhindern. Kurz: er ist depressiv.

Ich bin für die Stimmung der anderen verantwortlich – die anderen für meine!

Verantwortungslosigkeit ist das Letzte, was man dem Depressiven vorwerfen kann. Er ist ein Großmeister der Verantwortung. Er hat hohe moralische Ansprüche. Schließlich geht es ja um die anderen: Partner, Familienmitglieder, Teamkollegen. Da man Treue gelobt hat und sich einer Schicksalsgemeinschaft zugehörig fühlt, ist man für die anderen verantwortlich, besonders für deren Wohlbefinden und deren gute Stimmung.

Aber wie sehr man sich dabei auch ins Zeug legt, wie sehr man auch die feindlichen Gefühle, die die Stimmung der anderen trüben könnten, bekämpft oder ausmerzt, man wird der Selbstverpflichtung nie ganz gerecht werden. Man kann nun einmal das Wohlbefinden und die Stimmung anderer nicht kontrollieren. Wohlbefinden und Gefühle sind hausgemacht. Man hat die Verantwortung für etwas übernommen, was man nicht kontrollieren kann – ein problematisches, besser wohl: größenwahnsinniges Unternehmen. Und das muss scheitern. Aber da man nicht nur den anderen, sondern auch den eigenen Vorstellungen, Entscheidungen und Werten treu ist, führt dieses – unvermeidliche – Scheitern zu Schuldgefühlen. Schuldgefühle allein machen schon schlechte Stimmung. Aber noch mehr getrübt wird sie durch das Verbot, diese Schuldgefühle zu zeigen: Man könnte sonst ja die Stimmung der anderen negativ beeinträchtigen.

Aber ganz so einfach ist es nicht: Wer sich für die gute Stimmung der anderen verantwortlich fühlt, macht diese andersherum gern verantwortlich für die eigene Stimmung. Wie ich dir, so du mir! Wenn ich für deine Stimmung zuständig bin, bist du es auch für meine! Und klappt das nicht, kommen zu den eigenen Schuldgefühlen Schuld*vorwürfe* an andere. Doch die muss man erst recht für sich behalten, um Harmonie und Einigkeit nicht in Gefahr zu bringen.

Ein solches Verhalten beeinträchtigt die Lebensqualität. Heruntergedrückt (depressiv) durch die Schuldenlast, schwächen Selbstanklagen das Selbstbild noch zusätzlich. Und die nicht geäußerten Vorwürfe an das Gegenüber zehren die letzten Reste an Selbstachtung und Selbstbewusstsein auf. Der kleinmütige Schuldwahn hat den Platz seines Zwillingsbruders eingenommen, des von Verantwortung strotzenden Größenwahns.

Sei ein Held!

Größenwahn bleibt nicht ungestraft. In der griechischen Götterwelt ist dafür ein eigener Geschäftsbereich eingerichtet. Das Ressort leitet die Göttin Nemesis. Ihr Kerngeschäft ist die Bestrafung menschlichen Größenwahns. Erledigt sie ihre Aufgabe, kann sich der kleinmütige Schuldwahn einstellen.

Philip Roth zeigt in seinem Roman »Nemesis«[190] die zwingende Logik dieses Prozesses. Er erzählt die Geschichte von Bucky Cantor, der als größenwahnsinniger Held beginnt und als tragischer Held endet. Bucky Cantor ist ein mutiger, verantwortungsbewusster und sozialer Mensch. Er fühlt sich stark und allen Herausforderungen gewachsen, doch seiner Kurzsichtigkeit wegen kann er im Zweiten Weltkrieg nicht als Soldat für sein Land kämpfen. Voller Schuldgefühle wegen seiner Kriegsuntauglichkeit bleibt er zurück. Stattdessen nimmt er 1944 unerschrocken den Kampf gegen die Polio-Epidemie an der Heimatfront, in New Jersey, auf. Eine Schlacht, in der viele Kinder und Jugendliche in seiner nächsten Umgebung sterben, denn es gibt noch keinen Impfstoff gegen die Kinderlähmung. Cantor ist Sportlehrer und kümmert sich voller Hingabe um seine Schüler. Er versucht zu beruhigen, trifft alle Maßnahmen, um die Ansteckung seiner Schüler zu vermeiden – ein Blindversuch, weil damals noch niemand weiß, wie sich die Krankheit überträgt. Er beschäftigt die Kinder auf dem

Sportplatz. Er harrt aus, er tröstet und nimmt Anteil, wo jemand erkrankt. Sein Einsatz macht ihn zum Helden der Kinder, die ihn schon als Lehrer und Sportskanone immer bewundert haben. Bucky ist entschlossen, die Stellung zu halten. Die Kinder zu beschützen ist sein Kriegseinsatz an der Heimatfront. Seine Voraussetzungen dafür sind ideal. Er ist mit fast allen Attributen eines klassischen Kriegshelden ausgestattet: Ein Modellathlet, unbesiegbar, wenn er den Speer, die klassische Waffe des klassischen Helden, schleudert.

Aber Bucky Cantor verliert den Kampf und wird mehrfach schuldig: Er gibt dem Drängen seiner Freundin Marcia nach und verbringt mit ihr die Ferien in einem Sommercamp in den Bergen. Aber die Epidemie bricht auch in die Idylle des Sommercamps ein: Bucky selbst wird krank. Er selbst, glaubt er nun felsenfest, hat den Poliovirus eingeschleppt. Er hat nicht nur seine Jungs in der Stadt verraten, indem er in die Berge gegangen ist, er ist auch schuld, dass die Krankheit sich bis in die Berge ausgebreitet hat.

Aus dem Helden wird ein verbitterter, einsamer Krüppel, niedergedrückt (depressiv) von seiner Schuld. Ein Mann, der sich als Postbeamter mühsam über die Runden bringt und auf Marcia, seine Liebe, verzichtet, obwohl Marcia bei ihm bleiben und mit ihm leben will.

Ein überdimensioniertes Verantwortungsgefühl, getragen von der Überzeugung, dass das Leben nicht sinnlos und absurd sein kann, verwandelt sich in Selbstanklage und führt zu einem vernichtenden Schuldspruch. Der Held bleibt ein Held, aber nun, indem er sich selbst opfert. Bucky Cantor versagt sich Leben und Liebe.

»Er konnte nicht akzeptieren, dass die Polio-Epidemie […] eine Tragödie war. Die Tragödie muss in Schuld verwandelt werden. Es muss eine Notwendigkeit geben für das, was geschieht. Eine Epidemie bricht aus, und er sucht nach dem Grund. Er muss fragen: Warum? Warum? Dass das Ganze sinnlos, zufällig, absurd und tragisch ist, stellt ihn nicht zufrieden.«[191] Und an anderer Stelle heißt es: »Ein solcher Mensch ist verdammt. Nichts, was er tut, reicht an sein Ideal heran. Er weiß nie, wo seine Verantwortlichkeit endet. Er glaubt nicht an seine Grenzen, denn da er mit einem strengen Gefühl für das moralisch Richtige beladen ist, das es ihm nicht erlaubt, sich mit dem Leiden anderer abzufinden, kann er nicht ohne Schuldgefühle anerkennen, dass seiner Kraft Grenzen gesetzt sind. Der größte Triumph eines solchen Menschen ist es, die Frau, die er liebt, vor einem verkrüppelten Ehemann zu bewahren, und sein Heldentum besteht darin, dass er sich, indem er diese Frau aufgibt, die Erfüllung seiner größten Sehnsucht versagt.«[192]

Es soll gerecht zugehen auf der Welt!

Bucky Cantor hat die feste Überzeugung, dass es in der Welt gerecht zugeht und gerecht zugehen muss. Er ist nicht nur mit sich selbst im Unreinen, weil er an seiner eigenen Verpflichtung zur Gerechtigkeit gescheitert und schuldig geworden ist – er hadert auch mit Gott, der seiner Meinung nach für Gerechtigkeit zu sorgen hätte: »Seine Vorstellung von Gott war die von einem allmächtigen Wesen, das keine Dreifaltigkeit war wie im Christentum, sondern eine Zwiefaltigkeit – die Vereinigung eines perversen Arschlochs mit einem bösartigen Genie.«[193] Und doch wendet sich Bucky Cantor nicht von seinem Gott ab. Er ist mit ihm in einer vorwurfsvollen Beziehung verbunden und hält seine Ansprüche an die göttliche Gerechtigkeit aufrecht.

Frau Rosenkranz, die Gerechtigkeit, die Hoffnung und die Depression

Frau Rosenkranz ist 53 Jahre alt und seit vier Jahren von ihrem Mann geschieden, mit dem sie 22 Jahre verheiratet war. Sie hat seit zwei Jahren einen Freund, aber das Gefühl, ihm auf unangenehme Weise fremd zu bleiben. Seit drei Jahren hat sie außerdem die Diagnose einer Depression. Die Trennung von ihrem Ehemann zog sich über mehrere Jahre und viele Etappen hin. Sie glaubt, in ihrer Ehe alles gegeben zu haben, was sie habe geben können, und ihrem Mann nichts schuldig geblieben zu sein. Das möchte sie von ihrem Mann anerkannt wissen. Sie möchte von ihm, mit dem sie schließlich 22 Jahre verheiratet war, richtig gesehen werden. Sie hat die Hoffnung noch nicht aufgegeben, diese Anerkennung zu bekommen.

Aber sie ist seit Jahren niedergedrückt. Alles, was ihr früher leichtfiel, bereitet ihr nun erhebliche Mühe und ist mit großen Anstrengungen verbunden. An den Wochenenden fühlt sie sich leer – als könne sie sich gar nicht mehr selbst wahrnehmen und spüren. Die Anwesenheit ihres Freundes ändert daran nichts. Es fällt ihr leichter, über ihren Anspruch nach Anerkennung durch ihren Ex-Mann zu sprechen, als über die Vorzüge ihres neuen Lebensgefährten. Sie ist stärker auf negative Weise mit ihrem geschiedenen Mann verbunden, als auf positive Weise mit ihrem Freund. Die bisher für sie undenkbare Vorstellung, die beanspruchte Anerkennung von ihrem Mann vielleicht nicht mehr zu bekommen und die Hoffnung darauf begraben zu müssen, löst Tränen aus.

Wir können nur etwas als ungerecht erfahren, wenn wir eine klare und unumstößliche Vorstellung von Gerechtigkeit haben, einen stabilen Soll-Wert der Gerechtigkeit. Gerade dieser positiv besetzte Wert kann in einem Leben aber erheblichen Schaden anrichten. Unsere Vorstellungen von

Gerechtigkeit bereiten das Schlachtfeld nicht nur für die zermürbenden Kämpfe mit anderen um Recht, Ansprüche und Ausgleich von Ungerechtigkeiten. Sie können auch zur Selbstvernichtung führen. Wenn der Anspruch auf Gerechtigkeit nicht in ausreichendem Maße eingelöst, die Hoffnung auf Gerechtigkeit aber weiterhin gepflegt wird, lassen sich immer neue Quellen von Ungerechtigkeit entdecken. Niederdrückende Gefühle wie Neid oder Hass speisen sich aus der unerschöpflichen Quelle der Gerechtigkeitsansprüche.

Was vielleicht einmal als Pech oder Schicksal galt, wird nun als Benachteiligung und Ungerechtigkeit empfunden und drängt auf ausgleichende Gerechtigkeit. Die Herstellung von Gerechtigkeit ist zur Pflicht geworden. Wenn jedes Unglück und jede Ungerechtigkeit neue Ansprüche begründen, dann wird das schmerzhafte Erleben des Unrechts schließlich zum Maß aller Dinge. Das Leben wird zur ständigen Enttäuschung: Man wird schließlich kaum je genug geliebt, gewürdigt, geachtet, belohnt, das heißt so gerecht behandelt, wie es einem nach eigenem Dafürhalten zusteht. Doch je größer der Ehrgeiz ist, umso magerer erscheint das Ergebnis.

Der Soll-Wert der Gerechtigkeit und das Empfinden eines Gerechtigkeitsmangels erzeugt Ansprüche auf ausgleichende Gerechtigkeit. Diese Ansprüche werden anderen gegenüber geltend gemacht, man klagt ein und an und hofft auf Ausgleich. Ansprüche können aber auch gegenüber sich selbst geltend gemacht werden, wenn man sich selbst oder anderen etwas schuldig geblieben ist. In beiden Fällen wird auf Wiedergutmachung durch ausgleichende Gerechtigkeit gesetzt. Diese zweifachen Wiedergutmachungsansprüche haben oftmals einen hohen Preis, der zu zahlen ist, ohne dass man dafür das Gewünschte und Beanspruchte erhält.

Schuldner und Gläubiger

Werden Ansprüche nicht eingelöst, entstehen Schulden, und Schulden sind zu tilgen. Dabei können Schuldner- und Gläubigerrollen unterschiedlich verteilt sein.

»Ich habe Ansprüche an andere!« ist eine Möglichkeit; »Ich selbst bin anderen etwas schuldig geblieben« eine andere. Die entstandene Schuld kann ich durch Wiedergutmachung zu tilgen und durch mir selbst auferlegte Buße zu sühnen versuchen. Dabei sind die Wiedergutmachungsanstrengungen manchmal so leidvoll, dass sie gleichzeitig zur Buße oder Sühne werden.

Menschen haben aber auch Ansprüche an sich selbst, und zwar immer mehr und immer höhere. Sie bleiben sich selbst etwas schuldig. Wenn ich mein eigener Schuldner und Gläubiger bin, stehe ich vor der Aufgabe, meine Schuld bei mir selbst zu tilgen. Ich kann zunächst meine Bemühungen verstärken, meinem hohen Selbstanspruch endlich zu genügen und zusätzlich die schon entstandene Schuld abzutragen. Eine anstrengende Sache, da ich als Gläubiger meiner selbst meist sehr unnachgiebig bin. Schuldenerlass kommt nicht in Frage. Die Schuldenfalle schnappt zu: Je mehr ich versuche, meine Schulden bei mir selbst zu tilgen, umso mehr bleibe ich mir etwas schuldig, und die Schulden wachsen und wachsen.

Aktion Sühnezeichen – Frau Neumann, das Böse, die Schuld und die Wiedergutmachung

Frau Neumann ist 61 Jahre alt, seit 25 Jahren verheiratet und hat zwei erwachsene Kinder. Ihr Sohn ist 24 Jahre alt und Musiker, ihre Tochter 21 Jahre, Studentin der Tiermedizin. Frau Neumann ist Rechtsanwältin. Sie leitet eine Kanzlei und fühlt sich ausgelaugt und ausgebrannt. Die

Kanzlei geht gut. Sie wird von ihren Mandanten geschätzt, kann aber, wie sie sagt, nicht »nein« sagen und übernimmt mehr Mandate, als sie eigentlich bewältigen kann. Das Ergebnis: Sie hat keine Freizeit mehr, arbeitet auch am Wochenende, leidet inzwischen an Schlafstörungen, die ihren ausgelaugten Zustand weiter verschärfen. Sie zeigt typische Merkmale eines Burn-out-Syndroms und einer Erschöpfungsdepression.

Frau Neumann war schon einmal verheiratet. Aus ihrer ersten Ehe gibt es eine Tochter, die inzwischen 35 Jahre alt, selbst verheiratet und Mutter zweier Söhne ist. Frau Neumann hat aber weder zu dieser Tochter, noch zu ihren Enkelkindern irgendeinen Kontakt. Die erste Ehe ist für Frau Neumann ein dunkles Kapitel ihrer Biographie. Damals habe sie »Scheiß gebaut und gesündigt«. Sie habe getrunken und »unglaubliche Dinge« angestellt, Gesetzesverfehlungen und moralische Verfehlungen, für die sie sich bis heute schäme. Sie habe ihre erste Ehe auf dem Gewissen. Noch schlimmer: Sie habe damals ihre kleine Tochter im Stich gelassen, die in ein Heim und später in eine Pflegefamilie gekommen sei. In die Scham mischt sich Wut auf ihre eigene Mutter, von der sie sich im Stich gelassen fühlte, weil sich diese nicht um ihre kleine Enkeltochter gekümmert hatte.

Die Erinnerung an ihren Vater, einen Juristen, beschränkt sich auf die verächtliche väterliche Feststellung, dass eh' nichts Gescheites aus seiner einzigen Tochter werden würde.

Nachdem Frau Neumann vom Alkohol abgelassen, erneut geheiratet und eine neue Familie gegründet hatte, begann sie ein Jurastudium, das sie mit Bravour meisterte. Sie hat sich ständig weiterqualifiziert und spezialisiert. Inzwischen ist sie Fachanwältin für Familien- und Sozialrecht. Dem Vater, sagt sie trotzig, habe sie es gezeigt. Nun habe sie es doch geschafft, und es sei etwas aus ihr geworden. Die Wut auf die Mutter ist ungebrochen; sie sei inzwischen auf Hilfe angewiesen, von Seiten der Mutter sei also nicht mehr auf Unterstützung zu hoffen. Für ihre beiden Kinder ist Frau Neumann keine Anstrengung zu viel. Sie finanziert großzügig das Studium ihrer Tochter und unterstützt den Sohn, der nur ein geringes Einkommen als Orchestermusiker an einem kleinen Theater bezieht. Das ist auch ihre Rechtfertigung für ihr immenses Arbeitspensum in der Kanzlei. Sie hat sich geschworen, es auf jeden Fall besser zu machen als ihre eigene Mutter. Sie wolle die eigenen Fehler und die ihrer Mutter auf keinen Fall wiederholen. Ihre beiden jüngeren Kinder sollen nicht das Gleiche erleben wie ihre älteste Tochter. Ihr Mann spielt nur eine Nebenrolle. Er taucht in dem Bericht von Frau Neumann nicht auf.

Hier zeigt sich ein zweifaches Schuld- bzw. Beschuldigungsszenario, gespeist aus dem Soll-Wert der Gerechtigkeit und den sich daraus ergebenden Ansprüchen. Da ist zum einen die Beschuldigung der eigenen Mutter, die ihr etwas schuldig geblieben ist, und zum anderen die Selbstbeschuldigung, da Frau Neumann sich gegen ihr eigenes Glaubenssystem vergangen hat. Die Versuche zur Wiedergutmachung der eigenen Schuld führen sie an die Grenze ihrer Belastbarkeit und darüber hinaus.

Herr Claus: Die Aufgabe, die Disziplin und die Kapitulationsverweigerung

Herr Claus ist 70 Jahre alt, sein Zustand beunruhigt ihn und seine Lebensgefährtin, mit der er seit 30 Jahren zusammenlebt. Er hat ständig Angst und Selbstmordgedanken und wurde vor vielen Jahren schon als depressiv diagnostiziert. In den vergangenen Monaten hat er 30 kg an Gewicht verloren. Sein Zustand hat sich dadurch noch weiter verschlechtert. Er und seine Lebensgefährtin wissen nicht mehr weiter.

Herr Claus selbst sieht sich in einer Falle gefangen, die immer wieder zuschnappt. Dieser Zustand sei unerträglich, sagt er, er sei nahe daran, »über den Jordan zu gehen«. Bis jetzt habe er aber durchgehalten, weil er ein zäher Hund sei. Er glaube immer noch daran, dass er sich »aus der Scheiße« herausarbeiten könne. Seine Kindheit sei belastend gewesen. Gegen Ende des Zweiten Weltkrieges musste er miterleben, wie seine Eltern in einer Turnhalle erschossen werden sollten. Dann hatten aber Soldaten die Halle gestürmt und die Erschießung verhindert. Dieses Erlebnis sitze ihm immer noch in den Knochen. Er habe damals eine ungeheure Angst und unerträgliche Ohnmacht empfunden, weil er seine Eltern aus eigener Kraft nicht hätte retten können. Später habe er sich dann mit seinen Eltern, besonders mit seiner Mutter, fest »verschweißt«. Deshalb habe er eigentlich keine übliche Kindheit und Jugend erlebt. Er sei voll und ganz mit der Aufgabe beschäftigt gewesen, seinen Eltern, besonders seiner Mutter, ein angenehmes Leben zu bereiten. Zu seinem Vater habe all die Jahre kein wirklicher Kontakt bestanden. Der Vater war beruflich viel unterwegs, und er selbst habe sich die Aufgabe gestellt, den Vater, wenn er denn da war, in die Familie zu integrieren und ihm eine angenehme familiäre Atmosphäre zu schaffen. Unter anderem habe er sich immer bemüht, gute Noten aus der Schule nach Hause zu bringen, aber auch das habe nichts genutzt. Die Beziehung zum Vater sei nie innig geworden.

Nur einmal sei es anders gewesen. Sein Vater hatte sich mit der Axt verletzt und war sechs Wochen krankgeschrieben worden. Die letzten 14 Tage davon habe er mit seinem Vater nur im Wald verbracht, und das sei für ihn – seine Augen fangen an zu leuchten – eine ungeheuere Erfahrung gewesen: wenn morgens die Sonne aufging und sie wie Jäger durch den Wald gestreift seien, ohne dass man irgendetwas habe erbringen oder leisten müssen. Alles sei plötzlich so klar und gut gewesen. Da habe er die Welt mit anderen Augen gesehen.

Seine depressiven Krisen beschreibt Herr Claus als einen Tsunami, der immer wieder über ihm zusammenschlage. Er komme aber immer wieder aus dieser Falle heraus, dank seiner »soldatischen Haltung«. Man dürfe eben den Kampf nicht aufgeben und nicht kapitulieren. Doch das falle ihm immer schwerer. Kaum sei er wieder einigermaßen beieinander, zerstöre ihn die nächste Welle schon wieder. Das könne so nicht weitergehen.

Er sei inzwischen älter geworden, und die letzten Meter, die Restlaufzeit seines Lebens, wolle er nicht mehr mit diesen Krisen vergeuden. Die Frage, was denn stattdessen in seinem Leben Raum bekommen solle, macht ihn ratlos. Er habe ständig die Angst, etwas zu verlieren.

Sein Therapeut macht ihm den Vorschlag, seine Ansprüche an sich selbst, die bisher sein Leben geleitet haben, aufzulisten. Dann könne darüber nachgedacht werden, welche dieser Ansprüche er weiter aufrechterhalten und welche er in Zukunft aufgeben wolle. Herr Claus selbst meint, dass er möglicherweise ein Komplize seiner selbst werden wolle, statt sein eigener Gegner zu bleiben. Später meint er, er habe das Gefühl, als sei eine Lawine ins Rollen gekommen, als beginne jetzt seine Pubertät. Es habe sich etwas gelöst. Nun seien seine Eltern wirklich tot. Statt mit dem Tsunami sei er inzwischen mit dem »old man river« beschäftigt, dem Mississippi. Er genieße die Vorstellung, sich wie Huckleberry Finn auf dem Mississippi treiben zu lassen. In diesem Gespräch wirkt Herr Claus locker und entspannt. Man hat den Eindruck, er sei Jahrzehnte jünger, als es seinem biologischen Alter entspricht.

Plötzlich jedoch, wie aus heiterem Himmel, verändert sich seine Stimmung, er wirkt verkrampft und angespannt und spricht von Verrat. Er habe das deutliche Gefühl, dass er ein Verräter sei, auch wenn er nicht wisse, wen oder was er verraten habe.

Familie Maurer:
Die Frage nach Schuld und Unschuld

Herr Maurer (73) und seine Frau (68) sind seit 49 Jahren verheiratet und haben drei erwachsene Kinder, einen Sohn und zwei Töchter.

Frau Maurer ist seit etwa zehn Jahren depressiv und nimmt unterschiedliche Antidepressiva, die ihr der Hausarzt verordnet; die Wirkung ist nur mäßig. Frau Maurer leidet unter massiven Schlafstörungen.

Beide Eltern sind voller Schuldgefühle gegenüber der einen Tochter, Angelika. Angelika ist 45 Jahre alt, unverheiratet, arbeitslos und wohnt in der Nähe der Eltern. Angelika wirft den Eltern, besonders der Mutter, vor, sie seien an den Misserfolgen in ihrem, Angelikas, Leben schuld. Ihr Leben sei durch die Eltern verwirkt.

Seit zehn Jahren ist Angelika bei einem Psychologen wegen Beziehungsproblemen, einer Angstproblematik und beruflichem Versagen in Behandlung. In der Psychotherapie sei festgestellt worden, dass ihre Probleme auf traumatische Erfahrungen in ihrer Kindheit zurückgingen. Sie habe mehrfach von ihrer Mutter Prügel bezogen und ihre beiden Geschwister nicht.

Angelika hat Betriebswirtschaftslehre studiert und sollte eigentlich das Familienunternehmen – ein erfolgreiches Bauunternehmen mit 60 Mitarbeitern – weiterführen. Es gab in den letzten Jahren denn auch zwei Anläufe, im elterlichen Unternehmen mitzuarbeiten. Beide scheiterten. Außerdem gründete Angelika eine kleine Immobilienfirma, die aber nach kurzer Zeit in die Insolvenz ging. Die Eltern hatten Angelika bis dahin mit etwa 500 000 € unterstützt – eine Summe, von der nie etwas zurückbezahlt wurde.

Die Eltern machen sich Angelikas Schuldvorwürfe zu eigen. Besonders die Mutter fühlt sich für die problematische Entwicklung Angelikas verantwortlich, bedauert die Prügel sehr und hat sich wiederholt bei ihrer Tochter dafür entschuldigt. Aber Angelika nimmt die Entschuldigung nicht an – was der sehnlichste Wunsch der Eltern wäre. Die Mutter ist täglich, besonders aber in der Nacht, mit Angelika, deren Lebensproblemen und vor allem mit der ihr angelasteten Schuld beschäftigt. Ferienreisen bringen keine Erholung. Wie weit die Eltern auch wegfahren, Angelika und ihre Vorwürfe sind ständig anwesend.

Die Situation zwischen den Eltern und Angelika eskaliert, als das Ehepaar Maurer einen gemütlichen Abend mit den Enkelkindern verbringt und Angelika dazukommt. Man spielt zusammen Karten, es ist ein für alle angenehmer und entspannter Abend. Aber als die Enkelkinder nach Hause gegangen sind, fasst Angelika den Abend zusammen: Einen solchen Abend im Familienkreis werde sie, Angelika, nie mit einer eigenen Familie erleben, weil die Mutter ihr Leben zerstört habe. Der Vater weist die Tochter zurecht und verbietet ihr, so mit ihrer Mutter zu sprechen. Angelika wehrt sich gegen die Zurechtweisungen und stößt ihren Vater heftig vor die Brust. Er weicht zurück, strauchelt und fällt gegen den Türpfosten der Wohnzimmertür. Angelika geht auf die Mutter zu, bleibt vor ihr stehen, zögert einen kurzen Moment und schlägt dann der Mutter ins Gesicht. Die Eltern sind vor Schreck erstarrt. Angelika verlässt das elterliche Haus. Trotzdem überlegen die Eltern noch einmal, Angelika einen Brief zu schreiben und, wie schon so oft, um Verzeihung zu bitten. Doch dann entscheidet sich die Mutter, ihre Tochter lieber anzurufen. Angelika verweigert das Gespräch. Sie werde sich melden, wenn es für sie wieder an der Zeit sei, sich zu melden. Die Eltern bleiben ratlos zurück. Frau Maurers Zustand verschlechtert sich weiter. In dieser Situation suchen die Eltern einen Psychotherapeuten auf, in der Hoffnung, dass dieser ihnen helfen möge, mit ihrer Schuld fertig zu werden.

Im Gespräch mit dem Psychotherapeuten wird deutlich, wie sehr die Eltern ihr eigenes Wohlbefinden vom Wohlwollen ihrer Tochter abhängig machen. Wie sehr sie sich verantwortlich fühlen für die Art und Weise, wie ihre Tochter ihr Leben führt. Es wird aber auch deutlich, dass dieses Verhalten der Tochter bisher in keiner Weise geholfen hat. Im Gegenteil: Es scheint nur Verlierer zu geben. Die Tochter hat – in Kooperation mit einem psychotherapeutischen Co-Autor – ein stabiles Drehbuch für ihr Leben entwickelt, nach dem sie konsequent lebt. Den Eltern geht es umso schlechter, je mehr sie sich die Schuldvorwürfe ihrer Tochter zu eigen machen und je mehr sie versuchen, von ihrer Tochter Vergebung zu erlangen. Je mehr sie dies tun, umso mehr bestätigen sie das Drehbuch ihrer Tochter. Je mehr die Tochter sich in ihrem Drehbuch bestätigt fühlt, umso mehr fühlt sie sich berechtigt zu ihren Schuldvorwürfen, und umso weniger kommt Vergebung in Frage.

Herr Bauer: Pläne haben, sich nicht irritieren lassen, erfolgreich und beliebt sein!

Herr Bauer ist 40 Jahre alt und Literaturwissenschaftler. Er stammt aus sehr einfachen Verhältnissen, aus einer Flüchtlingsfamilie, deren Mitglieder über viele Generationen vor dem Zweiten Weltkrieg einfache Landarbeiter waren. Sein Vater arbeitete nach dem Krieg als Tagelöhner auf dem Land und später als Fabrikarbeiter. Er war kaum des Schreibens und Lesens mächtig, da er nur wenige Jahre eine Schule besucht hatte. Auch die Mutter stammt aus einer Flüchtlingsfamilie, hat aber acht Jahre eine Klosterschule besucht. Sie ist es, die ihren Sohn für etwas Besonderes hält. Nicht nur, weil er ihr Erstgeborener ist, sondern weil er auch anders als die anderen Kinder sei. Er hat nur wenige Freunde und wird schon früh von seiner Mutter zum Lesen angehalten.

Hoffnungsvoll betrachtet von der Mutter, skeptisch beobachtet vom Vater, unterstützt durch einen Lehrer, kann Herr Bauer als Stipendiat ein Internat besuchen. Dort fühlt der Junge sich zunächst wie ein Fremdkörper, ergreift aber bald schon die Chance, etwas aus sich zu machen. Er erinnert sich an einen Satz seiner damals schon etwas verwirrten Großmutter: »Der wird mal Professor!« Wohl so etwas wie ein Businessplan, meint Herr Bauer im Nachhinein.

Die nächsten Jahre werden für den jungen Mann anstrengend, aber auch erfolgreich. Über die Etappen Klassenbester, Abitur, Studium, Doktorarbeit, Habilitation ist etwas aus ihm geworden. Der Businessplan hat funktioniert. Um mit der Großmutter zu sprechen: Es fehlt nur noch der Professorentitel, dann wären wohl alle Ansprüche, die er selbst oder auch andere an ihn hatten, erfüllt. Dann wäre er niemandem etwas schuldig geblieben, auch sich selbst nicht: Was er erreicht hat, hat er aus eigener Kraft erreicht.

Seine Bewerbungen für verschiedene Professorenstellen bleiben jedoch erfolglos, obwohl er überzeugt ist, die besseren Voraussetzungen zu haben und besser qualifiziert zu sein als seine jeweiligen Mitbewerber. Die Situation stürzt ihn in eine schwere Krise, er betrachtet sein Leben als gescheitert.

Das hohe Energieniveau, das ihn über Jahrzehnte bei der Umsetzung seines »Businessplans« begleitet hat, ist dramatisch gesunken. Er fühlt sich kraftlos und leer, weiß nicht, wie er den Tag durchstehen soll, und manchmal schafft er es kaum, das Haus zu verlassen. Massive Schlafstörungen kommen dazu. Ein Arzt stellt die Diagnose Depression und behandelt ihn seit längerer Zeit mit Antidepressiva, ohne durchschlagende Ergebnisse. Freunde und Kollegen wenden sich von ihm ab. Es scheint kein Vergnügen zu sein, ihm zu begegnen oder länger mit ihm zu tun zu haben. Seine Frau macht sich Sorgen um ihn, ist aber oft auch ärgerlich. Sie versucht ihm klarzumachen, dass er doch ein äußerst erfolgreiches Leben führt. Das überzeugt ihn nicht, im Gegenteil: Er fühlt sich nun auch von ihr unverstanden und zieht sich immer mehr in sich selbst zurück. Die liebevolle Ehefrau ist ihm nun auch zur Belastung geworden, weil ihre gutgemeinten Aufmunterungen nur sein Gefühl des Versagens verstärken.

Seiner Frau erzählt er von zwei Träumen, die er wohl mit 15 oder 16 Jahren zum ersten Mal geträumt habe, die sich aber als Wiederholungsträume bis zum heutigen Tag erhalten haben: Der erste Traum lässt ihn immer in guter Stimmung aufwachen: Er fliegt als Adler frei und ungebunden durch die Lüfte und über herrliche Landschaften hinweg. Der zweite Traum ist ein Albtraum: Wieder ist er ein Adler, doch steckt er im Asphalt einer Autobahn fest und ist voller Angst, überfahren zu werden.

Frau Hillen: Es sind die anderen, die mir übel mitspielen!

Frau Hillen war zwei Mal verheiratet, hat aus beiden Ehen je ein Kind und seit einiger Zeit einen Freund, mit dem sie aber nicht zusammenlebt.

Sie hat das Gefühl, im Leben immer zu kurz gekommen zu sein. Schon die frühesten Erinnerungen sind Erinnerungen des Neids auf ihre ältere Schwester. Ihr sei nicht nur die Zuwendung und Wertschätzung, besonders von der Mutter, vorenthalten worden, auch in kleinen Dingen sei sie immer benachteiligt worden, bis hin zum Essen, wo die

Schwester die größeren Portionen bekommen habe. Zwar habe der Vater ihr Aufmerksamkeit und Zuwendung geschenkt, doch habe dies die ungleiche Behandlung nie aufwiegen können. In der Schule sei sie immer mit ihrer Schwester verglichen worden und habe dabei den Kürzeren gezogen. In ihrer Ausbildung zur Sozialarbeiterin fühlte sie sich gegenüber den andern Studenten benachteiligt. Bei der Wahl ihres ersten Mannes hatte sie Pech. Sie musste dafür sorgen, dass der Laden lief, und ihren Mann »managen«, ohne dass er ihr je zur Seite gestanden hätte. Nach der Scheidung lag die Versorgung ihres gemeinsamen Sohnes allein bei ihr. Ihre zweite Ehe sei dann ein Lichtblick gewesen, aber leider nicht von Dauer. Eine seit langem geführte heimliche Affäre ihres zweiten Mannes flog auf. Seinen Vorschlag, verheiratet zu bleiben, aber die bisher heimliche Affäre nun offen weiterzuführen, lehnte sie ab. Die Ehe wurde daraufhin geschieden. Wieder wurde ihr böse mitgespielt. Sie verlor ihre finanzielle Sicherheit und hatte aufs Neue die Last der Alleinverantwortlichkeit – nun auch für die kleine Tochter – zu tragen. Heute arbeitet sie wieder als Sozialarbeiterin. Aber während für ihre Klientel eine Menge getan werde, helfe ihr niemand.

Frau Hillen hat viele dick gefüllte Rabattmarkenbücher angesammelt für ihre Benachteiligungen und unerfüllten Ansprüche, für all das, was schlechte Menschen und das Leben selbst ihr vorenthalten haben.

Inzwischen leidet sie an einer Depression. Sie fühlt sich schon am Morgen vor dem Aufstehen erschöpft und findet nachts keinen Schlaf, weil sie in Gedanken immer wieder ihre vielen dicken Rabattmarkenbücher durchblättert. Ihre Ärztin nennt das Grübeln. Ihr Leben besteht vor allem aus Anklagen, gleichzeitig weigert sie sich, positive Erlebnisse als solche zur Kenntnis zu nehmen. Die sozialen Kontakte mit anderen Menschen verkümmern immer mehr. Es macht anderen offensichtlich keinen Spaß, immer nur ihre Klagen anzuhören. Frau Hillens Leben besteht aus vergangenem, vorenthaltenem Leben, aber aus keinerlei offener Zukunft.

Frau Hillen und viele andere Menschen übersetzen erlebte Kränkungen und empfundenes Leid in Anklage und besetzen auf diese Weise die Stelle des unbeugsamen Tugendwächters der Norm, die andere verletzen. Zukünftig kann *jede* denkbare Entwicklung, Reaktion und Erfahrung als Bestätigung des eigenen moralischen Werturteils gewertet werden. Wenn jemandem unterstellt wird, er sei böse, hat er zwar mehrere Möglichkeiten, aber keine Chance. Verhält er sich übervorteilend, abweisend oder fordernd, bestätigt er das vorhandene negative Fremdbild; ist er hingegen freundlich, zuvorkommend und hilfsbereit, so tarnt er sich nur, denn er ist ja in Wirklichkeit böse. So oder so muss er weiterhin als ein Böser behandelt werden – bis er irgendwann wirklich böse wird und man sich »zufrieden,« d. h. wieder übervorteilt, aber bestätigt, fühlen kann. Erfahrungs- und Erlebnismöglichkeiten schränken sich ein. Man ist zwar bestätigt, aber niedergedrückt und reduziert: eben depressiv.

Forever young

Es gibt so manches, was wir vielleicht gern für immer behalten würden. Aber leider ist die verlässlichste Konstante in unserem Leben die Veränderung. Mit der Zeit verändern sich unser Leben und wir uns selbst. Zwar soll die Zeit Wunden heilen, aber sie schlägt auch welche, und dass nicht alles so bleibt, wie es ist, erfahren wir alle.

Erinnern Sie sich nur an einen zweiwöchigen Urlaub. Vermutlich haben Sie auch schon die Erfahrung gemacht, dass sich die erste Urlaubswoche auf eine merkwürdige, aber deutliche Weise von der zweiten unterscheidet. Die ersten Tage des Urlaubs scheinen Ihnen unendlich lange. Sie enden fast nicht. Sie haben den Eindruck, dieser Urlaub wird wahrscheinlich nie zu Ende gehen.

Plötzlich, wie von Geisterhand, verändert sich mit Beginn der zweiten Urlaubswoche fast alles. Die Tage vergehen immer schneller. Von einem unendlichen Urlaub kann keine Rede mehr sein. Wird man es überhaupt schaffen, noch einmal an diese wunderbare Bucht zu kommen, die man in der ersten Woche entdeckt hat? Noch einmal dieses herrliche Restaurant aufzusuchen, in dem man den vielleicht besten Fisch seines Lebens genossen hat? Die Zeit beschleunigt sich plötzlich auf eine in der ersten Woche kaum vorstellbare Weise. Die Tage eilen vorbei wie im Flug, und schon steht man ungläubig am Check-in-Schalter des Flughafens. Was ist geschehen?

Die meisten Menschen nehmen in der ersten Hälfte eines begrenzten Zeitraumes die Ereignisse vom Beobachtungsstandort des Beginns aus wahr. Von dort her wird die Zukunft als fast unendlich erlebt. Das Leben entfaltet sich in einem offenen Raum. In der zweiten Hälfte eines begrenzten Zeitraums nehmen die meisten den Beobachtungsstandort des Endes ein. Nun ist Zukunft begrenzt und endlich. Das Leben verkürzt sich in einem begrenzten Raum, der immer begrenzter wird, von Stunde zu Stunde, von Minute zu Minute. Es ist die Zeit des Verlustes.

Wir sind alle in unserem eigenen Leben diesen Veränderungsprozessen unterworfen, ob wir wollen oder nicht. Das meiste bleibt nicht so, wie es ist oder wie es war. Zum Beispiel bei der Zeitungslektüre kann man das feststellen. Vielleicht hat man als junger Mensch die Lektüre der täglich ins Elternhaus gelieferten Zeitung mit dem Sportteil begonnen oder auf den Sportteil beschränkt. Später beginnt man vielleicht mit dem Politikteil, weil man selbst Politik und das politische Kämpfen für einen wesentlichen Teil seines Lebens hält. Ein paar Jahre später, mehr oder weniger enttäuscht und desillusioniert vom Lauf der Welt, hat man sich vielleicht auf das, was bleibt – die Kunst und die Literatur – konzentriert, und beginnt oder beschränkt sich gar auf das Feuilleton, bis man schließlich bei den Todesanzeigen angekommen ist. Dort interessieren weniger die Sterbedaten als die Geburtsdaten der Gestorbenen. Einerseits ist man erschrocken, dass die Einschläge immer näher kommen, anderseits erleichtert, dass man selbst (noch) nicht dabei ist.

Die zweite Urlaubswoche oder Lebenshälfte hat unweigerlich begonnen. Wir beginnen uns selbst und unser Leben vom Ende her zu betrachten und registrieren, zunächst erschrocken, den Verlust, das Nicht-Mehr.

Die Unsterblichkeit und die Krise in der Lebensmitte

In den Zeiten, als wir noch vom Beginn, das heißt, von der Geburt aus wahrgenommen und erlebt haben, waren die meisten von uns mehr oder weniger davon überzeugt, dass die Sache mit der Sterblichkeit des Menschen ja durchaus stimmt, aber doch eher für die anderen. Man selbst hielt sich für unsterblich. Inzwischen wird einem langsam klar, dass das mit der eigenen Unsterblichkeit wahrscheinlich doch nichts werden wird. Gleichzeitig steht vieles von dem in Frage, was bisher zweifelsfrei und selbstverständlich Grundlage unseres Handelns und unseres Selbstverständnisses war: Immer wieder neu beginnen, Neues erobern, um etwas, meist um Mehreres kämpfen, Gelegenheiten nutzen, gewinnen, aufbauen und investieren, sich einmischen in dies und jenes, Ansprüche entwickeln und Ansprüche energisch verwirklichen.

All das, was über lange Zeit in unterschiedlichen Bereichen mehr oder weniger gut funktioniert hat, scheint nun nicht mehr zu funktionieren. Die bisher gültigen Vorstellungen haben ihre selbstverständliche Gültigkeit verloren. Das ist kein neues Phänomen. Meist wird es als Midlife-Crisis bezeichnet – was etwas ungenau ist, weil diese Krise nicht unbedingt in der Mitte des Lebens auftreten muss. Man weiß ja, bevor man gestorben ist, nicht, was die Mitte des Lebens war. Solche Krisen können im Übrigen mehrfach auftreten und sich in unterschiedlichen Bereichen (Partnerschaft, Familie, Beruf, Körper ...) manifestieren. Die Internetblogs sind voll davon:

»Hallo, ich bin 40 und befinde mich seit ca. 4 Monaten in der schlimmsten Krise meines Lebens. Habe das Gefühl, ich muss alles hinschmeißen, ohne einen eigentlichen Grund zu kennen und ohne zu wissen, wohin ... Ich bin seit 10 Jahren verheiratet und habe eine 5-jährige Tochter. Meinen Mann kenne ich seit 25 Jahren – wir waren sozusagen unsere ersten großen Lieben. In den ersten 15 Jahren unserer Beziehung, vor unserer Hochzeit, waren wir einige Male getrennt – jedoch nie lange. Er hatte eine andere kurze Beziehung, ich eine kleine Liebschaft. Dann haben wir geheiratet, und ich würde sagen, unsere Liebe wurde immer schöner. Vor drei Jahren hatte mein Mann eine große Krise und wir standen fast vor der Trennung – er fühlte sich mit allem überfordert: Kleinkind zu Hause, fordernde Ehefrau, fordernde Eltern, Haus, anspruchsvoller Job. Ich habe ihm damals alle Liebe gegeben und stark an uns geglaubt, habe losgelassen, und so kam mit der Zeit alles wieder ins Lot – noch mehr: Es begann eigentlich die schönste Zeit in unserem Leben, und ich fühlte mich unendlich glücklich, da ich liebte und wiedergeliebt wurde – alles war perfekt. Seit April 2008 bin ich wieder halbtags berufstätig, und nur wenige Wochen später merkte ich, dass ich immer unzufriedener wurde und dies an meinem Partner ausließ. Darüber begann ich nachzugrübeln. Im August fuhren wir in den Urlaub, ich war sehr angespannt, wurde kurz vorher noch mit einem Magen-Darm-Virus krank, habe die Woche vorher noch täglich gearbeitet, hatte noch zwei Familiengeburtstage – kurzum: Alles war irgendwie zu viel, und seit einem kleinen Streit mit meinem Mann stecke ich in der Krise. Habe mich gefragt, ob ich alles noch will, ob ich ihn noch liebe, ob alles nur noch Gewohnheit ist … Meine Gedanken drehen sich im Kreis, ich weiß nicht mehr ein und aus und habe das Gefühl, das Kostbarste, was ich je besessen habe, verloren zu haben: Die Harmonie in meiner Familie, ein liebevoller Partner mit einer tollen Tochter … alles scheint mir nicht mehr wichtig zu sein – ich weiß nicht mehr, was ich will –, doch eigentlich möchte ich nur mein altes Leben zurück. Es gibt Tage, da will ich nur noch weg, um etwas zu bewegen und zu erfahren, ob es mir dann besser geht; dann weine ich nur noch und bin hoffnungslos und habe Angst, dass es nie wieder so wird wie früher: Mein Leben war schön! Ich war inzwischen beim Psychiater und bin in Psychotherapie. Wir fangen an, mein gesamtes Leben aufzuarbeiten – ich hatte als Mittzwanzigerin Magersucht, und schon viel früher hatte ich einen ähnlichen Grübelzwang wie heute. Wahrscheinlich habe ich das alles nie wirklich aufgearbeitet. Die Magersucht habe ich damals durch ›wieder essen‹ überwunden – doch es ist ja eine Sucht, die wahrscheinlich jetzt ein anderes Ventil sucht … Ich weiß es nicht, Fragen über Fragen, keine Antworten, dauernde Zweifel an mir und dem, was ich ›vielleicht‹ will. Es ist, als habe ich mich verloren. – Vielleicht finde ich mich aber auch erst jetzt. Ich nehme zunächst Johanniskraut – manchmal hilft's, zumindest weine ich dann nicht ständig. An Antidepressiva trauen wir uns nicht so recht, da mein Puls eh nur bei ca. 50 Schlägen liegt und die die Herzschlagfolge ja noch mehr drücken. Im Moment bin ich kurz vor meiner Regel – da ist es besonders schlimm. Mit der Therapie geht es nur langsam voran – ich hatte erst drei Termine, und der nächste ist erst am 13. Jan. Manchmal verliere ich die Hoffnung, je wieder aus diesem Loch zu kommen, und ich habe Angst, den Traum von meiner Familie aufgeben zu müssen. Ich habe so viele Gedanken und weiß nicht mehr, welche wahr sind und welche nicht!«[194]

Wie man Depressionen zur Nachhaltigkeit verhilft

Die miese Stimmung bekämpfen: Aufmuntern, Optimismus verbreiten, Hoffnung vermitteln!

Frau Müller fühlt sich seit vielen Monaten niedergedrückt. Sie bewältigt ihren Alltag nur mit großer Anstrengung und hat sich deshalb aus vielen Aktivitäten zurückgezogen und ihre sozialen Kontakte deutlich reduziert. Sie isoliert sich immer mehr. Ihre Freundin Karin ist ihr geblieben. Sie hält ihr die Treue und lässt sich nicht abschrecken. Wenn sie zu Besuch kommt, versucht sie Frau Müller aufzuheitern: Nur nicht über Negatives reden oder das Gespräch darauf lenken! Stattdessen hat sie Vorschläge für ihre Freundin mitgebracht. Etwa so: Jetzt, wo der Frühling alles in frisches Grün verwandelt und die Tage wieder länger werden, sollten wir einen Ausflug machen. Was meinst du? Ich habe schon mit meinen Frauen vom Kirchenchor gesprochen, die kämen auch mit. Außerdem täte dir Bewegung wirklich gut. Ich jogge ja zwei Mal die Woche, ich könnte dich übermorgen abholen. Du wirst sehen, wie gut du dich danach fühlst! Karin hat noch weitere gut gemeinte Aufmunterungsvorschläge, die Frau Müller geduldig über sich ergehen lässt. Aber verstanden fühlt sie sich nicht: Wie naiv und ahnungslos, diese schauerliche Leere, diese grenzenlose Erschöpfung und Ausweglosigkeit durch Ausflüge und Jogging vertreiben zu wollen!

Die Optimismus verbreitenden Vorschläge bewirken

das Gegenteil von dem, was sie beabsichtigen. Sie unterschätzen und verharmlosen den Zustand, unter dem Frau Müller leidet. Es ist, als spreche man ihr die Berechtigung ab, sich so zu fühlen, wie sie sich nun einmal fühlt. Frau Müller fühlt sich angegriffen und tut daher das Naheliegende: Sie verteidigt sich und ihren Zustand. Sie tut dies, wie es der depressiven Stimmung entspricht: nur leise klagend, aber umso leidender. Die Bemühungen der Freundin führen nur dazu, dass sich die Stimmung noch weiter verschlechtert.

Wie geht es aber mit Frau Müller und ihrer Freundin Karin weiter? Wie zu erwarten, findet weder die lustige Kaffeefahrt noch das fröhliche Jogging statt. Dafür trübt sich nun die Stimmung bei Karin ein: Sie zweifelt an ihren Fähigkeiten, der Freundin zu helfen. Die Kontakte werden seltener, das schlechte Gewissen nimmt zu, ebenso wie Karins Ratlosigkeit. Sie glaubt, versagt zu haben, und das bekommt der Stimmung schlecht.

Nicht nur beste Freundinnen neigen zu gutgemeinten Ratschlägen im Kampf gegen die Depression. Auch Menschen, die professionell mit der Betreuung und Behandlung von Depressiven betraut sind, tappen oft in diese Falle. Ganze Institutionen werden zu Aufmunterungsanstalten, mit mäßigem Erfolg, aber nachhaltig katastrophalen Konsequenzen für die professionellen Aufmunterer. Denn nach den anfänglich noch größenwahnsinnigen Anstrengungen lässt das quälende Gefühl des Versagens nicht lange auf sich warten, wenn der Erfolg ausbleibt. Dem Depressiven ist nicht geholfen, aber der Klub der Niedergedrückten hat sich um neue Mitglieder erweitert.

Einfühlung ohne Grenzen

Eine weitere Möglichkeit, zur Verfestigung von Depressionen beizutragen, besteht darin, die Welt und das Leben genauso zu sehen wie der Depressive. Man teilt dieselben vergeblich angestrebten Soll-Werte. Man attestiert den Vorstellungen des Depressiven durch Zustimmung ihre Gültigkeit. Man macht die Soll-Vorstellungen des Depressiven zu seinen eigenen. Man steht in Treue fest zu dem Lebensentwurf und der Weltsicht des Depressiven. Schon nach kurzer Zeit denkt der Einfühlsame genauso wie der Depressive, und der Depressive fühlt sich dadurch in seinem Weltbild bestätigt. Aber nicht nur das: Die Gefühle und Stimmungen gleichen sich an. Es findet eine affektive Infektion statt. Eine stabile soziale Gemeinschaft von gleich Denkenden und gleich Fühlenden hat sich gebildet.

Der Depressive steht nicht mehr alleine vor der Klagemauer, sondern zusammen mit einer solidarischen Glaubensgemeinde von mies Gestimmten. Diese Gruppe nun fühlt sich moralisch erhaben, weil ihre Mitglieder die Augen vor Leid und Schmerz nicht verschließen. Es entsteht eine Gemeinschaft des Leidens in Liebe. Doch liegt hier ein Missverständnis vor: Jemanden lieben heißt nicht, genauso zu denken und zu fühlen wie der Mensch, den man liebt. Dadurch lassen sich vielleicht Konflikte und die befürchtete Trennung vermeiden. Aber der Preis, den alle dafür zu bezahlen haben, ist hoch.

Dazu ein letztes Beispiel. Frau Gruber leidet an Depressionen. Sie erkennt zwar, dass die Enttäuschung über ihren Mann und ihre Ehe einen wesentlichen Anteil an ihrem Zustand hat, ist aber nicht in der Lage, ihre Erwartungen und Ansprüche an die Beziehung zu verändern. Sie sieht es als ihren Liebesbeweis an, auch im persönlichen Leid bei ihrem Mann zu bleiben. Dieser wiederum empfindet das Leiden seiner Frau als persönliche Schuld, die er vergeblich abzutragen versucht. Beide haben sich auf ein gleiches Glaubenssystem eingespielt, eine Ehe, die mehr einem Kreuzweg gleicht als einer Verbindung, aus der man auch Energie und Freude ziehen kann. Dabei müsste Trennung nicht zwangsläufig der einzige Ausweg aus dem ehelichen Leidensghetto sein. Den Partner nicht für das eigene Glück verantwortlich zu machen und sich selbst nicht für das Glück des Partners würde möglicherweise schon ausreichen.

10
Die biologische Entsorgung von Depressionen

Wie entledigt man sich eines beunruhigenden und/oder unerwünschten Tatbestandes?

Eine bewährte Methode ist es, so zu tun, als sei das Geschehen dem eigenen Willen entzogen: zum Beispiel, weil eine Krankheit vorliegt, für die man nicht verantwortlich gemacht werden kann. Und schon ist die Welt wieder einigermaßen in Ordnung, alles kann so weitergehen wie bisher. Besonders effizient ist die Entsorgung, wenn es gelingt, den beunruhigenden Vorgang als körperliche Krankheit zu definieren.

Mad or bad?

Die Vorteile der biologischen Entsorgung mieser Stimmungen liegen auf der Hand: Beschuldigungen und Selbstbeschuldigungen erübrigen sich oder können doch drastisch reduziert werden. Wir tragen keine Schuld an dem Zustand, der uns ereilt hat. Stattdessen sind wir ein Opfer biologischer Vorgänge. Und die kann man untersuchen; es entsteht ein riesiges Betätigungsfeld für professionelle Biofahnder und Biotechniker. Zeitaufwendige Sprechstunden und Sprechtherapien erübrigen sich. Nun scheint es absurd, dass die konstatierte miese Stimmung etwas mit den Vorstellungen und Ansprüchen des Patienten oder gar mit dem ihn umgebenden Zeitgeist zu tun haben soll. Der Depressive ist ein Produkt und Opfer seiner Biologie. Im

Grunde hat er nichts mehr mit seiner Depression zu tun; sie wird im Hirnstoffwechsel entsorgt.

Dort, wo das Gehirn gewinnt, verliert aber der Geist. Wo vor allem Neurotransmitter, Synapsen und Moleküle von Bedeutung sind, lässt das Interesse an den Lebensgeschichten und Lebenserfahrungen depressiver Menschen nach und verschwindet nach einiger Zeit ganz.

Krankheiten werden in die Welt gesetzt – und manchmal auch wieder aus ihr entfernt

Was als Krankheit definiert wird, ist nicht zuletzt ein soziales Phänomen. Krankheitsbilder sind das Ergebnis von Konsensveranstaltungen, in denen sich ausgewählte Personen (Krankheitserfinder) darüber verständigen, welche Phänomene fortan als Teil bestimmter, von ihnen definierter Krankheitsbilder gelten sollen. Krankheiten können so in die Welt gesetzt und – was seltener geschieht – auch wieder aus der Welt entfernt werden.

Die Weltgesundheitsorganisation (WHO) erfasst Erkrankungen in einem Katalog, der International Classification of Diseases (ICD). Diese Kataloge sind das Ergebnis gesellschaftlichen Konsenses. In der bis 1992 gültigen neunten Ausgabe der ICD wurde Homosexualität unter dem Klassenkürzel 302.0 als Krankheit aufgeführt. Auch im Katalog psychischer Krankheiten (Diagnostic and Statistical Manual of Mental Disorders, kurz: DSM, damalige Auflage DSM-I) der American Psychiatric Association (APA) wurde Homosexualität als Krankheit geführt. Erst 1974 wurde diese »Krankheit« nach einem Mehrheitsbeschluss der Mitglieder der US-amerikanischen Psychiatrischen Gesellschaft aus der neuen Auflage des Krankheitenkatalogs (DSM-II) gestrichen. Über Nacht waren Millionen von Menschen von ihrer Krankheit geheilt. Die

Streichung erfolgte allerdings gegen den Widerstand der Amerikanischen Psychoanalytischen Vereinigung (American Psychoanalytic Association (APsaA)), die sich aber im sozialen Wettstreit um die Krankheit Homosexualität nicht durchsetzen konnte.

Ob die Definition der Homosexualität als Krankheit einen Fortschritt gegenüber ihrer Verurteilung als Sünde darstellte, wie sie die katholische Kirche noch immer praktiziert, mag dahingestellt sein. Immerhin ließ sich die katholische Kirche weder von der Erfindung der »Krankheit« Homosexualität noch von ihrer Streichung aus den verschiedenen Krankheitskatalogen abhalten, sie weiterhin in ihrem Sündenregister zu führen und dies auch öffentlich immer wieder kundzutun.[195]

Dass Krankheiten gestrichen werden, ist aber die Ausnahme. Eher werden ständig neue Krankheiten erfunden. Das DSM-III von 1980 enthielt 265 Diagnosen, das DSM-IV (TR) von 2000 schon 365 und das für 2013 angekündigte DSM-V, an dem heftig gearbeitet wird (Konsensveranstaltung!), wird noch mehr Diagnosen enthalten. Durchgesickert ist schon, dass es ab 2013 die Krankheit »hypersexual disorder« geben wird. Tiger Woods und zahlreiche andere hypersexuell Erkrankte werden sich freuen. Aber es wird nicht nur Freude aufkommen. Es wird auch immer schwerer werden, als Gesunder zu gelten. Einerseits! Andererseits wird das DSM-V eine einträgliche Goldader für die Pharmaindustrie werden und zu immensen Kosten für die vielen neuen Patienten führen, die im nun noch größeren Netz des DSM-V gefangen werden: »The way to sell drugs is to sell psychiatry illness.«[196] (Der Weg, Pillen zu verkaufen, führt über den Verkauf psychischer Krankheiten.)

Eine der wenigen, aber umso bedeutsameren Streichungen im angekündigten DSM-V sei aber noch erwähnt. Die Krankheit »narzisstische Persönlichkeitsstörung« wird es ab 2013 nicht mehr geben. Der Begriff Narzissmus geht auf die griechische Sage von dem schönen Jüngling Narziss zurück, der sich in unstillbarer Sehnsucht in sein eigenes Spiegelbild verliebte, nicht davon lassen konnte und dabei umkam. Bei der narzisstischen Persönlichkeitsstörung bedingen sich Selbstüberschätzung und Minderwertigkeitsgefühle, Selbstidealisierung und Selbstentwertung. Nun also soll diese Störung aus dem Krankheitenkatalog gestrichen werden. Wohl deshalb, weil es inzwischen als normal angesehen wird, sich so zu sehen und zu verhalten. Der Narzissmus ist zu einem Merkmal von Gesundheit geworden. Wer nicht narzisstisch ist, ist krank!

Neu hingegen ist die Aufnahme der »Posttraumatischen Verbitterungsstörung«[197] als Krankheit. Anlass dafür war die beunruhigende Zunahme von zornigen und desillusionierten Menschen nach der Auflösung der DDR. Diese Menschen empfanden die Entsorgung ihrer grundlegenden Wertannahmen auf dem Abfall der Geschichte als so ungerecht und einschneidend, dass sie Symptome entwickelten, die der Befindlichkeit depressiver Menschen nahekommt. Dabei sehen aber verbitterte Menschen das Versagen nicht, wie es die Depressiven meist tun, bei sich selbst, sondern bei anderen.

Aber nicht genug damit, dass es jetzt die »Posttraumatische Verbitterungsstörung« gibt. Die Diagnose soll auch biologisch wasserdicht gemacht werden. An der Charité in Berlin wird ein Forschungsprojekt durchgeführt, in dem die Verteilung von Immunzellen und Immunparametern untersucht wird, und funktionelle Magnetresonanztomographie-Untersuchungen (fMRT) sollen klären, welche Rolle der anteriore gyrus cinguli (eine bestimmte Gehirnregion) bei den Verbitterungsreaktionen spielt – ein Teil des Gehirns, der gerne bei psychischen Auffälligkeiten untersucht wird und etwa bei der Lobotomie operativ durchtrennt wird (Zingulotomie). Hier drückt sich die Tendenz aus, alles, was nicht mit positiven Gefühlen und Optimismus einhergeht, unter Verdacht zu stellen und über eine Pathologisierung zu beseitigen. Gleichzeitig entstehen damit aber auch neue Absatzmärkte für entsprechende Medikamente und Verfahren, neue Tätigkeitsfelder für Krankheitsfahnder und Krankheitsbekämpfer, alle getragen und legitimiert von der Hoffnung, das Übel dingfest zu machen und danach aus der Welt der real existierenden Stimmungen zu entfernen.

Entsorgungsmarkt für Depressionen: wachstumsstark mit hohen Renditeerwartungen

Der Münchner Psychiater Florian Holsboer ist nicht nur Direktor des Max-Planck-Instituts für Psychiatrie in München, sondern auch einer derjenigen, der sich in dankenswerter Offenheit zu seiner Entsorgungsmission bekennt. Psychiatrie reduziert sich bei dem gelernten Chemiker und Mediziner auf die Biologie. In seiner Dankesrede anlässlich einer Ehrung für seine Verdienste um die biologische Psychiatrie drückt er es so aus: »Was soll das eigentlich sein, biologische Psychiatrie? Gibt es denn eine andere?«[198] Für ihn und damit für seine Patienten wohl nicht. Aber es gibt noch viel zu tun für den biologischen Psychiater mit Alleinvertretungsanspruch und Deutungshoheit: »Es wäre schon viel gewonnen, wenn die Menschen verstehen würden, dass es eine Körpererkrankung ist, die im Gehirn stattfindet […] Eine Depression ist eine Stoffwechselstörung im Gehirn, die sich auf unser Befinden und Verhalten auswirkt. Damit ist sie für mich eine organische Krankheit wie Rheuma oder Diabetes oder Parkinson.«[199] Solche von keinerlei Zweifel getrübten Behauptungen werden denn auch sehr dankbar von den verschiedenen Entsorgungshelfern aufgegriffen und in das Marketing für ihre Entsorgungsunternehmen implementiert: »Genauso, wie Sie bei Kuchenrezepten Mehl, Zucker und Backpulver in den richtigen Mengen verwenden müssen, braucht auch ihr Gehirn eine ausgewogene chemische Balance, um bestmöglich arbeiten zu können.« So wird für das Antidepressivum Paxil® geworben.

Aber Holsboer bleibt nicht bei dem stehen, was er für die richtige Erklärung von Depressionen hält. Er hat Zukunftsvisionen. Mit denen will er die mies Gestimmten oder potentiell mies Gestimmten beglücken: »Ich stelle mir vor, dass wir eine Formel haben, in der wir eingeben: genetische Varianten, also DNA-Sequenzen, Ergebnisse aus Hormontests, Ergebnisse aus der Bildinformation, aus neuropsychologischen Tests und vieles mehr. All das zeigt mir dann anhand einer Risikosignatur, ob jemand in vier Jahren Gefahr läuft, an einer Depression zu erkranken, weil er zu wenig Serotonin hat, der andere, weil er zu viel Stresshormone hat [...] wir brauchen Medikamente, die den krankheitsverursachenden Mechanismus punktgenau treffen.«[200]

Und er arbeitet auch schon fleißig an der Verwirklichung dieser Visionen. Vor- und fürsorglich hat er zusammen mit dem Finanzunternehmer Carsten Maschmeyer die Firma HolsboerMaschmeyer-NeuroChemie GmbH[201] gegründet, weil es »uns beiden ein großes Anliegen ist«.[202]

Mit Anliegen und Anlagen hat Carsten Maschmeyer Erfahrungen. Er hat mit dem Finanzbetrieb AWD ein Vermögen gemacht, das auf 650 Millionen Euro geschätzt wird. Wie er dazu gekommen ist? Seine Kritiker sagen: als Chef von Deutschlands größter Drückerkolonne, die den Menschen Finanzprodukte andrehte, die sie nicht brauchten. Als Abzocker eben.[203] Tausende Sparer haben viel Geld verloren mit riskanten Finanzprodukten – und der AWD kassierte hohe Provisionen für deren Verkauf. Die Zeitschriften *Stern* und *Finanztest* und die NDR-Fernsehredaktion *Panorama* nennen eine Zahl von 34 000 AWD-Kunden, die mit geschlossenen Immobilienfonds Verluste machten. Es steht der Vorwurf im Raum, dass nur einer reich wurde: Carsten Maschmeyer. In der Finanzkrise bietet der Neurochemie-Markt nun ein neues, noch ungleich größeres Betätigungsfeld für Anliegen und Anlagen.

Auch Dr. Eckart von Hirschhausen fühlt sich dazu aufgerufen, seinen Beitrag zur biologischen Entsorgung der »großen Spaßbremse Depression, der bösartigen Traurigkeit«[204] zu leisten, und er weiß auch wie es geht bzw. wie es nicht geht: »Dass sich jemand mit einer angeborenen Neigung zur Kurzsichtigkeit eine Brille verschreiben lässt, regt niemanden auf. Wenn sich jemand mit einer angeborenen Neigung zur Schwarzsichtigkeit und Freudlosigkeit ein Medikament verschreibt, das seine Hirnchemie korrigiert, kommt uns das immer noch wie ein Frevel vor.« Alles klar Herr Doktor: Es darf wieder gelacht werden! Die Spaßbremse ist nicht mehr blockiert. The show must go on!

Für viele lohnt sich also die biologische Entsorgung mieser Stimmungen. Aber profitieren eigentlich auch die Depressiven davon?

Bei Depressionen stört vor allem der Depressive

Wenn die Depression nichts anderes ist als eine Erkrankung des Gehirns, ist der Depressive selbst nicht mehr Mitgestalter seines Lebens. Seine Freiheit, Erfahrungen zu deuten und zu werten, die Verantwortung für sein Leben zu übernehmen, wird dadurch eingeschränkt. Die biologische Psychiatrie lenkt nicht nur vom sozialen Dilemma des Depressiven ab, sondern macht es unsichtbar und unlösbar. Verständlicherweise, denn sie kann es ja auch gar nicht lösen.

Aber nicht nur das. Schauen wir uns das folgende Experiment an.[205] In der betreffenden Studie sollten Testpersonen zusammen mit einem Partner eine leichte Aufgabe lösen. Diese Partner waren jedoch keine Versuchspersonen, sondern Mitarbeiter der Studie. Bevor das Experiment (für die Testpersonen) offiziell begann, tauschten die Partner biographische Daten aus. Die Mitarbeiter, die als Testperson fungierten, gaben an, dass sie an einer psychischen Krankheit litten. Die eine Hälfte der Mitarbeiter erzählte, sie litten an einer Krankheit, die auf ihre Kindheitserfahrungen zurückzuführen sei, der andere Teil behauptete, dass ihre Krankheit von einem biochemischen Ungleichgewicht im Gehirn verursacht sei. Dann wurden die Testpersonen aufgefordert, ihrem Partner beizubringen, Knöpfe in einer bestimmten Reihenfolge zu drücken. Drückten die Partner die Knöpfe in der falschen Reihenfolge, konnte die Testperson als Feedback einen elektrischen Impuls verabreichen, der in seiner Stärke von »kaum wahrnehmbar« bis »unangenehm« gewählt werden konnte. Die Testpersonen, die von der Annahme ausgingen, ihr Partner leide unter einer Erkrankung des Gehirns, erhöhten die Heftigkeit des Impulses schneller als diejenigen, die glaubten, sie hätten es mit einem Partner zu tun, der eine lebensgeschichtlich bedingte Beeinträchtigung hatte.

Die Ergebnisse zeigen, dass Menschen tatsächlich unfreundlicher behandelt und stärker stigmatisiert werden, wenn ihr Leiden als biologische Krankheit gedeutet wird.

Die biologische Verortung der Depression im Hirnstoffwechsel und ihre Deklaration als körperliche Krankheit gehen einher mit der Vorstellung, dass kulturelle Entwicklungen und Überzeugungen wenig oder keinerlei Einfluss auf die menschliche Stimmung und Befindlichkeit oder psychische Krankheiten haben. Dieses Denkmodell hat für die Betroffenen gravierende Nachteile.

Es kann nämlich gezeigt werden,[206] dass gerade die Infragestellung eines solchen Krankheitskonzeptes selbst bei

Menschen mit besonders schwerwiegenden psychischen Beschwerden zu positiven Veränderungen führt. Die Patienten werden auf diese Weise zu Mitmenschen, die ihre Entscheidungs- und Handlungskompetenzen wieder in Anspruch nehmen. Sie rechnen sich selbst wieder die Kompetenz eines angemessenen Umgangs mit den Widerfahrnissen ihres Lebens zu.

11
Ausstieg aus der Depression: Wut und Tränen

Depressionen lassen sich als ein Versuch verstehen, problematische Erfahrungen zu verarbeiten und ein Problem (oder mehrere Probleme gleichzeitig) zu lösen. Etwas ist nicht so, wie es sein soll oder wie man es erwartet. Der Lösungsansatz bei der Depression besteht darin, an den alten Ansprüchen festzuhalten. Dabei kann es sich um Ansprüche an einen selbst oder an andere handeln. Depressionen sind der Versuch, mit Enttäuschungen umzugehen, ohne die eigene Haltung oder die Situation zu verändern.

Dieser Ansatz ist nicht erfolgversprechend. Im Gegenteil: Plötzlich sind wir die Gefangenen unserer Lösungsversuche – wir finden aus der Depression nicht mehr heraus.

Ein Ausstieg aus Depressionen ist nur möglich, wenn wir auf den Lösungsversuch: »Alles soll wieder so werden, wie es war, oder so, wie ich es mir vorstelle« verzichten. Ob das allein mit der Empfehlung Eckart von Hirschhausens gelingt, öfter mal zu lachen, ist fraglich (»Einen Tag nicht gelacht ist bedrohlicher als ein Tag ohne Stuhlgang – das ist mentale Verstopfung.«[207]), Wut und Tränen dürften hilfreicher dabei sein. Sie können den Weg frei machen für den Ausstieg aus der Depression.

Empört Euch! – Von der stillen Anklage zur vernehmbaren Wut

Wut und Depressionen sind kaum vereinbar. Wut kann aber auch eine bedeutsame Unterbrechung des bisher praktizierten Umgangs mit Ansprüchen bedeuten.

Familie Maurer revisited

Erinnern wir uns an die Familie Maurer (vgl. S. 229ff.): Das Ehepaar Maurer suchte Hilfe in einer Psychotherapie, weil es sich schuldig fühlte am unglücklichen Leben der Tochter Angelika. Herr und Frau Maurer hatten ihr eigenes Wohlbefinden vom Wohlwollen ihrer Tochter abhängig gemacht. Die Abhängigkeit der Eltern und ihre Bereitschaft, die Verantwortung für das Leben der längst erwachsenen Tochter zu übernehmen, machte alle zu Verlierern: Die Eltern litten, je mehr sie die Schuldvorwürfe ihrer Tochter zu ihren eigenen machten, die Tochter wiederum hatte nichts von den Schuldgefühlen ihrer Eltern.

Der Therapeut schlägt den Eltern deshalb vor, sie könnten ihrerseits der Tochter Schuldvorwürfe machen und sie auffordern, sich bei den Eltern zu entschuldigen. Bis zum Zeitpunkt einer Entschuldigung sollten sie jede Kontaktaufnahme vermeiden bzw. ablehnen. Angelika, so der Gegenvorwurf, sei schuld daran, dass die Eltern nicht sorgenfrei und mit Wohlwollen auf die Entwicklung ihrer Tochter schauen könnten, die Tochter vermiese ihnen den redlich verdienten Lebensabend.

Mit diesem Vorgehen geben Herr und Frau Maurer die Verantwortung für das Leben ihrer Tochter an diese zurück: Nun hat Angelika die Möglichkeit, sich wieder für sich selbst verantwortlich zu fühlen.

Die Eltern haben größte Bedenken, können sich aber der

Logik des Vorschlages nicht entziehen. Die Mutter ringt sich schließlich zu dem Bekenntnis durch, dass sie ganz im Geheimen durchaus schon voller Wut gedacht habe, dass Angelika es sei, die die Hauptschuld an der Situation trage, und dass ihr der Gedanke sogar gutgetan habe.

Immerhin steht nun der Vorschlag im Raum, die eigenen Schuldvorwürfe schriftlich abzufassen und der Tochter als Brief zukommen zu lassen.

Das Ehepaar Maurer hat erwartungsgemäß nie einen solchen Brief geschrieben. Aber das Eis war gebrochen. Es war nun erlaubt, selbst auch wütende Gefühle und negative Gedanken bezüglich der Tochter zu haben. In den nächsten Jahren lockerte sich der Kontakt zwischen Eltern und Tochter – nicht zum Bedauern der Eltern. Im Gegenteil, sie achteten nun ihrerseits darauf, dass der Kontakt nicht wieder zu eng wurde. Angelika beendete ihre Psychotherapie und hatte mehrere, wenn auch nur kurz währende Arbeitsverhältnisse. Beiden Eltern geht es inzwischen deutlich besser. Frau Maurer klagt nicht mehr über Schlafprobleme. Sie schlafe inzwischen wie ein Murmeltier, worüber sich nun allerdings gelegentlich ihr Mann beklagt. Er will sich mit ihr unterhalten, aber das geht ja mit einer schlafenden Ehefrau nicht besonders gut. Man mache längere Ferien, und im Gegensatz zu früher reise Angelika bzw. die sorgenvolle Beschäftigung mit ihr nicht mehr mit in den Urlaub.

Wut ist nicht nur schwer mit Depression zu vereinbaren, sie kann auch die kräftezehrende Anspruchshaltung aufbrechen. Wer wütend ist, ist nicht mehr der depressiven Gefühlsleere ausgesetzt, ganz im Gegenteil: Die Wut ist ein starkes, körperlich gut wahrnehmbares Gefühl. Für Frau Maurer hat es offenbar schon einen wesentlichen Unterschied gemacht, dass das negativ bewertete Gefühl der Wut nicht länger tabuisiert werden muss, sondern sogar als berechtigtes Mittel eingesetzt werden kann, um eine Veränderung der Situation zu erreichen.

Wut scheint nicht nur für manche depressiv gestimmte Menschen eine Ausstiegsmöglichkeit aus der miesen Stimmung zu sein, sondern auch für größere soziale Gruppen, für die sich dank der Wut neue, bisher nicht genutzte Umgangsmöglichkeiten mit sich, mit anderen und der Welt eröffnen. Das hat wohl auch die Gesellschaft für deutsche Sprache bemerkt; sie kürte den Begriff »Wutbürger« zum Wort des Jahres 2010. Anlass dafür waren die für viele überraschenden Aktionen von Bürgern, die nicht mehr länger nur im stillen Kämmerlein und ohne Folgen über die politischen Zustände schimpfen wollten. Der Versuch, die negativ beleumundete Wut wieder in geordnete und vernünftige Bahnen zu lenken, ließ denn auch nicht lange auf sich warten: Der Schlichter Heiner Geißler fühlte sich aufgerufen, die »falsche Diagnose« der über das Bahnprojekt Stuttgart 21 wütenden Menschen richtigzustellen: »Das sind aber keine Wutbürger. Das sind Mutbürger.«[208] Noch deutlicher wurde später der damalige Bundespräsident Christian Wulff: »Wir brauchen nicht mehr Wutbürger, sondern mehr Mutbürger.«[209]

Vom anstrengenden, ermüdenden Hoffen zu den erlösenden Tränen über das Verlorene

»Tränen und Schweiß sind gleichermaßen nass und salzig, aber ihre Wirkung ist höchst unterschiedlich: Tränen bringen Mitleid, Schweiß schafft Veränderung.« (Jesse Jackson)[210] Dem ist zu widersprechen! Zumindest bei mieser Stimmung und Depressionen sind Tränen häufig eine Begleiterscheinung von Veränderung, und Schweiß ist mindestens genauso häufig eine Begleiterscheinung davon, dass alles so bleibt wie es ist.

Tränen können die Begleiterscheinung des Trauerns sein. Trauern ist eine der nachhaltigsten Ausstiegsmöglichkeiten aus der Depression. Tränen der Trauer werden dann geweint, wenn etwas verloren ist, wenn ein Verlust unwiederbringlich und unwiderruflich ist und deshalb trauernd beklagt wird. Das Trauern um einen Verlust ist das Gegenteil einer Depression. Depression hält fest an dem, was einmal war, koste es was es wolle: die gute Stimmung, das Gefühl lebendig zu sein, ja gar das eigene Selbst.

Die Wahl: Lebensbilder oder Leben?

Wir alle haben die Neigung, an den Bildern festzuhalten, die wir uns vom Leben gemacht haben – auch wenn unsere Erfahrungen immer wieder enttäuschend davon abweichen. Lieber ändern wir das eigene Leben so ab, dass es zu unseren Vorstellungen passt, als dass wir unsere Vorstellungen dem Leben anpassen.

In seinem Episoden-Film »Kurosawas Träume« geht der japanische Filmregisseur Akira Kurosawa auf eindrückliche Weise diesem Thema nach.[211] In einer der acht Episoden geht es um das verhängnisvolle Verhältnis zwischen Realität und Vorstellung: Im Van-Gogh-Museum in Amsterdam bewundert ein japanischer Tourist die Bilder Van Goghs. Er ist offensichtlich ein Maler, denn er hat eine Staffelei bei sich. Vor dem berühmten Bild »Die Brücke von Langlois« bleibt er stehen. Dann lösen sich die Grenzen zwischen dem Gemälde und der Realität auf. Der Tourist befindet sich in einer Landschaft, zu der auch die Brücke von Langlois gehört. Er geht durch Van Goghs südfranzösische Landschaftsbilder. Die Unterschiede zwischen Bild und Abgebildetem lösen sich auf. Unser japanischer Museumsbesucher wandert durch die Landschaft(sbilder). Auf einem der bekannten van Gogh'schen Weizenfelder entdeckt er einen Maler vor seiner Staffelei. Der Mann ist Vincent van Gogh. Die beiden kommen miteinander ins Gespräch:

Van Gogh: Warum malen Sie nicht? – Eine malerische Landschaft ist noch kein Gemälde. – Alles in der Natur ist auf seine Art schön. – Ich verliere mich in der Schönheit der Natur. – Dann ist es wie im Traum. Das Bild entsteht von selbst. Ich nehme es in mir auf, ich verschlinge die Natur. Ist dieser Prozess beendet, liegt das ganze Bild fertig vor mir. Es ist so schwierig, es in mir festzuhalten.

Tourist: Was machen Sie dann?

Van Gogh: Ich arbeite Tag und Nacht, wie ein Sklave, als wäre ich eine Lokomotive. – Ich muss mich beeilen, meine Zeit läuft ab. Mir bleibt so wenig Zeit zum Malen.

Tourist: Ist etwas passiert? Haben Sie sich verletzt?

Van Gogh: Das hier? (Deutet auf den Verband um seinen Kopf) – Gestern wollte ich ein Selbstporträt fertig stellen. Mein Ohr gelang mir nicht, da schnitt ich es ab und warf es weg.

Das ist der Preis dafür, wenn Selbstporträts nicht abgeändert werden dürfen: Ohren abschneiden! Sein Leben dem Bild vom Leben anpassen! Das Leben beschneiden, bis es zum Bild passt! Das eigene Selbst so verstümmeln, dass das Selbstbild unverändert aufrechterhalten werden kann!

Trauer und Depression: gleiche Erfahrung – unterschiedliche Konsequenzen

Der Trauernde und der Depressive machen die gleiche Erfahrung, gehen aber unterschiedlich mit dieser Erfahrung um. Beide machen die Erfahrung, dass die Landschaft nicht mehr zur der Landkarte passt, die man sich angefertigt und bisher benutzt hat. Der Depressive versucht weiterhin seine Landkarte zu benutzen, auch wenn er damit nirgendwo hingelangt. Der Trauernde dagegen realisiert, dass seine alte Landkarte ausgedient hat; sie wird der Realität nicht mehr gerecht, er kann sich nicht mehr an ihr orientieren. Diesen Verlust betrauert er.

Jeder, der schon einmal getrauert hat, weiß, dass man sich kaum je mehr spürt als in der Trauer. In der Depression dagegen geht das Gefühl für sich selbst, der Kontakt zum eigenen Selbst verloren.

In der Trauer, im Prozess des Trauerns geben wir das Bild von uns, vom Leben und unserem Dasein in der Welt auf. Wir finden später dann zu einem neuen Bild.

Die Depression dagegen ist die Arbeit am verlorenen Objekt, der Versuch, die neue Realität zugunsten des alten Bildes rückgängig zu machen, notfalls um den Preis der eigenen Lebendigkeit und des eigenen Lebens. [212]

Von der Unfähigkeit zu trauern zur Unwilligkeit zu trauern

Vor fast 50 Jahren haben Alexander und Margarete Mitscherlich, anknüpfend an Überlegungen Sigmund Freuds[213], über die Unfähigkeit zu trauern geschrieben.[214] Ihre Diagnose, die sich auf das kollektive Verhalten der Menschen in Nachkriegsdeutschland bezog, beruhte auf der Beobachtung, dass die Menschen nach Ende des Krieges unfähig zur Einfühlung in die Opfer des Naziregimes waren, ja dass sie versucht waren, eher zu leugnen, dass es diese Opfer gab, als die Bemühung um Einfühlung aufzubringen.

»Problematisch ist die Tatsache, dass […] keine adäquate Trauerarbeit um die *Mitmenschen* erfolgte, die durch unsere Taten in Massen getötet wurden«[215], aber »Trauer kann nur dort entstehen, wo ein Individuum der Einfühlung in ein anderes Individuum fähig gewesen ist.«[216]

Das ist heute anders, ist man versucht zu sagen. Ist die Einfühlung in andere bzw. das Trauern über andere nicht inzwischen zu einer öffentlichen Angelegenheit mit Massenveranstaltungscharakter geworden?

Als Prinzessin Diana bei einem Autounfall ums Leben kam, erfasste eine globale Verzweiflung Millionen von Menschen, als hätten sie den Verlust eines Familienmitgliedes zu betrauern, und 40 000 Menschen versammelten sich im Stadion von Hannover 96, um des verstorbenen Nationaltorhüters Robert Enke zu gedenken.

Selbst der liebenswerte kleine Berliner Eisbär Knut, den eine ganze Nation in ihr Herz geschlossen hatte, mobilisierte die Trauer der Massen, als er unerwartet im zarten Alter von vier Jahren aus dem Leben gerissen wurde. In einem Online-Kondolenzbuch, das der Berliner Zoo auf seiner Homepage eingerichtet hatte, trugen sich in kurzer Zeit Tausende verzweifelte Knut-Freunde ein, und es wurde heftig darüber diskutiert, ob die sterblichen Überreste des Eisbären verbrannt, beerdigt oder ausgestopft im Naturkundemuseum ausgestellt werden sollten.

Woran es heute mangelt, ist nicht die Einfühlung in andere, sondern die mangelnde Einfühlung in uns selbst. Wir leiden nicht an der Unfähigkeit, um andere zu trauern, sondern an der Unwilligkeit, um uns selbst zu trauern.

Voraussetzung des Trauerns: die Leichenschau

Im Allgemeinen trauern wir um einen Menschen, den wir verloren haben. Anlass zur Trauer kann aber auch der Verlust von Vorstellungen, Ansprüchen, Vorhaben und Werten sein. Die Voraussetzungen zur Trauer sind in beiden Fällen dieselben.

Die wichtigste Voraussetzung ist die Feststellung und Anerkennung des Umstandes, dass es den Verlust tatsächlich gibt. Das klingt zunächst banal, ist in Wirklichkeit aber ein anspruchsvoller Erkenntnisprozess. Es geht um die komplizierte Frage: *Wie erkenne ich, dass etwas nicht mehr ist?*

Haben wir die Antwort, die zu finden schon schwer genug ist, dann tun wir uns im Umgang mit der Antwort nicht leicht. Der Umgang mit Verlust und Tod gehört nicht zu unseren besonderen Vorlieben, ihr Sinn leuchtet uns nicht ein.[217] Der Tod widerspricht unseren Vorstellungen einer Person, die durch ihr intentionales Handeln auf ihre Umwelt einwirkt und sie dabei gestaltet. Der Tod bedeutet das unwiderrufliche Ende dieser menschlichen Gestaltungsmöglichkeiten und stellt daher das persönliche Selbstbild als handelndes Subjekt auf radikalste Weise in Frage.

Aber bleiben wir zunächst bei der Frage: Wie erkenne ich, dass etwas nicht mehr ist? Die Antwort lautet: mittels der Leichenschau! In der Leichenschau wird das Unsichtbare sichtbar, das Verlorene erkennbar. In der Leichenschau kann man sich vom Verlorenen überzeugen.

Die Betrachtung der Leiche bringt unmittelbar einen fast unglaublichen Erkenntnisgewinn. Die Leiche zeigt einen *ehemals* lebendigen Menschen. Sie ermöglicht die Wahrnehmung von etwas, was nicht mehr da ist. Kindern gelingt diese anspruchsvolle Erkenntnis oftmals besser als Erwachsenen. Kinder, denen die Leiche eines toten Familienmitgliedes nicht vorenthalten wird, bringen ihre Erkenntnis einfach auf den Punkt: »Das ist nicht Opa!« Der Unterschied zwischen vorher und jetzt, zwischen vormals lebendem Menschen und Leichnam wird nicht verwischt.[218]

Die Begegnung mit der Leiche ist also ein wesentliches Element gelingender Trauerarbeit. Doch so wie die Sorge um den Sterbenden dem medizinischen System und seinen

Techniken übertragen werden kann, wird die Sorge um den toten Körper meist den dafür zuständigen professionellen Dienstleistern übertragen. Dadurch besteht die Gefahr, dass der tote Körper dem Erleben oder zumindest der Betrachtung durch die Angehörigen entzogen wird. Die Trauerarbeit wird dadurch erschwert.

Auf vergleichbare Weise überlassen wir die Sorge um überlebte Ideen, Vorstellungen oder Soll-Werte gern anderen – professionellen Aufmunterern, Tröstern oder Durchhaltecoachs. Dabei ist es gerade hier, wo der »Hinterbliebene« der Produzent und (ehemalige) Besitzer dieser Ideen ist, wichtig, sich der Betrachtung des Verlorenen auszusetzen.

Geschieht dies nicht, kann sich daraus eine unangemessen lange Anwesenheit des Toten und der toten Vorstellungen ergeben. Es gibt dann kein Vergessen, weil nicht Abschied genommen werden kann.

Wir machen uns notwendigerweise ein Bild von anderen und von uns selbst. Wir können uns aber unterschiedliche Bilder machen, die unterschiedliche Folgen haben: Hoffnungsbilder, die uns das Abschiednehmen und Trauern verunmöglichen, oder Verzweiflungsbilder, die uns überzeugen, dass etwas unwiederbringlich und unwiderruflich verloren ist, und die uns daher die Berechtigung geben, zu trauern und uns dann dem Leben wieder zuzuwenden.

Basler Leichenschauen

Im Basler Kunstmuseum lassen sich verschiedene Leichenschauen vornehmen. Da sie zu sehr unterschiedlichen Einsichten führen, wollen wir hier eine kurze Exkursion einschieben.

Leichenschau 1

In einem der Ausstellungsräume kann man sich dem »toten Christus im Grabe« von Hans Holbein dem Jüngeren aus dem Jahre 1521 aussetzen.

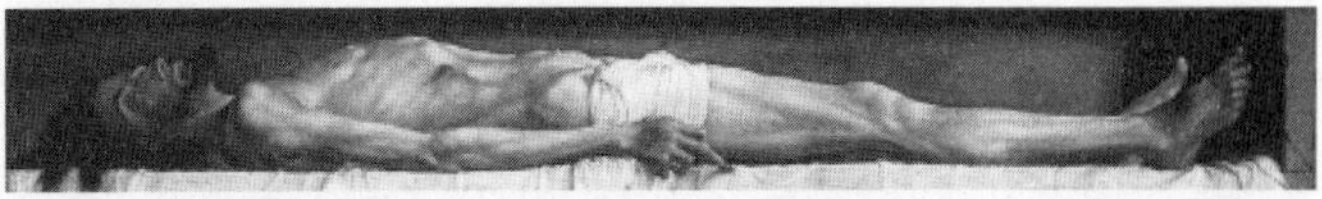

Das Gemälde ist eine der größten Provokationen der abendländischen Malerei. Christus liegt in einer flachen Grabnische, die gerade genug Raum für seinen Körper bietet. Gesicht, Hände und Füße zeigen Leichenflecken, die Augen sind gebrochen, der Mund ist halb geöffnet. Der Betrachter wird optisch sehr nahe an die Leiche herangeführt. Man sieht die Rippen, die sich unter der Haut abzeichnen, die Wunden an der Seite, an den Händen und Füßen, einen geschundenen und zweifellos toten Körper. Die Finger lassen noch den Schmerz und Todeskampf erahnen, der ausgestreckte Mittelfinger überzeugt, dass die Muskulatur durchtrennt wurde. Der Anblick ruft Abscheu, Entsetzen und eine tiefe Erschütterung hervor.

So auch bei Fjodor Dostojewski, der im August 1867 das Kunstmuseum Basel besuchte und auch den toten Christus im Grabe sah. Seine Frau schreibt in ihren Erinnerungen[219], dass ihn das Bild außerordentlich beeindruckt habe und er in Tränen und wie erschlagen vor ihm stand. Sein Gesicht habe den erschreckten Ausdruck gezeigt, den sie immer in den ersten Minuten eines epileptischen Anfalls bei Dostojewski bemerkte. Was hatte ihn erschüttert? In seinem Roman »Der Idiot« gibt er die Antwort: »Dieses Bild! Vor diesem Bild kann manchem der Glauben verloren gehen!«[220]

Holbein lässt keinen Zweifel daran, dass sein Christus

tot ist. Er zeigt einen Leichnam, der bereits verwest: Der Tote, der hier liegt, wird nicht wieder auferstehen. Der Glaube an eine Wiederauferstehung muss bei der Betrachtung dieses Bildes auf ein gewaltiges, die menschliche Vorstellung überschreitendes göttliches Wunder vertrauen. Auf dieser Welt aber bleibt nur die Trauer.

Leichenschau 2

Arnold Böcklins Bild »Die trauernde Magdalena« von 1867 einige Ausstellungsräume weiter zeigt zwar ebenfalls den aufgebahrten Christus, doch könnte der Unterschied zu Holbeins Bild nicht größer sein.

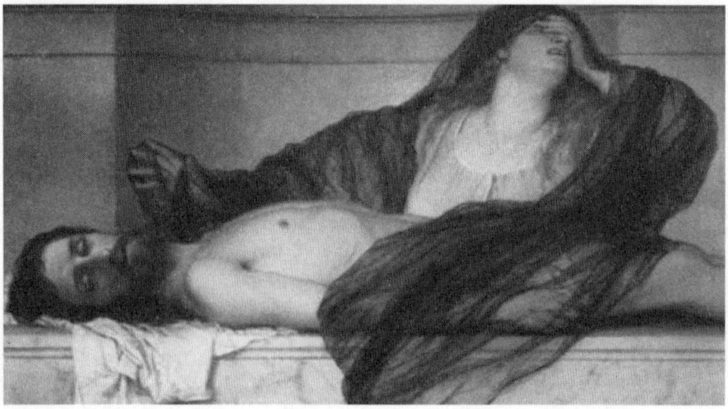

Wir sehen den unversehrten Körper eines noch jungen Mannes. Die Haut ist makellos, der Mann scheint fast friedvoll zu schlafen. Wann wird er erwachen? Was wird dann geschehen? Diesen Menschen, wenn er denn überhaupt tot ist, schaut man ohne Entsetzen an. Warum wendet Magdalena den Blick so erschüttert ab und hält sich mit einer dramatischen Geste die Hand vor die Augen? Auch wenn der Titel des Bildes eine trauernde Magdalena ankündigt, fragen wir uns: Gibt es hier überhaupt etwas zu betrauern? Gibt es überhaupt eine Leiche? Der Betrachter stimmt nicht in Magdalenas theatralisches Trauern ein. Ihm ist zweifelhaft, ob es hier überhaupt einen Verlust gibt.

Trauern dient dem Leben, nicht dem Tod. Im Prozess des Trauerns realisieren und akzeptieren wir langsam den Verlust und können uns dem Leben wieder zuwenden. Hingegen heißt es zu Recht: »Was du nie verlierst, das musst du stets beweinen.«[221]

Der Trauernde sieht dem Verlust oder dem Tod ins Auge und bleibt dadurch lebendig. Er gewinnt sich selbst neu, während ihm ein wichtiger Teil seiner Welt und seines Glaubens verlorengeht. Dagegen hält der Depressive Totes am Leben und tötet dadurch Lebendiges, nämlich sich selbst oder einen wesentlichen Teil seiner Möglichkeiten. Der Depressive verliert sich selbst, während er an einem für ihn wichtigen Teil seiner Welt oder seines Glaubens festhält.

Lob des Negativen

Ich möchte an dieser Stelle einen Mann zu Wort kommen lassen, der dem Negativen furchtlos ins Auge geschaut hat und sich den Blick durch falsche Tröstungen nicht trüben ließ. Hegel beschreibt in seiner *Phänomenologie des Geistes*, wie aus der Konfrontation mit dem Tod, der ungeheuren Macht des Negativen, das Denken entsteht und das Neue. Er beschreibt, was ich als Trauern bezeichnet habe:

»Der Tod […] ist das Furchtbarste, und das Tote festzuhalten das, was größte Kraft erfordert […] Aber nicht das Leben, das sich vor dem Tode scheut und von der Verwüstung rein bewahrt, sondern das ihn erträgt und in ihm sich erhält, ist das Leben des Geistes. Er gewinnt seine

Wahrheit nur, indem er in der absoluten Zerrissenheit sich selbst findet. Diese Macht ist er nicht als das Positive, welches von dem Negativen wegsieht, wie wenn wir von etwas sagen, dies ist nichts oder falsch, und nun, damit fertig, davon weg zu irgendetwas anderem übergehen; sondern er ist diese Macht nur, indem er dem Negativen ins Angesicht schaut, bei ihm verweilt. Dieses Verweilen ist die Zauberkraft, die es in das Sein umkehrt.«[222]

Abschied von der Depression: trauern, aufgeben und vergeben

Depressionen sind Glaubenskrisen. Die Vorstellung, wie ich selbst, die anderen und die Welt zu sein haben, ist in Frage gestellt. Im Kampf um die eigenen Überzeugungen nehmen wir viel in Kauf. Aber irgendwann befindet man sich nur noch im Stellungskrieg: Geduckt in den Schlamm des Schützengrabens, gewinnt man keinen Meter Land und will doch nicht aufgeben. Genau das aber könnte man: Man kann die weiße Fahne der Kapitulation hissen, den Krieg für verloren erklären und den Kampf aufgeben. Wer kapituliert, entscheidet, ob und wann der Krieg zu Ende ist. Wer aufgibt, kann irgendwann vergeben. Und wer vergibt, gibt etwas auf.

Frau Neumann: Schuld und Wiedergutmachung – revisited 1

Vielleicht erinnern Sie sich noch an Frau Neuman (Kap. 9, S. 224 ff.): Bei ihr sahen wir ein zweifaches Schuld- und Beschuldigungsszenario. Frau Neumann warf zum einen ihrer Mutter vor, sie nie unterstützt zu haben, und sie beschuldigte andererseits sich selbst, weil sie ihr erstes

Kind im Stich gelassen hatte. Die Versuche zur Wiedergutmachung der eigenen Schuld führten sie an die Grenze ihrer Belastbarkeit, ins Burn-out und in die Erschöpfungsdepression.

Der Akt des Vergebens könnte hier in zweifacher Weise den Ausstieg aus der Depression begünstigen. Der Mutter zu vergeben könnte von der Anstrengung entlasten, immerzu Ansprüche einzuklagen. Aufgegeben würde damit die sowieso ständig enttäuschte Hoffnung, die Ansprüche an die Mutter eines Tages vielleicht doch noch befriedigt zu sehen.

Sich selbst gegenüber gnädig zu sein und sich zu vergeben würde es möglich machen, den Krieg gegen die eigenen Verfehlungen einzustellen und vor allem die vergeblichen und selbstdestruktiven Versuche der Wiedergutmachung zu beenden.

Frau Neumann könnte dann das Bemühen aufgeben, eine bessere Mutter für die eigenen Kinder sein zu müssen/zu wollen, als die eigene Mutter es für sie war. Sie könnte die Wiedergutmachungsbemühungen an den eigenen Kindern einstellen und müsste sich nicht weiter auf dem Altar der Wiedergutmachung opfern.

Sich selbst zu vergeben oder gnädig mit sich selbst zu sein heißt aber nicht, den Blick auf sich selbst zu vermeiden. Im Gegenteil. Wenn man sich vergibt, dann gibt man sowohl die Ansprüche an sich selbst auf als auch bestimmte Grundüberzeugungen – zumindest verändert man sie. Grundüberzeugungen darüber, wie wir sind: Realistischerweise keine Engel und keine Teufel, stattdessen widersprüchliche menschliche Wesen in einer widersprüchlichen Welt. Vergebung kann den Weg frei machen, sich selbst und in der Folge auch anderen neu zu begegnen. Denn auch die anderen sind so unvollkommene Wesen wie wir selbst.

Vergeben: Die Gläubiger geben ihre Ansprüche auf

Depressive halten zäh an Soll-Werten fest, auch wenn der gegenwärtige Zustand weit vom Soll-Wert entfernt ist. Durch diese Differenz entstehen offene Rechnungen. Das »Zahlungsziel« ist die Angleichung des Ist-Wertes an den Soll-Wert. Insofern sind Depressive gnadenlose Gläubiger. Da es ohne Schuld weder Gläubiger noch Schuldner gibt, ist Schuld das zentrale Thema der Depression und des Depressiven. Immer wieder drehen sich Denken, Fühlen und Handeln darum. Ein Gläubiger erwartet, dass sein Schuldner seine Schulden bezahlt. Im deutschen Schuldrecht[223] wird als Gläubiger bezeichnet, wer von seinem Schuldner eine Leistung fordern kann, also anspruchsberechtigt ist. Im psychologischen Sinn kann man aber auch gleichzeitig sein eigener Schuldner und Gläubiger sein: *Andere* sind *mir* etwas schuldig geblieben – *ich* bin *mir* etwas schuldig geblieben. Man kann als Gläubiger also Ansprüche gegenüber anderen und gegenüber sich selbst erheben.

Ich verzeihe dir nicht, dass du mir nicht verzeihst!

Eindrücklich beschreibt sich der Arzt, Psychotherapeut und Schriftsteller Hans Keilson in dieser doppelten Gläubigerrolle.[224] Er kann seiner Schwester nicht verzeihen, dass sie ihm nicht verzeihen kann, dass er seine Eltern nicht hat retten können. Es war ihm zwar gelungen, seine Eltern nach der Reichspogromnacht 1938 aus Deutschland nach Holland zu bringen, doch gelang es ihm nicht, ihre rechtzeitige Flucht nach Palästina zu bewerkstelligen. Die Eltern wurden im KZ Birkenau ermordet. In einem Interview[225] spricht Keilson über die Schuldgefühle, die ihn immer noch quälen, und sein Verhältnis zur Schwester: »Als ich mit meiner Schwester nach dem Kriege diese Vorgänge besprach, erklärte sie, wenn sie in Holland gewesen wäre, hätte sie meine Eltern gerettet. Diesen Satz habe ich ihr nie verziehen.« Hans Keilson hat sich selbst nicht vergeben und vergibt seiner Schwester nicht, dass sie ihm nicht vergeben hat. »Denn dass ich meine Eltern nicht retten konnte, ist für mich ein lebenslängliches Trauma. Selbst wenn ich hier mit Ihnen sitze, ist die Trauer nie verschwunden. Das wusste sie. Und das verzeih' ich ihr nicht. Das ist irreparabel. Verzeihen – das wäre ein Stück Lyrik, die hab' ich nicht mehr.«

Vergeben ist nicht leicht. Weiter Gläubiger zu sein, erscheint oftmals leichter.

Schritte der Vergebung

Beschuldigen: Ohne Schuld kann es keine Vergebung geben. Deshalb ist die wichtigste Voraussetzung des Vergebens die Beschuldigung. Man beschreibt sich in der Rolle des Gläubigers und definiert die Schuld und den Beschuldigten: sich selbst und/oder andere. Das ist weder leicht noch schnell zu bewerkstelligen. Ist man ein depressiver Gläubiger, so hat man oft nur ein diffuses Schuld- oder Beschuldigungsgefühl, wenn man denn überhaupt noch ein Gefühl hat. Durch Beschuldigen nimmt man die Gläubigerrolle an. Dabei hat man aber kaum Chancen, von anderen unterstützt zu werden. Auch wenn Schuld das zentrale Thema des Depressiven ist, findet er bei anderen damit meist kein Gehör. Im Gegenteil: Die anderen, seien es Partner, Angehörige oder auch professionelle Helfer, fühlen sich eingeladen und sehen ihre Aufgabe darin, dem depressiven Gläubiger seine – wie sie wohlwollend meinen – ungerechtfertigten, unrealistischen, ja wahnhaften Schuldgefühle auszureden. Der Blick soll stattdessen auf das vermeintlich Positive gerichtet werden. Oder die Schuld wird einfach biologisch entsorgt: Nicht du bist schuld, sondern die bösen Transmitter im Synapsenspalt. Schuld- und Schuldgefühle in den Blick zu nehmen ist ein Tabu. Die Schuld ist exkommuniziert und damit auch der depressive Gläubiger.

Durch das Beschuldigen übernimmt der Depressive wieder aktiv eine Rolle, die des Gläubigers. Das ist in vielen Fällen mit einer Veränderung der niederdrückenden Empfindungen des Ungenügens, der Minderwertigkeit und des Selbstzweifels verbunden. Der erste Schritt ist getan.

Ansprüche erheben: Der nächste Schritt kann darin bestehen, die Schuld zum Anspruch zu machen, die Fragen zu beantworten: Welche Ansprüche habe ich als Gläubiger an meinen oder meine Schuldner? Welche dieser Ansprüche sind noch nicht erfüllt? Geschieht dies so konkret wie möglich, das heißt so konkret, dass ein Gerichtsvollzieher eine Anleitung zur Vollstreckung der Ansprüche in der Hand hätte, werden die diffusen Gefühle der Schuld immer konkreter und handhabbarer. Damit wird auch die Vergebung handhabbar. Auch wenn weiterhin das Ziel in der Vollstreckung der Ansprüche bestehen kann.

Vergeben: Der nächste Schritt ist die Vergebung: Der Verzicht auf das Einklagen der Ansprüche, der Verzicht auf die Tilgung der Schuld. Vergebung ist die einseitige Aufkündigung des unerbittlichen Vertragsverhältnisses zwischen Gläubiger und Schuldner. Vergeben hat also nichts mit dem Schuldner zu tun. Es wird dabei niemandem vergeben, obwohl uns das alltagssprachliche Verständnis des Begriffes das nahelegt – ich vergebe dir. Das Vergeben ist eine an sich selbst vollzogene Veränderung. Der Gläubiger fällt vom Glauben ab und ist dann nicht mehr der Gleiche. Er hat durch das Aufgeben seiner Ansprüche sich selbst verändert. Er hat seine bisher verpflichtenden Soll-Werte verändert. Insofern ist das Vergeben keine gesellige Veranstaltung, kein *public forgiving*, sondern ein einsamer Prozess, der unter zwei Augen stattfindet. Der Schuldner muss nicht erfahren, dass Vergebung stattgefunden hat.

Vergebung ist auch nichts, was einem geschieht, sondern etwas, das nur stattfindet, wenn man es tut. Der Vergebende *entscheidet* sich zum Vergeben, er muss es nicht tun. Vergeben kann also nichts anderes als eine freie Entscheidung eines Menschen sein, der sich diese Freiheit nimmt. Er wird vertragsbrüchig und macht sich selbst das Geschenk der Vergebung.

Frau Neumann: Schuld und Wiedergutmachung – revisited 2

Nachdem Frau Neumann in mehreren psychotherapeutischen Sitzungen ihre Situation dargestellt hat, macht der Psychotherapeut ihr einen Vorschlag. Frau Neumann soll sich mehrere Wochen darauf konzentrieren, was ihr andere schuldig geblieben sind (besonders ihre Mutter), darauf, was sie anderen schuldig geblieben ist (besonders ihrer ersten Tochter) und auf das, was sie sich selbst ihrer Meinung nach schuldig geblieben ist.

Diese Beschäftigung mit der Schuld soll ihr die Möglichkeit bieten, offene Rechnungen, d.h. Ansprüche, die noch nicht beglichen sind, aufzuschreiben. Der Vorschlag geht dahin, ein oder mehrere Schuldenregister anzufertigen. Dazu kann sie zum Beispiel, so der Vorschlag, ein leeres Notizheft benutzen – also ein Schuldenregister –, das sie am besten immer mit sich führt. So kann sie jederzeit, wenn ihr etwas einfällt, den Gedanken notieren. Am Abend lassen sich die am Tag aufgezeichneten Ansprüche nach Wunsch überprüfen, korrigieren oder auch wieder verwerfen. Dieser Prozess darf ruhig einige Zeit in Anspruch nehmen.

Wenn Frau Neumann dann – aber frühestens nach einem Monat, so die Abmachung – das Gefühl hat, nun sei das Anspruchsregister vollständig, solle sie das Register noch einmal sorgfältig abschreiben und in eine endgültige Form bringen.

Es könne sein, führt der Therapeut aus, dass sie danach untrüglich und eindeutig merke, wann der richtige Zeitpunkt gekommen sei, um das Anspruchsregister zu verbrennen. Dieses Gefühl könne sich schon unmittelbar nach der Anfertigung der Endfassung des Registers einstellen, es könne aber auch einen Tag, eine Woche, einen Monat, ein Jahr bis zu diesem Moment dauern. Vielleicht würde der Wunsch auch nie aufkommen. Wenn es aber so weit sei, solle sie das Register bitte nicht verbrennen.

Überrascht fragt Frau Neumann nach einer Erklärung. Dieser Akt, meint der Therapeut, könne eine so große Veränderung in ihrem Leben bewirken, dass das Ganze nicht ohne Risiko sei. Niemand könne sicher voraussagen, was dann geschehe. Vielleicht würde sich die Beziehung zu ihrer Mutter entspannen, und es käme sogar zu einem Neuanfang mit ihr. Vielleicht würde aber auch der Kontakt zur Mutter ganz abbrechen, weil nur die Schuldvorwürfe die Tochter noch an die Mutter gebunden haben könnten. Vielleicht könne sie ein neues und entspannteres Verhältnis zu sich selbst finden und würde zukünftig mehr darauf achten, was ihr guttut. Dann würde sie eventuell ihren Mandanten auch einmal etwas abschlagen und nicht mehr bis zum Umfallen arbeiten. Die Folge könne aber auch sein, dass sie undisziplinierter und egoistischer würde, dass sie wieder Spaß am Genuss fände, wieder dem Alkohol zuspräche und ihre Kinder nicht mehr auf ihre Unterstützung rechnen könnten. Daran solle sie denken, wenn der Wunsch aufkäme, das Schuldenregister zu verbrennen.

Später berichtet Frau Neumann von den Veränderungen, die mit ihr vor sich gegangen sind, nachdem sie angefangen hatte, das Schuldenregister anzulegen.

Vor diesem Zeitpunkt hatten ihre Schuldgefühle sie eingeengt und niedergedrückt wie ein seltsamer, unförmiger Fremdkörper in ihrer Brust, der ihr die Luft nahm. Sobald sie aber begonnen hatte, ihre Ansprüche konkret zu benennen und zu überlegen, wie sie konkret eingelöst werden könnten, verspürte sie eine Erleichterung auch in der Brust. Die befreienden Gefühle verstärkten sich mit dem Aufschreiben der »Schuldposten«. Sie hatte manchmal sogar den Eindruck: Jetzt bin ich das alles los. Es steht ja jetzt auf dem Papier und rumort nicht mehr in meiner Brust.

Schon kurze Zeit nach Fertigstellung der Endfassung des Anspruchsregisters war sie bereit, das Register zu verbrennen. Die Warnung ihres Therapeuten kam ihr in den Sinn, schien ihr aber übertrieben. Noch überlegt sie, ob sie das Anspruchsregister nicht doch ganz oder teilweise verbrennen soll. Aber auch ohne diese Entscheidung geht es ihr so gut wie seit vielen Jahren nicht mehr.

Was bewirkt das Vergeben?

Das Aufgeben von Ansprüchen kann eine große Entlastung bedeuten. Man muss nicht mehr stark, aktiv und gut sein. Wer den Glauben entwickelt hat, auf andere vertrauen zu können und bei ihnen in Sicherheit zu sein, kann davon ablassen. Wer von der eigenen Autonomie, seiner Selbstkontrolle, seinem Selbstwert, seiner Urteilsfähigkeit und Kompetenz überzeugt war, kann von seinem Glauben an sich selbst ablassen. Wer immer angenommen hat, dass es in der Welt gerecht zugeht, dass die Welt wie eine mathematische Gleichung funktioniert, kann von seinem Glauben an Fairness, Gerechtigkeit, Logik und Ordnung ablassen.

Es findet eine neue Selbstermächtigung statt, indem der Vergebende sich selbst das Geschenk der Entlastung macht. Wie beim Trauern ermöglicht das Vergeben eine Selbstveränderung. Die Wirklichkeit des Lebens hat ihr Veto gegen unsere Vorstellung vom Leben eingelegt. Nachdem wir unser Leben in eine Form gebracht haben, hat das Leben die Form zerbrochen. Vergebung ist das Einverständnis mit dem, was ist. Nun ist der Weg für Veränderung frei. Der Glauben wird nicht länger auf Kosten des Lebens verteidigt. Dem Leben wird Rechnung getragen. Es werden keine Ohren mehr abgeschnitten, um das Selbstporträt nicht zu gefährden. Stattdessen wird das Selbstporträt verändert.

Vergeben ist aber kein Kinderspiel. Es ist eine offene, schmerzliche und traurige Selbstkonfrontation. Andere mögen uns zwar vergeben, und viele sind dazu auch gerne bereit. Aber sie können uns die Aufgabe und Anstrengung der Selbstvergebung nicht abnehmen. Wir kennen uns und unseren Glauben besser, als andere ihn kennen können. Vergebend sind wir mit dem Gegner in uns selbst vertraut geworden und mit unseren unbarmherzigen Ansprüchen an uns selbst. Vergebend geben wir die Hartherzigkeit gegen uns selbst auf und sind bereit, bis auf weiteres, mit der eigenen Unzulänglichkeit und Mittelmäßigkeit barmherzig umzugehen. Die selbstdestruktiven Waffen der Schuldgefühle, der Scham und des Hasses auf uns selbst werden niedergelegt. Der Krieg gegen uns selbst ist zu Ende – beendet nicht durch unseren Sieg, sondern durch unsere Kapitulation.

»Der Kämpfer wird erst am Grund belehrt, dass es keinen Sinn mehr macht, weiter um etwas zu kämpfen, was durch Kämpfen nie zu erreichen war. Zu Tode erschöpft und vom Druck bis zur Unkenntlichkeit deformiert, gibt er auf. Und siehe da, es geht auch ohne Kämpfen weiter, sogar nach oben.«[226]

Erinnern – vergeben – vergessen oder: zurück in die Zukunft

Vergeben kann den Blick des Vergebenden in eine neue Richtung lenken. Er wird nicht mehr festgehalten in der Vergangenheit, dort, wo die Schuld entstanden und aufbewahrt ist; der Mensch kann nun nach vorne schauen, dorthin, wo wir Zukunft verorten. Depressive haben sich in ihrem Denken und Erleben an der Vergangenheit festgekettet. Über Zukunft lässt sich mit Depressiven nur schwer, wenn überhaupt, reden. Und schon gar nicht können sie sich vorstellen, in die Zukunft hinein zu handeln. Das Schuldgedächtnis schränkt die Handlungsfähigkeit ein. Die Erinnerung konserviert die Schuld und macht die Vergangenheit unbegrenzt haltbar. Offene Rechnungen und Ansprüche sind im Gedächtnisspeicher konserviert.

In der ländlichen Region, wo ich Ende der 50er Jahre des letzten Jahrhunderts aufgewachsen bin, hörte ich oft den Satz: »Du hast bei mir noch etwas im Salz liegen!« Diese etwas seltsam anmutende Metapher entstand in einer Zeit, in der Kühl- und Gefrierschränke noch nicht in Gebrauch waren. Man machte Verderbliches durch Einlegen in Salz haltbar. Die offene Rechnung, der unverzichtbare Anspruch, wird »eingesalzen« und derart konserviert im Gedächtnis festgehalten.

Wenn nun aber Überleben darin besteht, wieder handlungsfähig zu werden oder zu bleiben, dann braucht es auch die Fähigkeit zu vergessen: »Also: ist es möglich, fast ohne Erinnerung zu leben, ja glücklich zu leben, wie das Tier zeigt; es ist aber ganz und gar unmöglich, ohne Vergessen überhaupt zu leben.«[227] Das Gedächtnis schränkt die Freiheit ein, Neues anzufangen. Vergeben stellt dagegen das Schuldgedächtnis in Frage. Vergeben ermöglicht Vergessen und eine neue Orientierung in der Zeit. Wir können uns wieder handelnd nach vorne, in die Zukunft entwerfen.

Die Anerkennung von Schuld ist eine Voraussetzung für die Vergebung und für das Vergessen. Die Beschuldigung ist aber nicht das Ende, sondern nur eine, wenn auch wichtige Etappe im Prozess der Vergebung. Wir haben es hierbei mit einem komplexen Vorgang von Erinnern und Vergessen zu tun. Das Vergessen der Schuld und der sich daraus ergebenden Ansprüche setzt die Erinnerung an die Schuld voraus. Hier verbindet sich die Amnestie mit der Amnesie. Die Vergebung setzt voraus, dass wir uns an das erinnern, was wir vergeben und aufgeben.

Das Vergeben ermöglicht oder erleichtert aber das Vergessen: Anamnese + Amnestie + Amnesie.

Wie in der alten Geschichte, in der ein Mann sich jeden Abend der Mühe und Bitternis des Tages erinnert und all dies auf einem Bogen Papier aufschreibt. Nachdem er es aufgeschrieben hat, fängt er an zu weinen, die Tränen fallen auf das Papier und löschen das Geschriebene auf. Das Papier ist wieder leer, und der Mann kann am nächsten Abend wieder das Leid, das ihm am Tag widerfahren ist, aufschreiben.

Warum der Ausstieg aus der Depression nicht leichtfällt und oft lange dauert

Der Ausstieg aus der Depression kann, so merkwürdig das auf den ersten Blick scheinen mag, Ängste und Befürchtungen auslösen. Auf sie wollen wir im Folgenden noch kurz eingehen.

Der moralische Mehrwert ist das Problem

So leidvoll die Depression auch erfahren wird – die Aufgabe fest verankerter Vorstellungen erscheint als (Teil-) Verlust der eigenen Identität. Und wenn man Ansprüche an andere aufgibt, verliert man zudem noch die moralische Überlegenheit, die man für sich in Anspruch nehmen konnte, solange andere einem etwas schuldig blieben. Die Vergebung beendet durch Schuldenerlass die moralische Selbstaufwertung.

Die Hoffnung ist das Problem

Vergebung bedeutet auch, Illusionen und Hoffnungen aufzugeben: Die Hoffnung, den Sieg über erlittenes Unrecht davonzutragen, die Hoffnung auf die Befriedigung erhobener Ansprüche; die Hoffnung, den Ansprüchen an sich selbst durch vermehrte Anstrengung Genüge zu tun, durch Wiedergutmachung oder Sühneleistungen.

Die Hoffnung auf all das aufgeben zu müssen, scheint eine der stärksten Hindernisse beim Ausstieg aus der Depression zu sein und eine der wichtigsten Beweggründe für die Laufzeitverlängerung von Depressionen.

Ein Depressiver formuliert es so: »Nach meinem Verständnis und Erleben dauert auch ein Nachtgang so lange, bis sich die tätige Einsicht einstellt, dass es ist, wie es ist und so seine Richtigkeit hat. Wenn kein Aspekt der Depression mehr einen, und sei es noch so absurden, Vorteil verspricht, ist Ende. Paradoxerweise muss man erst jede Hoffnung aufgeben, um wieder hoffen zu dürfen.«[228]

Das Gesicht wahren ist das Problem

Vergeben und Aufgeben gehen mit der Furcht des Gesichtsverlustes einher. Diese Furcht ist umso größer, je intensiver man sein Gesicht mit dem bisherigen Selbstporträt seines Gesichtes verwechselt hat, mit dem, was man für sein Gesicht hält. Die Folge: Man nimmt weitere entstellende Gesichtsoperationen vor, damit das Selbstporträt so bleiben kann, wie es war. »Ich habe ein Selbstporträt gemalt, das Ohr ist mir nicht gelungen, da habe ich es abgeschnitten und weggeworfen!«

Leben ruiniert – Gesicht gewahrt!

Das Ansehen ist das Problem
Der befürchtete Gesichtsverlust wiegt noch um einiges schwerer, wenn er öffentlich zur Kenntnis genommen wird. Man fürchtet um sein Ansehen bei anderen. Man fürchtet, vor anderen in einem schlechten Licht zu erscheinen und sein leidvoll aufgebautes und mit noch mehr Leid aufrechterhaltenes positives Image zu verlieren: Wer aufgibt, ist ein Loser, ein Weichei und Schlimmeres. Der Profifußballer Sebastian Deisler verwandelte sich in den Augen der anderen von »Basti Fantasti« zur »Deislerin«.

12
Unsere depressive Erfolgsgesellschaft

Die Geburt der Depression aus dem Geiste der Romantik

Depressionen gedeihen auf dem Boden der Romantik. Romantik führt die Überzeugung mit sich, dass der individuelle Wille stärker ist als alle äußeren Strukturen dieser Welt. Der romantische Mensch ist in der Lage, sich in völliger Freiheit jede beliebige Form zu geben.[229] Autonomie wird zum höchsten Wert. Das romantische Subjekt ist in seinem Anspruch absolut und will sich nicht als begrenzt akzeptieren. Depression ist der Sieg der Romantik über die Vernunft.

Das romantische Selbst muss am Widerstand der Wirklichkeit scheitern. Die Proklamation der romantischen Freiheit führt in die Gefangenschaft. Die Freiheit der Vernunft ist hingegen die Einsicht in die Notwendigkeit, der man ausgesetzt ist, oder die resignative Reife:[230] Die Erfahrungen mit der Welt werden nicht ignoriert.

Mit der absolut gesetzten und daher notwendig ignoranten Autonomie kann man seine Not haben. Nicht das romantische, sich autonom gebärdende Selbst, sondern ein Selbst, das seine Gefährdungen und seine Abhängigkeiten in Rechnung stellt, wird sich selbst, die anderen und auch die umgebende Welt menschlich gestalten. Die Stimmung profitiert allemal.

Nun hat sich seit der Zeit der Romantik einiges verändert. Aber die romantischen Ideen der Freiheit und Autonomie haben sich erhalten, an Wert gewonnen und zeigen heute noch stärker und verbreiteter als vor zweihundert Jahren ihre destruktiven Wirkungen.

Gehorsam sein! – Leistung bringen! – Erfolg haben!

Die massenhafte Zunahme der Depression verläuft parallel zur Ablösung der Disziplinargesellschaften des 19. Jahrhunderts durch die Leistungsgesellschaften in den 50er und 60er Jahren des letzten Jahrhunderts und schließlich zu den seit Beginn dieses Jahrhunderts sich immer weiter Geltung verschaffenden Erfolgsgesellschaften.

Die *Disziplinargesellschaft* brachte ein diszipliniertes Individuum hervor, dessen Grundwerte in Gehorsam, Anpassung und Konfliktvermeidung zu bestehen hatten. Die *Leistungsgesellschaft* bevölkerte sich mit Individuen, denen Autonomie, Ehrgeiz und Initiative zentrale Grundwerte waren. Ausgestattet mit diesem Selbstverständnis, sollten die versprochenen Gratifikationen – der Lohn der Leistung – erreicht werden.

In der inzwischen sich ausbreitenden *Erfolgsgesellschaft* erfahren die Autonomie und der Ehrgeiz eine weitere Wertsteigerung. Aber Lohn und Erfolg der Leistung sind nicht mehr sicher. Der Erfolg koppelt sich von der Leistung ab. Bemühte man sich in der Leistungsgesellschaft, das notwendige Soll zu leisten, um den Erfolg zu sichern, ist nun der Wille zum Soll zum Müssen gesteigert, während gleichzeitig der Erfolg immer öfter ausbleibt. In vielen persönlich bedeutsamen Lebensbereichen zeigen sich diese Veränderungen des Selbstverständnisses – in Bezug auf Glück[231], Freiheit, Gesundheit, Sexualität und vieles andere mehr.

Wenn Erfolg zur Pflicht wird

Nachdem das Streben nach dem Glück zu einem verbrieften Recht erklärt wurde[232], konnte es zur Pflicht werden, sein Leben autonom als ein glückliches zur Erfüllung zu bringen. Der Schmied seines Glückes zu sein erscheint nicht nur als eine lohnende Aufgabe, man ist es sich schuldig. Hat man trotz bester Absichten, guten Willens und vielerlei Anstrengungen das Glück jedoch wieder einmal nicht erreicht, dann ist man nicht nur nicht glücklich, sondern auch noch schuld daran, dass man nicht glücklich ist. So erzeugt die Pflicht zur guten Stimmung die miese Stimmung!

Mancher erinnert sich noch, dass es eine Zeit gegeben haben soll, in der die Sexualität mit vielerlei Verboten und Tabus belegt war und auf ihre Befreiung wartete. Das Warten wurde belohnt. Spätestens in den 60er Jahren des letzten Jahrhunderts wurde dank der Studenten- und Jugendbewegung die Sexualität befreit und das Recht auf eine freie Sexualität erkämpft. Eine disziplinierende und unterdrückende Sexualmoral hatte ihr Ende gefunden oder zog sich beleidigt, aber mit deutlich eingeschränkter Bedeutung in gesellschaftliche Nischen zurück. Nun begannen die sexuellen Befreiungsfeiern landauf, landab und in den Städten ohnehin. Inzwischen ist das Recht auf eine freie Sexualität so selbstverständlich, dass sie zur Pflicht geworden ist. Es gehört nun zu den Grundaufgaben eines jeden freien und autonomen Menschen, seine Sexualität zu verwirklichen und dafür zu sorgen, dass er sexuell erfolgreich ist und bleibt – immer, überall und auch im hohen Alter. Dennoch sind sexuelle Probleme nicht aus der Welt verschwunden. Aber sie sind nicht mehr die, die sie mal waren. Bestanden die sexuellen Beschwerden zu den Zeiten der disziplinierenden Sexualmoral bei Männern in vorzeitigem Samenerguss und bei Frauen in Scheidenkrämpfen, so bestehen sie in der modernen Erfolgsgesellschaft in sexueller Lustlosigkeit.[233] Wenn man darf und deshalb soll, muss man, und wenn man muss, dann kann man eben nicht mehr. Für miese Stimmung ist gesorgt. Sexuelle Lustlosigkeit gehört zu den Hauptsymptomen von Depressionen.[234]

Nachdem die gesellschaftlichen Verbote abgewirtschaftet hatten, hat die aufgewertete Autonomie das Wollen und Sollen an ihre Stelle gesetzt. Nun wird die Erfahrung der Ohnmacht bei ausbleibendem Erfolg zum persönlichen Desaster.

Die Melancholie zur Zeit der Romantik war die Stimmung einiger sensibler, außergewöhnlicher Individuen. Die Leistungs- und Erfolgsgesellschaften haben das autonome Genie demokratisiert. Die Konsequenz: Depressionen nicht nur für wenige, sondern für das ganze Volk. Die Depression geht mit der Demokratisierung der Vorstellung vom außergewöhnlichen Ausnahmemenschen einher.

In den postdisziplinären Lebenswelten, seien sie liberale Leistungsgesellschaften oder neoliberale Erfolgsgesellschaften, verändern sich die Werte, die angeboten, nachgefragt und angenommen werden. Verbote und Verordnungen werden von der selbstverordneten Selbstentfaltung und Selbstverpflichtung abgelöst.

Das disziplinierte Selbst erlebte noch konflikthaft, was es selbst wollte, aber nicht durfte, und litt vielleicht unter diesem Konflikt. Zumindest war den Menschen der Unterschied zwischen ihren eigenen Bedürfnissen und der sozialen Norm deutlich bewusst.

Das sich selbst erzeugende und kontrollierende Selbst übersieht dagegen leicht die Abrichtung auf die Autonomie. Der Unterschied zwischen dem eigenen Wollen und dem, was die gesellschaftliche Norm verlangt, löst sich auf. Selbstbestimmt will das autonome Selbst nun, was es wollen soll. Paradoxerweise werden Kreativitätsforderungen und -ansprüche nun zu Anpassungsleistungen. In der Erfolgsgesellschaft wird man depressiv oder brennt aus, statt Konflikte »klassenkämpferisch« auszutragen.

Neben Protest, Empörung und Wut bietet sich als Ausweg der Widerwille an und/oder die Entscheidung, sich zu entziehen. Der Film »Das Leben des Brian« von Monty Python über den naiven und unauffälligen Brian, der – zur gleichen Zeit wie Jesus geboren – aufgrund von Missverständnissen unfreiwillig als Messias verehrt wird, führt den Ausweg eindrücklich vor: Eine riesige Menschenmenge hat sich auf einem Platz versammelt und huldigt Brian in Sprechchören: »Brian, Brian, Brian ...!!!« Brian gebietet Ruhe und fordert die Menge auf, nach Hause zu gehen, denn: »Ihr seid doch alle Individuen!« In den hinteren Reihen meldet sich ein Mann und stellt den Autonomieanspruch in Frage: »Ich nicht!«

Wer dem unbedingten Autonomieanspruch nicht genügt und sich ihm nicht erfolgreich widersetzen oder entziehen kann, fällt der miesen Stimmung oder gar der Depression anheim. Der gnadenlose Wille zur Autonomie drangsaliert das Selbst, bis es aufgibt und sich auflöst. Keine Anstrengung, keine Optimierung kann jemals wirklich zufriedenstellen oder beglücken. Unerbittlich und gnadenlos gegenüber sich selbst werden die selbstverordneten Gebote verfolgt.

Wenn sich Leistung nicht mehr lohnt

In der Erfolgsgesellschaft gibt es wenige Gewinner und viele Verlierer. Finanz-, Banken- und Schuldenkrisen zeigen, wie die Erfolgsgesellschaft funktioniert: Erfolge und Gewinne werden bei wenigen privatisiert. Verluste werden demokratisch bei vielen, der sogenannten Allgemeinheit, untergebracht.

Manager bekommen ihren Bonus, auch wenn sie versagt haben, und tauchen schon bald im Management des nächsten Unternehmens wieder auf. Erfolg stellt sich nicht mehr über Leistung her, und Leistung lohnt sich oft nicht mehr.

Wir können noch so hart arbeiten – die Verfügung über den Erfolg liegt in den Händen anderer.

So wird etwa Prominenz zu einem wichtigen und angestrebten Erfolgsmerkmal der Erfolgsgesellschaft. Prominenz muss allerdings nichts mit Leistung zu tun haben; Prominenz hat mit der Aufmerksamkeit zu tun, die man erringt.[235] Es geht um Einschaltquoten! War es früher vielleicht einmal die Leistung oder das Argument, das Erfolg brachte, ist es nun das Ranking:[236] Verona Feldbusch wird durch eine vierwöchige Ehe mit einem Prominenten (Dieter Bohlen) selbst prominent. Der erfolgreich als Prominenter auftretende Dieter Bohlen lässt ein Buch schreiben und befindet sich über viele Monate auf der Spiegelbestsellerliste. Die wichtigste Eigenschaft von Bestsellern ist, dass sie Bestseller sind. Welche Leistung Herrn Bohlen oder Frau Feldbusch zum Erfolg geführt hat, ist damit noch keineswegs bestimmt, wenn es denn überhaupt eine gibt.

Auch Erfolge in scheinbar seriöseren Genres wie etwa der Wissenschaft sind nicht notwendig mit Leistung verknüpft. Hier erfolgt das Ranking über erfolgreiche Zitierseilschaften: Wer wird von wem und von wie vielen wo zitiert? Der Erfolg stellt sich auch hier nach dem Matthäus-Prinzip ein: Wer hat, dem wird gegeben. Wissenschaftler werden dafür bekannt, dass sie bekannt sind. Es reicht keineswegs aus, eine gute Arbeit zu leisten. Wer etwas werden will, muss es verstehen, die Aufmerksamkeit der anderen auf sich zu ziehen, beachtet zu werden. Und zwar von denen, die schon beachtet werden. So kommt es nicht so sehr darauf an, was man als Wissenschaftler veröffentlicht, sondern wo man es veröffentlicht.[237]

Es gibt aber nicht nur ein positives Ranking, sondern auch ein negatives. Prototypen für negatives Ranking sind die »Urteile« von Ranking-Agenturen, gewinnorientierten Unternehmen, welche die Kreditwürdigkeit von Unternehmen, Finanzprodukten und Staaten benoten. Ein negatives Rating stellt eine recht sichere und verlässliche sich selbst erfüllende Prophezeiung dar. Das Monopol einiger weniger Ratingagenturen macht deren Urteile zu politischen Interventionen ohne politische Legitimation. Zwar zwingen Ratingagenturen niemanden, ihre Urteile zum Maßstab des Handelns zu machen. Aber Politik und Investoren richten sich dennoch nach deren Urteil, weil sich auch andere danach richten. Ergebnis: Alle richten sich nach etwas, nach dem sie sich vielleicht gar nicht richten wollen.

Die drei einflussreichsten Ratingagenturen (Standard & Poor's, Moody's und Fitch Ratings), die pro Jahr 3 Millionen Krediturteile fällen, sind aber durchaus auch zu positiven Ratingurteilen fähig: Beim Immobilienboom waren sie Komplizen der US-Investmentbanken. Zwischen 2000 und 2007 bewerteten sie mehr als 60 000 Ramschpapiere mit der Bestnote und wurden dadurch zu einer wesentlichen Ursache für die Finanzkrise.[238]

Leistung und Erfolg haben sich voneinander getrennt, und Selbstdarstellung und Beachtung haben sich zusammengetan. Man hat sich zu bemühen, etwas darzustellen, und hofft dann auf die Beachtung der anderen. Ziel ist die Steigerung des eigenen Wertes in der Währung, die auf dem Markt des mentalen Kapitalismus – aber nicht nur dort – etwas zählt: auffallen, sich unterscheiden, unverwechselbar sein.

Dem allen nicht zu genügen, führt nicht nur zum Negativ-Ranking, sondern kann sogar zu einer Frage der geistigen Gesundheit werden. Die Disziplin ist also keineswegs mit dem Ende der Disziplinargesellschaften von der Bildfläche verschwunden, sondern feiert in der Leistungs- und

Erfolgsgesellschaft ihre Wiedergeburt: Gefordert ist der Gehorsam, den das unbegrenzt autonome Selbst sich selbst auferlegt. Wir sind unser eigener Sklaventreiber in einer Welt freier Individuen.

Problematische Lösungen: Disziplin oder Verwöhnung

Jede Bewegung ruft irgendwann eine Gegenbewegung hervor. Das zur Autonomie verdammte Individuum sehnt sich zurück nach den Werten der Disziplinargesellschaft. Dort, so die Vorstellung, hat jeder seinen Platz und seine Rolle. Stabile Ordnungen sollen, so die Hoffnung, die belastenden, ermüdenden und destruktiven Überforderungen durch die überbordenden Autonomieansprüche auflösen.

Nicht zufällig entstehen solche Vorstellungen einer Rückkehr zu den vermeintlich guten alten Zeiten in der Erziehung. Hier zeigt sich besonders deutlich, welchen Stellenwert der Gehorsam, die Leistung und der Erfolg haben und welche Erziehungsmaßnahmen bereitzustellen sind.

Bücher, die das Rückkehrprogramm anpreisen und verkaufen wollen, werden zu Bestsellern. In ihnen soll vorgeführt werden, wie Siege und Erfolge durch Disziplin errungen werden: »Lob der Disziplin«[239] oder »Die Mutter des Erfolgs: Wie ich meinen Kindern das Siegen beibrachte«[240]. Verbote, Strafen und Abrichtungen sollen wieder akzeptabel werden. Die chinesischstämmige US-Amerikanerin Amy Chua stellt einen Erziehungsstil vor, wie er in der Tradition chinesischer Eltern durch Drill und Verbote für das Leben vorbereiten soll: Chuas Kinder dürfen nicht bei Freunden übernachten, Kinderpartys besuchen, fernsehen oder am Computer spielen, andere Instrumente als Klavier oder Geige spielen oder andere Noten als die Bestnote bekommen. In ihrem Buch nennt sie den Drill, etwa bei der Einübung klassischer Musik, das Gegenteil von Niedergang, Trägheit und Verwöhnung. Ihrer Tochter wird beim Klavierüben bis in die späte Nacht die Vernichtung oder das Verschenken von Spielzeug an die Heilsarmee angedroht und der Gang auf die Toilette verboten. Stolz berichtet die Mutter über den Erfolg ihrer Maßnahmen: Ihre Tochter gewann mit neun Jahren ihren ersten Klavierwettbewerb. Sie sieht sich in der Tradition chinesischer Eltern: »Chinesische Eltern drillen ihre Kinder jeden Tag. Wenn das Kind keine perfekten Noten nach Hause bringt, hat es einfach nicht hart genug gearbeitet. Westliche Eltern werden ihr Kind für eine Eins minus loben. Die chinesische Mutter jedoch wird nach Luft schnappen und fragen, was falsch gelaufen ist.«[241] Zur chinesischen Kinder-Wirklichkeit gehört allerdings auch, dass in China der Selbstmord bei Kindern, Jugendlichen und jungen Erwachsenen zur häufigsten Todesursache geworden ist.

Das Prinzip Verwöhnung bietet genauso wenig einen Ausweg aus den Problemen der Erfolgsgesellschaft: Kinder werden in einem Gefängnis der guten Laune eingekerkert und dürfen nicht traurig sein, weil das ihre Eltern belastet. Sie werden einer Verwöhnungsverwahrlosung ausgesetzt. Tränen werden durch die Verabreichung von Kinderschokolade oder anderen Stimmungsaufhellern schnell gestoppt. Die Fähigkeit zu trauern wird systematisch abtrainiert und posttraumatisches Wachstum systematisch verhindert. Autonomieüberschätzungen sind die Folge. Aber es wird auch etwas gelernt: dass Schokolade gut gegen miese Stimmung ist. Selbstregulation, die Erfahrung, mit Widrigkeiten fertig zu werden, und die Entwicklung von Widerfahrniskompetenz wird dagegen verhindert.

Die Depression: nicht nur leidvoll, sondern auch Chance für ein besseres Leben

»Wofür ein Nachtgänger auch immer bezahlt, es ist ein hoher Preis – es wäre schade, die Ware nicht abzuholen.«[242] Die leidvollen Gefühle der Erschöpfung, der fehlenden Initiative und des geschwächten Antriebs eröffnen die Chance des Innehaltens. Innehalten kann nötig sein, um weiterzukommen. Man erlaubt sich einen Blick auf sich selbst. Das muss nicht angenehm, kann aber notwendig sein. Bisheriges ist nicht mehr stimmig. Es werden mehr oder weniger deutliche Enttäuschungen erlebt. Etwas kommt zu seinem Ende.

Innehalten ermöglicht eine Bestandsaufnahme. Die braucht ihre Zeit. Aber die hat man ja jetzt auch, wenn man sie sich gibt. Die eigene Biographie kann in den Blick genommen werden. Man ist jetzt nicht genötigt, die Biographie fortzuschreiben, sondern kann sie sich ansehen. Es lassen sich beim Innehalten Fragen stellen nach der Fortsetzung oder der Korrektur der Biographie und nach einer Neujustierung von Zielen und Werten. Die nicht mehr brauchbaren Werte können einer Prüfung unterzogen werden. Alternative Werte können erwogen werden. Die Präferenzliste der Werte kann umgestaltet werden. Die Chance der Depression besteht darin, Distanz zu sich selbst zu gewinnen und dadurch sich selbst wieder in den Blick zu bekommen.

Abträglich ist das Festhalten an der Überzeugung, man wüsste schon, wer man wirklich ist. Das führt in den meisten Fällen dazu, die bekannten Soll-Werte vor sich selbst zu bekräftigen. Aber gerade die haben ja ins Unglück geführt: zum Glück. Denn dieses Unglück gibt den Blick auf die Frage frei: *Wer bin ich nicht?* Depressive Erfahrungen fordern geradezu heraus, diese lebenswichtige Frage zu stellen. Die Beantwortung kann Konsequenzen haben: Man

13
Auswege, umdenken, ablassen – Was tun?

Unsere miesen Stimmungen sind Ausdruck und Ergebnis unserer sehr persönlich erlebten und erlittenen Krisen. Sie werden aber durch die gesellschaftlichen Verhältnisse und unsere kulturellen Umwelten entscheidend beeinflusst. Unsere persönlichen Krisen und unsere Stimmungen fallen mit gesellschaftlichen Krisen und Stimmungen zusammen. Unsere Kultur und die damit verbundenen sozialen und gesellschaftlichen Regeln, die uns beeinflussen und die wir beeinflussen, hinterlassen tiefe Eindrücke in unseren intimsten Erwartungen, Träumen, Hoffnungen, Befürchtungen und natürlich unseren Stimmungen.

Wir erleben uns in unseren ganz persönlichen Krisen, und wir befinden uns gleichzeitig in gesellschaftlichen, kulturellen und ökonomischen Krisen: Gewissheiten funktionieren nicht mehr. Was bisher selbstverständlich war, ist nicht mehr selbstverständlich und sicher. Die Auswege aus den Krisen sind zurzeit noch weniger selbstverständlich. Sie erscheinen oftmals geradezu merkwürdig oder gar paradox. Aber das noch nicht Selbstverständliche, das Merkwürdige oder auch Paradoxe ist nötig. Der Ausweg besteht im Umdenken und Ablassen von dem, was bisher gedacht und getan wurde: Wie die Karre in den Dreck gefahren wurde, ist ja meist nicht die Methode, wie sie auch wieder herausgefahren werden kann.

Aber wir sollten die Krisen und das Scheitern nicht zu schnell als schlecht abtun und abwerten, sondern sie als eine ungeheure Chance begreifen. Sie bieten uns die Chancen der Veränderung. Wenn wir nicht länger autistische Leistungs- und Erfolgsmaschinen oder biologieterrorisierte Haustiere sein wollen, besteht unsere Chance gerade darin, kaputtzugehen, das heißt, nicht mehr zu funktionieren. Wir erhalten dann die Möglichkeit, uns zu entziehen, unseren Widerwillen zu aktivieren und uns damit vor Selbstauflösung zu schützen. Wir können endlich der ständig perfektionierten Vernetzung mit Gott und der Welt und allen anderen auch ein Ende bereiten – zu verlieren haben wir dabei nichts außer unseren Netzwerken, in denen wir uns verfangen haben und die uns gefangen halten.

Abgekoppelt und mit etwas Distanz, können wir sehen, wie uns Hoffnung blind, blöd und kriminell gemacht hat und zu einem lebensgefährlichen Wahn geworden ist. Dass Wissen, Erfolg und Null-Fehler-Toleranz nicht nur dumm machen und unser Leben verkürzen, sondern beunruhigen, verunsichern, gefährlich sind und miese Stimmung erzeugen. Wir sehen und können es fühlen, wie uns und auch andere der unbeirrbare Wille zur Autonomie drangsaliert und zerstört. Und wir können schließlich sehen und fühlen, wie uns unsere Irrtümer, unsere Fehler und Niederlagen weiterbringen, uns klug machen und menschlich bleiben lassen. Wir können erkennen, dass die Akzeptanz unserer Abhängigkeiten uns autonom sein lässt, dass das Beste nicht immer gut ist und etwas weniger davon für ein gutes Leben und gute Stimmung ausreicht. Sich den Erfolgserwartungen zu entziehen erlaubt, sich selbst wieder in den Blick zu nehmen und die Frage zu stellen, wer man eigentlich ist. Dem verbreiteten, angeblich lebensklugen Motto »Erkenne, wer du bist!« sollte man sich aber auch zu entziehen wissen. Die gegenwärtig bei weitem wichtigere, überlebenswichtige Aufgabe heißt: Erkenne, wer du nicht bist!

Anmerkungen

Einstimmung

1 Nach Berechnungen des Max-Planck-Instituts für Psychiatrie in München.
2 Nach einer Studie der Deutschen Angestellten Krankenkasse (DAK).
3 Aus einem Bericht des World Economic Forum (WEF) und der Harvard School of Public Health vom September 2011. In: Deutsches Ärzteblatt 108. Heft 42 (21. Oktober 2011) S. A 2215.

Kapitel 1

4 Name einer deutschen Band um die Sängerin Judith Holofernes, die sich bei ihrer Namensfindung durch die Single »Heroes« von David Bowie anregen ließ.
5 Gemeint ist die Band »Element of Crime« um den Sänger und Texter Sven Regener. Die zitierte Stelle stammt aus ihrem Song »Bitte bleib bei mir.«
6 www.agentur-fuer-helden.de
7 Hektor weiß vor dem Zweikampf mit Achilles, dass ihn die Götter fallengelassen haben, und er muss trotz des fast sicheren Todes gegen Achilles kämpfen.
8 Das bezeugt eindrucksvoll das Bekenntnisvideo von Al Quaida nach dem Madrider Anschlag vom März 2004: »Ihr liebt das Leben, wir lieben den Tod, und deshalb werden wir siegen.« Franco hat sich im Oktober 1936 in Salamanca ähnlich ausgedrückt: »Viva la muerte! Abajo la intelligencia!«

9 US-Präsident Barack Obama in einem Interview des Fernsehsenders NBC am 8. 6. 2010.

10 Botschafter aus der Wirklichkeit werden sicherheitshalber entlassen: Stanley A. McChrystal, der US-amerikanische Oberbefehlshaber in Afghanistan, wird am 23. Juni 2010 von Präsident Obama nach »abschätzigen« Äußerungen über amerikanische Regierungsmitglieder und den »Scheißkrieg« entlassen. Der Juni 2010 war zum blutigsten Monat des Krieges seit achteinhalb Jahren geworden.

Die Wirklichkeit zeigt der Film »The Messengers – die letzte Nachricht« von Oren Moverman. The Messengers sind zwei Soldaten, die den Krieg hinter sich und die Aufgabe haben, möglichst schnell, noch vor den Fernsehnachrichten, den Angehörigen von Gefallenen die Todesnachricht zu überbringen. Das amerikanische Militär sieht für die »Botschafter« einen strengen Verhaltenskodex vor und offenbart die bürokratische Kälte des Verfahrens, die »bereavement notification«. Die militärische Kondolenzbekundung liefert das Bild für die Monstrosität des Krieges. Der Film zeigt keine Helden und keine Heldentaten, er zeigt die Wirkung der Nachrichten aus der Wirklichkeit: im Gesicht der Hinterbliebenen.

11 Base-Jumping: Fallschirmspringen von Gebäuden, Brücken, Felsen und anderen Objekten.

Free-Solo-Climbing: Bergsteigen ohne Begleitung und ohne Seile und Gurte.

Apnoetauchen: Tauchen ohne Sauerstoffflasche mit eigener Atemluft.

Canyoning: Das Begehen einer Schlucht durch Abseilen, Abklettern, Springen, Rutschen, Schwimmen und Tauchen.

River Rafting: Das Befahren eines Wildwasserflusses mit einem Schlauchboot.

Downhill Biking: Eine bergabführende, möglichst steile und grobe Geländestrecke so schnell wie möglich mit dem Fahrrad herunterfahren.

Freeriding: Skifahren und Snowboarden abseits markierter und kontrollierter Skipisten.

Extremsurfing: Surfen auf Wellen, die 20 Meter hoch sein

können und in die man sich von einem Helikopter ziehen lässt.

12 Lara starb, erst zwei Jahre alt, am 17. September 2006. Sie hatte von Geburt an einen schweren Herzfehler und musste deswegen ihre ersten 18 Lebensmonate im Krankenhaus verbringen. Nach einer Operation versagt das Herz seiner Tochter, als Enke neben ihr schläft, aber nicht bemerkt, dass sie stirbt. Er fühlte sich deshalb schuldig und machte sich schwere Vorwürfe.

13 Philipp Lahm, Kapitän der deutschen Fußballnationalmannschaft, kennt niemanden in der Bundesliga, der schwul ist und rät in einem Interview jedem, der tatsächlich schwul sein sollte, es auf keinen Fall bekanntzugeben. Tim Wiese, der Torhüter von Werder Bremen, sieht das in einem anderen Interview entschieden genauso.

14 Professor Detlef Dietrich, Ärztlicher Direktor des Ameos-Klinikums in Hildesheim in der *Frankfurter Allgemeinen Zeitung* vom 13. 11. 2009.

Kapitel 2

15 In der Medizin wird diese Zielgröße als »Restitutio ad integrum« (von lat. *restitutio* Wiederherstellung, lat. *ad* bei, lat. *integritas* Unversehrtheit) bezeichnet: Die vollständige Ausheilung einer Krankheit oder Verletzung, die den unversehrten Zustand des Körpers (wie er vor der Krankheit oder der Verletzung war) wiederherstellt. Im Unterschied zu einer Defektheilung, bei der zum Beispiel eine Narbe oder eine Funktionseinschränkung zurückbleibt.

16 »Damit ihr Hoffnung habet!« Motto des Ökumenischen Kirchentages 2010 der katholischen und evangelischen Kirche in Deutschland.

17 Bloch, E. (1959)

18 Baltasar Gracián: »Die Hoffnung ist eine große Verfälscherin der Wahrheit.«

19 Am 20. April 2010 explodierte die Bohrplattform »Deepwater Horizon« im Golf von Mexiko. Dabei starben elf Arbeiter. In den folgenden Monaten traten rund 760 Mil-

lionen Liter Öl aus. Erst drei Monate nach dem Unglück gelang es, die Quelle provisorisch zu verschließen. Auf Grund mangelnder Sicherheitsbestimmungen verhängte die US-Regierung ein Verbot von Tiefseebohrungen im Golf von Mexiko. Dieses Verbot sollte bis Ende November 2010 gelten. Am 12. Oktober 2010 hat die US-Regierung dann aber das Verbot vorzeitig aufgehoben. Es wurde vermutet, dass diese vorzeitige Aufhebung in Zusammenhang mit den Wahlen am 2. November (Midterm Election) stand, bei dem die Demokraten Angst hatten, ihre Mehrheit im Kongress zu verlieren. Man könnte aber auch sagen, sie hatten die Hoffnung, dass es bei den Kongresswahlen dann noch mal gutgehen werde. Ergebnis: Das Verbot wurde vorzeitig aufgehoben, und die Demokraten haben die Wahl verloren.

20 Simonton et al. (2001)

21 Bspw. www.hilfe-bei-krebs.de/selbsthilfe/seminare1.html

22 Chopra, D. (1995): »Würde man mich nach einer genauen Definition von Quantenheilung fragen, so würde ich antworten: Quantenheilung ist die Fähigkeit einer Bewusstseinsform (Geist), spontan die Fehler einer anderen Bewusstseinsform (Körper) zu korrigieren. Es ist ein völlig in sich geschlossener Prozess. Müsste ich mich noch kürzer fassen, so würde ich einfach sagen, dass Quantenheilung Frieden stiftet. Wenn Bewusstsein gespalten ist, verursacht es Krieg im Geist-Körper-System. Dieser Krieg liegt zahlreichen Krankheiten zugrunde; es ist das, was die moderne Medizin als die psychosomatische Komponente bezeichnet.« (S. 329)

23 www.rolfing-movement.de/Kurzinfo/Artikel/Deepak_Chopra/deepak_chopra.HTM

24 Er hat zahlreiche Artikel zu Gesundheitsthemen sowie einige Bücher veröffentlicht. Seine aktuellen Werke sind *The Natural Way to Heal* (Hampton Roads, 2004) sowie die Buchreihe »Heal Yourself« – sieben kleine Bücher zum Thema, wie man eine Krankheit überwindet, darunter Arthritis, Asthma, Krebs, Pilzerkrankungen durch Candida, Diabetes und Gewichtsprobleme.

25 www.nexus-magazin.de/artikel/lesen/ein-ganzheitlicher-ansatz-um-den-krebs-zu-besiegen/5

26 Siegel, B. S. (1986), S. 113

27 Simonton et al. (2001), S. 202
28 Zit. nach: Ehrenreich, B. (2009), S. 53
29 a.a.O., S. 53
30 a.a.O., S. 55
31 Hellinger, B. (1994), S. 378
32 a.a.O., S. 464ff.
33 a.a.O., S. 410ff.
34 zusammenfassend etwa: Söllner, W. (2010)
35 a.a.O.
36 Schon vor Jahrzehnten konnte gezeigt werden, dass Krebspatienten, die ihre Erkrankung verleugnen, statt sie hoffnungsvoll zu bekämpfen, keine schlechtere Prognose haben und dass teilweise sich sogar Hoffnungs- und Hilflosigkeit als prognostisch günstig erweisen können:
Dean, C., P. G. Surtees (1989); Derogatis et al. (1979); Holland et al. (1986); Jamison et al. (1978)
37 Gernhardt, R. (2004), S. 9
38 »United we win – Cancer is big. US Oncology is bigger. […] With US Oncology, cancer has met its match. As the nation's biggest cancer-fighting organization, we have more than 1300 collaborating oncologists. More than 200 locations in 38 states. And we touch more than 850 000 Americans every year. All of which means we have more knowledge and experience to draw upon for every patient.«
39 Ergebnisse einer Studie der Bertelsmann-Siftung über Glauben an ein Leben nach dem Tod. http://www.bertelsmann-stiftung.de/cps/rde/xchg/bst/hs.xsl/nachrichten_94744.htm
40 Max Frisch: »Wenn Sie jemanden lieben: warum möchten Sie nicht der überlebende Teil sein, sondern das Leid dem anderen überlassen?«
41 Es wird vermutet, dass inzwischen 20–50 % aller Patienten in den Praxen von Allgemeinärzten solche Menschen mit einem starken Gesundheitsinteresse sind.
42 Zwischen acht und zehn Jahre dauern diese Gesundheitsermittlungsprozeduren bei einem oder mehreren Ärzten im Durchschnitt an. Hier verbinden sich dann oft die Hoffnungsillusionen von Patienten mit denen von Ärzten, und das kann dann lange fortdauern.

43 Soziale Sensibilität steht hoch im Kurs und ist eine der ambivalenzfrei positiv bewerteten menschlichen Kompetenzen. Wie nicht anders zu erwarten, wird im Zeitalter der Hirnmythologien auch dieses soziale Phänomen in der Biologie des Gehirns dingfest zu machen versucht, z. B. mit der (umstrittenen) Theorie der Spiegelneuronen.

44 Unter Blasphemie wird eine rufschädigende Gotteslästerung verstanden, d. h. ein öffentliches Leugnen oder Verhöhnen von Glaubensinhalten einer Religion. Sie wird als schweres Vergehen angesehen, ist in vielen Staaten eine Straftat, die mit dem Tode bestraft werden kann (etwa in Saudi-Arabien, Pakistan, Afghanistan und dem Iran). Auch in Deutschland (§ 166 StGB, der sogenannte »Gotteslästerungsparagraph«), in Österreich (§ 188,189 StGB) und in der Schweiz (Artikel 261 StGB) ist Blasphemie strafbar.

45 Benson et al. (2006); Krucoff et al. (2006)

46 »For a successful surgery with a quick, healthy recovery and no complications.«

47 Nagourney, E. (2001)

48 Cha et al. (2001)

49 Als Doppelblindstudie bezeichnet man eine Studie, bei der weder der Versuchsleiter (bei klinischen Studien die behandelnden Ärzte) noch die Studienteilnehmer (bei klinischen Studien die Patienten) Kenntnis über die jeweilige Gruppenzugehörigkeit, also etwa die Therapie oder Bedingungen der Therapie (Verwendung von Medikamenten oder Placebo) haben.

50 Die In-vitro-Fertilisation (IVF) (wörtlich aus dem Lateinischen: eine »Befruchtung im Glas«) ist eine Methode zur künstlichen Befruchtung. Dazu werden Eizellen mit Sperma in einem Reagenzglas zusammengebracht, damit eine spontane Befruchtung stattfindet. Hat diese stattgefunden, werden Embryonen im Brutschrank kultiviert und dann in den Uterus eingesetzt.

51 Bspw. Flamm, B. (2004) und (2005)

52 Krucoff et al. (2005): Der amerikanische Kardiologe M. Krucoff von der Duke University veröffentlichte 2005 eine größere Studie mit 748 Patienten. In ihr konnte eine bes-

sere Genesung derjenigen, für die unter anderem gebetet worden war, nicht nachgewiesen werden.

53 Masters, K.S., G.I.Spielmans (2006) und (2007): Die beiden Meta-Analysen, kommen zu dem Ergebnis: Gebete haben keine nachweisbaren Effekte.

Kapitel 3

54 www.welt.de/wirtschaft/article3612116/Freddie-Mac-Manager-erhaengte-sich-im-Keller.html#reqRSS

55 www.zeit.de/2009/08/CH-Widmer

56 www.spiegel.de/panorama/gesellschaft/0,1518,601149,00.html

57 www.spiegel.de/wirtschaft/0,1518,561329,00.html

58 zit. Nach: Skidelsky, R. (2009), S. 60

59 ARMs – Adjustable-Rate Mortgage, ein 100 %-Kredit mit variablem Zins und negativer Amortisation

60 Lewis, M. (2010), S. 123f. Was aus dem mexikanischen Erdbeerpflücker und dem südamerikanischen Kindermädchen nach dem Crash geworden ist, wird allerdings nicht berichtet. Auch für die Bekanntgabe von Suiziden scheint es einen Prominentenbonus zu geben.

61 Eine der besten Analysen der Mechanismen, die in den Crash führen, stammt von John Kenneth Galbraith und wurde schon 1990 veröffentlicht: Galbraith, J.K. (1990)

62 Galbraith, J.K. (1990), S. 77

63 Zusätzlich schoss die Beleihung bestehender Hypotheken zur Finanzierung von Konsumgütern oder zum Kauf von Zweitimmobilien in die Höhe: von 20 Milliarden Dollar (1 % des Privatkonsums) Anfang der 1990er Jahre auf 700 Milliarden Dollar (d. h. bis zu 10 % der privaten Konsumausgaben). In Großbritannien war 2007 die Privatverschuldung auf 177 % und die Hypothekenverschuldung auf 132 % des verfügbaren Einkommens gestiegen. Skidelsky, R. (2009), S. 28f.

64 Bankrott (ital. *banca rotta* = zerbrochene oder leere Bank). Im Italien des Mittelalters boten Wechsler auf Märkten unterschiedliche Geldwährungen auf Tischen zum Tausch an.

War der Tisch leer, so hatte der Wechsler kein Geld mehr. Er war bankrott.

65 Eine Standardabweichung ist ein statistisches Maß, das angibt, mit welcher Wahrscheinlichkeit, ein bestimmtes Ereignis oder ein Messwert abweichend vom Mittelwert, d.h. der höchsten Wahrscheinlichkeit, auftritt. Außerhalb einer Standardabweichung von 1 ist mit einer Wahrscheinlichkeit von 16 % zu rechnen, außerhalb von 2 Standardabweichungen schon nur noch mit 2,5 % und außerhalb von 3 Standardabweichungen nur noch mit 0,13 %. Insofern ist also extrem unwahrscheinlich, was sich jenseits von 25 Standardabweichungen ereignen sollte.

66 Skidelsky, R. (2009), S. 29f.

67 *Rhein Neckar Zeitung* (17. 3. 2010)

68 *Rhein Neckar Zeitung* (16. 3. 2010)

69 Nach Veröffentlichung des Bundesgesetzblattes und *Rhein Neckar Zeitung* 57 (10. 3. 2010)

70 Hamermesh et al. (2000); Hamermesh, D., A. Parker (2005)

71 Gautschi, T., D. Hangartner (2006)

72 Bruning et al. (2000)

73 z.B. Harv Eker, T. (2005)

Kapitel 4

74 Schwabe,U., D. Paffrath (2008)

75 Fritze, J. (2009)

76 Schwabe,U., D. Paffrath (2008)

77 Ulrike Meinhof in einem Brief an die anderen in Stammheim inhaftierten Mitglieder der Roten Armee Fraktion (RAF): Gudrun Ensslin, Andreas Baader und Jan-Carl Raspe. (*Der Tagesspiegel* 18. 2. 1995)

78 Enzensberger, H. M. (2006)

79 So die 12 Monats-Prävalenz, die für Depressionen bei 11,9 % und für Angststörungen bei 10,6 % liegt: Laux, G. (2010); Kapfhammer, H.-P. (2010)

80 Spitzer, M. (2011); Baumeister et al. (2009); Vohk, K. D., J. W. Schooler (2008)

81 Das bekannte Märchen der Brüder Grimm (2001).
82 Bloch, E. (1959) Band 1, S. 126
83 Peters, T. (2001), S. 8
84 Diese Kriterien sind Kreativitätskriterien, wie sie Gregory Bateson als Merkmal der Situation des Doublebinds beschreibt oder Artur Koestler als Bisoziation: Bateson, G. (1972); Koestler, A. (1964)
85 An anderer Stelle habe ich diese Herausforderung, dass wir nur die unentscheidbaren Fragen entscheiden können, im klinischen Kontext und im Hinblick auf den Suizid ausführlich dargestellt: Retzer, A. (2002) und (2004)
86 Ein Mantra (wörtlich: Instrument des Denkens) ist eine meist kurze, formelhafte, oft wiederholte Wortfolge. Mantras werden im Hinduismus, im Buddhismus und im Yoga während der Meditation benutzt. Eines der bekanntesten Mantras ist die Silbe Om.
87 Dieses Bild verdankt sich einer Anregung Immanuel Kants in seiner Schrift »Anthropologie in pragmatischer Hinsicht«. Dort unterscheidet er Leidenschaften und Affekte: »Der Affekt ist Überraschung durch Empfindung, wodurch die Fassung des Gemüts aufgehoben wird. Er ist also übereilt, er wächst geschwind zu einem Grade des Gefühls, der die Überlegung unmöglich macht (ist unbesonnen) … Die Leidenschaft hingegen lässt sich Zeit und ist überlegt, so heftig sie auch sein mag, um ihren Zweck zu erreichen. – Der Affekt wirkt wie ein Wasser, was den Damm bricht; die Leidenschaft wie ein Strom, der sich in seinem Bette immer tiefer eingräbt.« Kant, I. (1798), S. 252

Kapitel 5

88 http://www.zdnet.de/arbeitsplatzrechner_peripherie_in_unternehmen_null_fehler_toleranz_hightech_in_der_formel_1_story-20000005-39128230-1.htm
89 www.healthcaretag.de.
90 http://www.wir-sind-kirche.at/content/index2.php?option=com_content&do_pdf=1&id=790
91 Wissenschaftliche Theorien sind nur ernst zu nehmen,

wenn sie dem Kriterium der Falsifizierbarkeit genügen, d.h. wenn sie des Irrtums überführbar sind. So kann eine Behauptung zwar logisch richtig sein, aber in keiner Weise eine wissenschaftlich ernstzunehmende Aussage, wenn sie nicht die Fehlerfreundlichkeit des Irrtums ermöglicht. Die Behauptung: Wenn der Hahn kräht auf dem Mist, ändert sich das Wetter oder es bleibt wie es ist, ist logisch unwiderlegbar richtig. Aber natürlich keineswegs eine wissenschaftlich ernstzunehmende Theorie, weil sie nicht des Irrtums überführt werden kann. Sie ist nicht falsifizierbar.

92 Qualitätsmanagement ist das moderne Zauberwort. Das wichtigste Instrument dafür sind Handbücher, in denen Qualitätselemente und Ordnungsschemata festgelegt sind und eine riesige Anzahl von Formblättern zu bewältigen ist. Es ist detailliert festgelegt, wer welches Dokument auszufüllen und auszuwerten hat, wie sie zusammengetragen und zu verwalten sind. Für viele Institutionen ist es inzwischen überlebensnotwendig, eine entsprechende Qualitätszertifizierung vorweisen zu können, um an entsprechende Verträge, Fördermittel u.ä. zu kommen. Es lebt allerdings inzwischen auch eine ganze Qualitätsprüfungsindustrie von diesen Zertifizierungsverfahren. Die Folge ist ein Qualitätszertifizierungswahn, der dazu führen kann, dass es nur noch um eine korrekte Anwendung der Prüfungsverfahren geht. Eine Institution erhält auch dann das ersehnte Zertifikat, wenn sie nur regelmäßig und zuverlässig kontrolliert, ob ihr schlechter Service noch immer so schlecht ist wie einmal festgelegt: Heiner, M. (1999)

93 In einer Studie mit über 100 deutschen und niederländischen Firmen wurde dies eindrucksvoll gezeigt: Van Dyk et al. (2005)

94 http://www.aerzteblatt.de/v4/news/news.asp?id=44081&src=&swid=

95 So der ehemalige Präsident der Bundesärztekammer Jörg-Dieter Hoppe http://www.spiegel.de/wissenschaft/mensch/0,1518,677956,00.html

96 Genau das wurde in der zivilen Luftfahrt (z.B. bei der Lufthansa) eingeführt. Mitarbeiter werden ermutigt, über Fehler laufend zu berichten und sie als Anstoß für laufen-

de Verbesserungen zu nutzen. Seit 20 Jahren gehört deshalb in der Luft- und Raumfahrt – neben dem kontinuierlichen Training kritischer Situationen im Simulator – das systematische Sammeln und Auswerten von Fehlern zum Sicherheitskonzept. Voraussetzung dafür ist, dass Piloten, Fluglotsen oder Mechaniker ihre Fehler, die zu riskanten Situationen führten oder beinahe geführt hätten, ohne Angst vor Sanktionen offenlegen können. Dazu wurde ein freiwilliges anonymes Fehlermeldesystem – ein »Critical Incident Reporting« – entwickelt. Wer eine Risikosituation verursacht hat, ist aufgefordert, die Umstände möglichst detailliert zu schildern und an die jeweilige Fehlermeldestelle zu senden. Die Berichte werden dort erfasst, analysiert und per Internet über eine gesicherte Verbindung (*closed user group*) wieder zur Verfügung gestellt. Voraussetzung für dieses nichtstrafende Meldesystem ist die gesicherte Vertraulichkeit, denn wo es da nur den geringsten Zweifel gibt, wird geschwiegen.

97 Man spricht dann vom sogenannten Complacency-Effekt. So achtet man in der Luftfahrt genau auf die Zusammenstellung der Teams, auf eine Mischung aus erfahrenen und jüngeren Mitarbeitern und setzt auf das Prinzip der gegenseitigen Kontrolle und Redundanz. Teams sollten sich dann auch als fehlerhafte Menschen verstehen, die sich gegenseitig beobachten und korrigierend auf Fehler aufmerksam machen. Dazu sind aber einige gängige Vorstellungen über Hierarchie in Frage zu stellen. Trifft ein Flugkapitän eine bedenkliche Entscheidung, darf es dem Co-Piloten nicht schwerfallen, sich dagegen auszusprechen. Die Reaktion darf dann allerdings nicht sein: »Was fällt Ihnen ein, ich weiß es besser, oder: na gut, aber ich bin nicht schuld, wenn etwas passiert.« Sondern: »Danke, dass wir wieder die Gelegenheit hatten, uns von einem Fehler informieren zu lassen.« Piloten lernen inzwischen nicht nur am Simulator, wie mit technischen Problemen umzugehen ist, sondern wie in kritischen Situationen miteinander kommuniziert werden soll.

Ob sich dies auch in ärztlichen Teams schon herumgesprochen hat, erscheint zumindest fraglich. Meist besteht dort

die Teamarbeit darin, dem Chefarzt zuzuarbeiten. Aber vielleicht braucht es auch nur Zeit – Piloten haben einen Vorsprung von mindestens 20 Jahren gegenüber Medizinern.
Der Chef selbst muss ein solches Fehlerentdeckungssystem tragen und sein Protagonist sein, indem er seine eigenen Versäumnisse offen diskutiert, Kritik herausfordert und als Erster mit der Irrtumsveröffentlichung beginnt.

98 Groopmann, J. (2007), S. 17

99 www.jeder-fehler-zaehlt.de

100 http://www.stiftung-gesundheit.de/pdf/studien/studie_QM_2009.pdf

101 Etwa: *Der Tagesspiegel* 30. 12. 2010 oder *Ärztezeitung* vom 22. 6. 2010 (Aerztezeitung.de): AOK Niedersachsen: 93 Anzeigen wegen Falschabrechnung im Gesundheitswesen. Die Untersuchungsgruppe der AOK Niedersachsen und anderer Krankenkassen im Land haben bei Leistungserbringern im Gesundheitswesen in den Jahren 2008/2009 Falschabrechnungen von 3,6 Millionen Euro aufgedeckt. Insgesamt wurden 871 neue Fälle angelegt. 93-mal wurde Strafanzeige wegen Verstößen gegen das Sozial-, Straf-, Berufs- oder sonstiges Recht gestellt, so die AOK. Die Zahl der Fälle mit Schadensvolumen ab 100 000 Euro oder mehr steige stetig, hieß es, die Straftaten erstrecken sich auf alle Bereiche des Gesundheitswesens.
AOK-Sprecher Klaus Altmann zur *Ärztezeitung*: Die größte Schadenssumme verursachten Falschabrechnungen von Arzneimitteln, der Schaden betrug 1,7 Millionen Euro. Bei den Heilmitteln entstand ein Schaden von 533 000 Euro und durch Falschabrechnungen von Ärzten 390 000 Euro. Bei der Anzahl der Vergehen liegen die Ärzte mit 22 Prozent ganz vorne, gefolgt von den Patienten mit 18 Prozent aller Fälle. »Alle diese Zahlen sind nur Momentaufnahmen im Abrechnungsgeschehen«, warnte Altmann, »man darf daraus nicht auf das gesamte Abrechnungsverhalten schließen.«
Die Untersuchungsgruppe Falschabrechnungen stoße indessen immer öfter »auf vernetzte Strukturen bis hinein in den Bereich der organisierten Kriminalität«, hieß es.

So bot ein Lieferant Ärzten an, ihnen im Gegenzug für die Verordnung überhöhter Mengen des Sprechstundenbedarfs teure Sachmittel oder Dienstleistungen wie medizintechnische Kontrollen zu schenken. In einem anderen Fall betrogen ein Arzt, ein Apotheker und eine Reihe Versicherter gemeinsam: Der Arzt stellte unnötig Rezepte für Arzneimittel aus, die von den Patienten nicht eingelöst wurden, sondern die ein Mittelsmann in der Apotheke gegen Geld und Waren tauschte. Auch Einzeltäter wie etwa ein Gebärdendolmetscher, der abgerechnete Leistungen gar nicht erbracht hatte, oder eine Hebamme, die nicht stattgefundene Hausbesuche abrechnete, haben Schäden von 100 000 Euro oder darüber verursacht.
Die Untersuchungsgruppe stoße vor allem durch Anzeigen, öfter auch durch Hinweise der Polizei oder rechnerische Auffälligkeiten auf die Falschabrechnungen, erklärte Altmann.
Den gesetzlichen Krankenkassen entsteht jedes Jahr ein Schaden von bis zu 1,5 Milliarden Euro durch falsche Krankenhausabrechnungen. Das geht aus einem internen Papier des Spitzenverbandes der Gesetzlichen Krankenversicherung (GKV) hervor, das der Nachrichtenagentur ddp vorliegt. So habe etwa ein hessisches Krankenhaus 106 000 Euro zu viel für Beatmungsstunden berechnet. Eine andere Klinik habe eine Herztransplantation für 77 000 Euro in Rechnung gestellt, diese aber offenbar nicht durchgeführt.
Die Ermittlungsgruppen, die bei der Polizei zur Bearbeitung des Abrechnungsbetruges im Gesundheitswesen eingerichtet werden, haben sich zwischenzeitlich im gesamten Bundesgebiet etabliert. Gab es vor zehn Jahren lediglich in einzelnen Bundesländern spezielle Ermittlungsgruppen, wie die »AG Rhein-Lahn« in Rheinland-Pfalz und die »EG Medicus« in Berlin, hat die jüngere Vergangenheit gezeigt, dass zwischenzeitlich in nahezu allen Bundesländern entsprechende Ermittlungsgruppen eingerichtet wurden. Nur durch langjährige Erfahrung, geschultes Personal und Einsatz modernster EDV-Programme ist es möglich, sich durch das Dickicht der Honorarabrechnungen der Ärzte

durchzuarbeiten und erfolgversprechende Ermittlungen zu führen. Seitens der Staatsanwaltschaften werden spezielle Dezernate eingerichtet oder einzelne Staatsanwälte mit dem Schwerpunkt Abrechnungsbetrug beauftragt. Weiterhin setzt die Staatsanwaltschaft zur Unterstützung der Ermittlungsgruppen gezielt Sachverständige aus dem Fachbereich der ärztlichen Abrechnung ein.

Die Anzeigen werden auffallend oft anonym erstattet. Dieses Phänomen steht im Zusammenhang mit dem hohen Anteil der Anzeigeerstatter, die aus der Ärzteschaft selbst oder ihrem direkten Umfeld kommen. Die Herkunft des anonymen Anzeigeerstatters ergibt sich in der Regel aus den Anzeigen selbst. Die angezeigten Sachverhalte über betrügerische Falschabrechnung treffen überwiegend zu und finden ihre Bestätigung im Verlauf der polizeilichen Ermittlungen. In vielen Fällen ergibt sich auch der Anfangsverdacht des Betruges gegen einen Arzt aus einem bereits laufenden Ermittlungsverfahren gegen einen Berufskollegen.

Die Falschabrechnungen lassen sich in drei Hauptbereiche einteilen: die Luftabrechnungen, das Leistungssplitting und die Leistungsaufwertung. Als Luftabrechnungen bezeichnet man die bei der Kassenärztlichen Vereinigung (KV) eingereichten Abrechnungsdaten, zu denen keinerlei Leistungen erbracht wurden. Dies können einzelne Leistungsziffern (LZ) sein, die den regulär erbrachten Leistungen hinzugesetzt werden, oder ganze Behandlungstage, die ohne Arzt-Patienten-Kontakt zur Abrechnung eingereicht werden. Leistungssplitting wird die zeitliche Teilung einer Abrechnung genannt. Leistungsziffern, die für einen Behandlungstag nicht nebeneinander abrechnungsfähig sind, werden auf zwei Tage geteilt. Mit dieser zeitlichen Teilung umgeht der abrechnende Arzt die automatische Streichung der LZ in den elektronischen Prüfläufen der KV. Die Leistungsaufwertungen fallen in den dritten Bereich der Falschabrechnung. Von betrügerisch abrechnenden Ärzten werden höherwertigere Leistungen abgerechnet, als sie tatsächlich nach dem Leistungsinhalt des EBM erbracht haben. Dies können zeitliche und inhaltliche

Aufwertungen sein. Beispielsweise wird der Inhalt der LZ 278 EBM (Infusion länger als 90 Minuten) erbracht, abgerechnet wird aber die LZ 279 EBM (Infusion länger als sechs Stunden), oder der Inhalt der LZ 461 (intravenöse Narkose) wurde erbracht, abgerechnet wird aber die höherwertigere LZ 462 EBM (Intubationsnarkose).

102 Kundera, M. (1986): »Ein Bedürfnis, sich im Spiegel einer beschönigenden Lüge zu betrachten und sich darin mit gerührter Befriedigung zu erkennen.« (S. 139)

103 Kundera, M. (1986): »Der Roman untersucht die Existenz, nicht die Realität. Und die Existenz ist nicht das, was sich abgespielt hat; sie ist das Feld der menschlichen Möglichkeiten, ist all das, was der Mensch werden kann, wessen er fähig ist [...] Man muss also sowohl die Figur als auch ihre Welt als Möglichkeit begreifen.« (S. 51)

104 »Red Bull: Im Job zählen Schnelligkeit und Ausdauer. Mit nur einem Schluck hilft er, sich wieder zu konzentrieren und es zu bleiben. Außerdem muss er nicht gekühlt werden und ist mit nur 60 ml klein genug für die Aktentasche oder Schreibtischschublade. So ist er immer zur Hand, wenn Sie Energie brauchen, um noch schnell die Karriereleiter zu stürmen – bevor die Feierabendparty startet. Konzentrierte Energie von Red Bull eben. Der Shot, der Flügel verleiht. Ungekühlt sofort einsetzbar.« (The Red Bulletin Oktober 2010, S. 9)

105 Frisch, M. (1957), S. 22

106 a.a.O., S. 24

107 a.a.O., S. 169

108 a.a.O., S. 170

Kapitel 6

109 Baecker, D., A. Kluge (2003), S. 65 f.

110 Eine andere bekannte Geschichte zum selben Problem der Unterlassung, Erfahrungen zu überprüfen, ist die Geschichte von den fünf Affen:
1. Nehmen Sie einen Käfig mit fünf Affen. Hängen Sie eine Banane an die Käfigdecke und stellen Sie eine Leiter

darunter. Es wird nicht lange dauern, bis ein Affe versuchen wird, die Leiter zu erklimmen, um an die Banane zu kommen.

2. Sobald der Affe die Leiter berührt, werden alle Affen mit kaltem Wasser bespritzt. Nach einer Weile wird ein anderer Affe versuchen, auf die Leiter zu steigen, mit demselben Resultat. Alle Affen werden mit kaltem Wasser besprüht.

3. Stellen Sie das kalte Wasser nun ab. Falls später ein anderer Affe versuchen sollte, die Leiter zu erklimmen, wird er von den anderen Affen zurückgehalten werden, obwohl sie diesmal nicht besprüht werden.

4. Nehmen Sie nun einen der Affen aus dem Käfig und ersetzen sie ihn durch einen neuen Affen. Der neue Affe sieht die Banane und wird versuchen, sie über die Leiter zu erreichen. Zu seinem Horror wird er von allen anderen Affen angegriffen. Noch ein Versuch und noch ein Angriff machen ihm klar, dass er beim Versuch, die Banane zu erreichen, verhauen wird.

5. Als nächstes nehmen Sie einen weiteren der ursprünglichen Affen aus dem Käfig und ersetzen ihn durch einen neuen Affen. Der Neue geht zur Leiter und wird sofort attackiert. Der vorher angekommene Neuling nimmt enthusiastisch an der Attacke teil.

6. Nehmen Sie nun noch einen der ursprünglichen Affen aus dem Käfig, und ersetzen Sie ihn wieder durch einen neuen. Dasselbe Spiel wiederholt sich. Der Neue versucht an die Banane zu kommen und wird verprügelt. Zwei der vier Affen haben keine Idee, warum es ihnen nicht erlaubt war, die Banane zu holen oder weshalb sie an der Verprügelung des neuesten Affen teilnahmen.

7. Nachdem sie nun auch den vierten und fünften Affen ausgetauscht haben, ist keiner der ursprünglich anwesenden, mit kaltem Wasser besprühten Affen mehr vorhanden. Trotzdem wird keiner der Affen je wieder versuchen, die Leiter zu erklimmen.

Warum nicht? Weil wir das hier schon immer so gemacht haben!!!

111 Nisbett, R. E., T. D. Wilson (1977)

112 Aronson et al. (2008), S. 187

113 Asch, S.E. (1951) und (1955): In diesen Experimenten wird Versuchspersonen eine einfache Wahrnehmungsaufgabe gestellt. Es werden zwei Karten gezeigt, auf denen Linien unterschiedlicher Länge zu sehen sind. Auf einer Karte eine Linie, auf der Vergleichskarte drei Linien. Es ist offensichtlich, dass nur eine der drei Vergleichslinien mit der einzelnen Linie auf der anderen Karte übereinstimmt. Versuchspersonen haben anzugeben, welche Linie zwischen den beiden Karten identisch ist. Die Aufgabe ist sehr leicht zu lösen. Auch kleine Kinder führen sie schon korrekt aus. Das Besondere an der Versuchsanordnung ist allerdings, dass neben der Versuchsperson eine Gruppe weiterer »Versuchpersonen« im Raum sind, Mitarbeiter der Versuchsleitung. Diese instruierten Versuchspersonen beginnen alle, eine falsche Antwort zu geben. Die falsche Antwort der eigentlichen Versuchspersonen steigt nun von unter 1 %, wenn sie unabhängig antworten, auf bis zu 37 %, wenn sie beeinflusst durch die Falschaussagen der Gruppe sind.

114 Berns et al. (2005): Das Experiment von Asch wurde 2005 mit einer ähnlichen Anordnung und mit einem ähnlichen Ergebnis wiederholt. 41 % der Versuchspersonen gaben wieder die falsche Antwort. In dem neuen Experiment wurde allerdings gleichzeitig ein funktionales MRT angefertigt, um die Hirnaktivität während der Antwort und während der Aufgabe zu messen. Die funktionelle Magnetresonanztomographie, abgekürzt fMRT, ist ein bildgebendes Verfahren, um physiologische Funktionen im Inneren des Körpers mit den Methoden der Magnetresonanztomographie darzustellen. fMRT im engeren Sinn bezeichnet Verfahren, die aktivierte Hirnareale mit hoher räumlicher Auflösung darstellen können.
Die Ergebnisse der MRT-Messungen zeigen ansteigende Aktivität in dem Teil des Gehirns, der für räumliche Wahrnehmung verantwortlich gemacht wird. Dagegen zeigt sich keine Aktivität in dem Teil, der für höhere Denkvorgänge wie bewusste Entscheidungsfindungen oder Konfliktlösungen verantwortlich ist.

115 Milgram, S. (1974)

116 Ross et al. (2007)
»Viele Studien zeigen, dass Ärzte beeinflussbar sind.« Interview mit Prof. Dr. med. Bruno Müller-Oerlinghausen vom 22.10.2009 in: *Berliner Ärzte* 46/11, S. 8, und auf www.aerztekammer-berlin.de/40presse/15_meldungen/00649_Interview_Mueller_Oerlinghausen/index.html
Die Berufsordnung der Bundesärztekammer für deutsche Ärztinnen und Ärzte kommt zu ähnlichen Schlussfolgerungen wie ihre US-amerikanischen Kollegen:
§ 32 Annahme von Geschenken und anderen Vorteilen: »Ärztinnen und Ärzten ist es nicht gestattet, von Patientinnen und Patienten oder anderen Geschenke oder andere Vorteile für sich oder Dritte zu fordern, sich oder Dritten versprechen zu lassen oder anzunehmen, wenn hierdurch der Eindruck erweckt wird, dass die Unabhängigkeit der ärztlichen Entscheidung beeinflusst wird. Eine Beeinflussung liegt dann nicht vor, wenn der Wert des Geschenkes oder des anderen Vorteils geringfügig ist.«
Und in § 33 Ärzteschaft und Industrie, Absatz 2: »Die Annahme von Werbegaben oder anderen Vorteilen ist untersagt, sofern der Wert nicht geringfügig ist.«

117 Morgan et al. (2006)

118 Shergill et al. (2003): Je zwei Versuchspersonen werden als Paar einander zugeordnet. Jeder von beiden wird an eine Apparatur angeschlossen, unter deren Vermittlung und Messung Druck auf den Zeigefinger des Partners ausgeübt werden kann. Jede Versuchsperson wird angewiesen, den empfundenen Druck in gleicher Stärke an den anderen zurückzugeben. In fast allen Fällen gelang dies nicht. Der subjektiv empfundene und der zurückgegebene Druck waren deutlich stärker als der objektiv empfangene. Dennoch waren sich alle Versuchspersonen sicher, den Druck in der gleichen Stärke wie empfangen zurückzugeben.

119 Klassisch zuletzt vom ehemaligen Verteidigungsminister Karl-Theodor zu Guttenberg, der vorbringt, in seiner Doktorarbeit unbewusst betrogen zu haben. Ebenso wie

Golfprofi Tiger Woods behauptet, seine Ehefrau nicht betrogen zu haben, weil er an einer Krankheit leide, er sei süchtig, sexsüchtig.

Kapitel 7

120 Figley, C. R. (1995)
121 Frisch, M. (1964), S. 10
122 Die ersten Versicherungen entstanden so in Italien zur Absicherung von Bauern vor Naturkatastrophen und in England zur Absicherung von Unsicherheiten des sich ausbreitenden Seehandels. Die Wahrscheinlichkeit und ihre Berechnungsvorschriften lösen vormoderne Unsicherheitseliminierungsstrategien ab, etwa die Methode göttlicher Ratschlüsse oder die Methode Fortuna. Im Kaffeehaus von Edward Lloyd an der Londoner Tower Street trafen sich im 17. Jahrhundert Seeleute und tauschten Informationen über Ankunft und Abfahrt von Schiffen, über Zustände im Ausland und über die unterschiedlichen Seeverhältnisse aus. Lloyd erkannte bald den zunehmenden Informationsbedarf und gründete eine Zeitschrift (*Lloyd's News*), die diese Informationen verbreitete. Gleichzeitig wurde sein Kaffeehaus zu einem beliebten Treffpunkt für Versicherungssuchende und Risikoträger, die dort ihre Geschäfte machten, d. h. Sicherheit kauften und Risiko verkauften. Lloyd lieferte das zur Beurkundung der Geschäftsabschlüsse notwendige Papier und die Tinte. Diese Sicherheitskauf- und Risikoverkaufsurkunden wurden nach dem italienischen *polizza* (= Versprechen, Zusage) »Police« genannt. (Bernstein 1996)
123 Walter, F. (2008), S. 239

Kapitel 8

124 Der Bericht des Medizinstudenten ist angeregt durch die Beschreibung eines Selbstversuches: *ZEIT Campus* vom 18. 02. 2009 und www.zeit.de/campus/2009/02/ritalin

125 Ritalin® ist ein Medikament, das den Wirkstoff Methylphenidat enthält. Es ist rezeptpflichtig.

126 *Die Welt* 13. 2. 2009

127 Schwabe,U., D. Paffrath (2009)

128 Rechtsfolgen für das Doping eines Prüflings sehen die Prüfungsordnungen nicht vor. Doping ist in Prüfungen also legal: Zimmerling, W., R. Brehm (2008)

129 Steinle, A., D. Hülsmann (2001), S. 79

130 Bandler, R. (1987), S. 21

131 Händler, E.-W. (2002), S. 454 ff.: Der Autor ist ein Unternehmer, der auch Romane schreibt, keine Wirtschaftromane, sondern einen Lebensroman. Ein idealer Zeuge der Ökonomisierung unseres Lebens und der Probleme, die man sich dabei einhandeln kann.

132 Becker, G. S. (1966) und (1976), S. 189 f.

133 Becker, G. S. (1976), S. 9

134 www.gofeminin.de/pflege-fuer-gesicht-koerper/botox-d594.html

135 Dieser Bericht verdichtet eine Vielzahl von Beratungsfällen aus der Coaching-Praxis des Autors. Der Bericht ist so verfasst, dass eine Identifizierung mit einem bestimmten Klienten nicht möglich ist.

136 Bei der Lobotomie werden die Nervenbahnen zwischen Thalamus und Frontallappen sowie Teile der grauen Substanz durchtrennt. Die Lobotomie wurde unter anderem bei psychischen Erkrankungen wie Psychosen und Depressionen durchgeführt. Die Folge der Lobotomie ist eine Persönlichkeitsänderung mit Störung des Antriebs und der Emotionalität.
Diese Neurotechnik wurde gleichzeitig von Mario Fiamberti in Italien und António Egas Moniz in Portugal entwickelt und 1936 erstmalig am Menschen ausgeführt. Die Lobotomie wurde 1949 mit dem Nobelpreis für Medizin (Moniz) geadelt. Seit Anfang der 1940er Jahre entwickelte vor allem der amerikanische Psychiater Walter Freeman die Lobotomie zu einer populären neurotechnologischen Standardtechnik der Psychiatrie. Freeman selbst begründet ihren Erfolg damit, dass sie Phantasie zügelt, Gefühle abstumpft, abstraktes Denken behindert

und ein roboterähnliches, aber kontrolliertes Verhalten ermöglicht.
Freeman entwickelte eine zeit- und kostengünstige Methode der Lobotomie, die nicht einmal eine Vollnarkose oder die Öffnung des Schädels erforderte. Dem Patienten wurde ein langes spitzes Instrument oberhalb der Augenhöhle in den Kopf eingeführt. Das Augenlid wurde angehoben, die Spitze des Instruments über dem Auge vorbei eingeführt und durch den Schädel geschlagen. Da der Schädelknochen im Bereich der Augenhöhlen sehr dünn ist, genügte meist ein leichter Schlag an das hintere Ende des Werkzeuges, um in das Gehirn vorzudringen. Das Instrument war ähnlich wie ein kleiner Eispickel geformt. War die Spitze des »Eispickels« ins Gehirn vorgeschoben, wurde er geschwenkt, um Gehirngewebe in den vorgesehenen Bereichen zu zerstören. Die gleiche Prozedur wurde anschließend in der anderen Gehirnhälfte durchgeführt. Die einzigen am Kopf des Patienten sichtbaren Schäden waren meist lediglich blaue Augen.
Freeman führte Lobotomien im Fernsehen und in Hörsälen am laufenden Band durch. Er reiste mit einem Wohnmobil, das er selbst »Lobomobil« nannte, durch die USA. Er schaffte bis zu seiner Pensionierung im Jahre 1962 ca. 3600 Lobotomien. Die Indikationen wurden in den 1950er Jahren erweitert, so sollten etwa auch Homosexualität oder eine kommunistische Einstellung mit dieser pragmatisch einfachen Neurotechnologie »kuriert« werden. Der Erfolg dieser anwendungsfreundlichen Verfahrenstechnik führte sogar dazu, dass man sie auch als endgültige Lösung für die Gewaltproblematik unbelehrbarer Gefängnisinsassen ansah und als geeignete Rehabilitationsmaßnahme für Straftäter: Mark, V. H. & F. R. Ervin (1970). Dies durchaus auch mit »vernünftigen« ökonomischen Argumenten, dass nämlich diese Art von neurotechnologischer Resozialisierung mit ca. 6000 US Dollar deutlich kostengünstiger sei als eine lebenslange Gefängnisstrafe, die mit 100 000 US Dollar zu Buche schlagen würde.

137 Bei der transkraniellen Magnetstimulation (TMS) wird über eine Magnetspule auf der Schädeldecke ein ma-

gnetisches Feld erzeugt, das die Aktivität der unter der Schädeldecke liegenden Gehirnareale beeinflussen soll. Anwendungsversuche gibt es für Tinnitus, Depressionen und Schizophrenien. Die hohen Erwartungen an die Wirkung des Verfahrens lassen sich noch nicht bestätigen, eine gefürchtete Nebenwirkung ist die Auslösung eines epileptischen Anfalls.

138 Ulla et al. (2006)

139 Eine besonders eindrückliche Selbstschilderung bietet Helmut Dubiel, Hochschullehrer für Soziologie und Parkinsonpatient, dem nach langjähriger Erkrankung eine Sonde zur tiefen Hirnstimulation eingesetzt wurde. Beeindruckend, weil er sein zwiespältiges Verhältnis zu dieser Neurotechnologie nicht verschweigt und auch über die negativen Effekte seiner – unter medizinischen Gesichtspunkten – erfolgreichen Behandlung berichtet: Dubiel, H. (2006)

140 a. a. O., S. 129.

141 a. a. O., S. 136.

142 a. a. O., S. 130.

143 a. a. O., S. 130.

144 a. a. O., S. 131.

145 a. a. O., S. 81.

146 Sahakian, B., S. Morein-Zamir (2007)

147 *Die Welt* 13. 2. 2009

148 Schwabe,U., D. Paffrath (2009)

149 Steinberger, P. (2010)

150 Schwabe,U., D. Paffrath (2009)

151 Für einen guten und kritischen Überblick: Lieb, K. (2010)

152 Healey, D. (2008); Kirsch et al. (2008)

153 Turner et al. (2008); Klemperer, D. (2010); Bekelman et al. (2003); Schott et al. (2010); Healey, D. (2006)

154 Z. B.: http://www.aerzteblatt.de/nachrichten/43081/

155 DAK Gesundheitsreport 2009, S. 67

156 Ripke et al. (2010)

157 zit. nach: Sloterdijk, P. (2009), S. 494

158 a. a. O.

159 a. a. O., S. 705

160 Benchmarking – Orientierung am Besten. http://www.

controllingportal.de/Fachinfo/Grundlagen/Benchmarking-Orientierung-am-Besten.html

161 Karlöf, B., S. Östblom (1994), S. 192

162 Zit. nach: Ulrich, A. (2005)

163 a.a.O.

164 a.a.O.

165 Z.B. »Das Pervitin-Wunder von Bern« (http://www.zeit.de/sport/2010–10/bisp-doping-bern-1954) und Eggers, E. (2006)

166 Agassi, A. (2009)

167 Bower, E.A., J.R. Phelan (2003)

168 Iversen, L. (2008)

169 Kenagy et al. (2004)

170 Auf dem Hövel, J. (2010)

171 Brady, B. (2005)

172 Weehler, B. (2006)

173 Hoge et al. (2004)

174 Steinberger, P. (2010)

175 Cahill et al. (1994)

176 Pitman et al. (2002)

177 Kindt et al. (2009)

178 Nietzsche, F. (1908), S. 327

179 http://www.youtube.com/watch?v=n-rWnQphPdQ

180 Farber, D. (2002), S. 19

181 Greely et al. (2008)

182 Galert et al. (2009)

183 a.a.O., S. 8

184 a.a.O., S. 11

185 Klemperer, D. (2010); Bekelman et al. (2003); Schott et al. (2010); Turner et al. (2008)

186 Wenn sich diese Metaphorik des Ungleichgewichts auf irgendeinen wissenschaftlichen Befund zu stutzen versucht, ist dies sehr fragwürdig. Die Belege für eine Erklärung von Depressionen durch ein chemisches Ungleichgewicht im Hirn steht auf so wackligen Füßen, dass es Pharmafirmen untersagt werden sollte, mit diesen Botschaften Werbung zu machen: Lacasse, J.R., J. Leo (2005)

187 Bolz, N. (2010)

188 a.a.O.

Kapitel 9

189 Depressionen sind zu einem gesellschaftlichen Massenphänomen geworden:
Die Bundespsychotherapeutenkammer (BPtK) veröffentlichte im März 2010 eine Metaanalyse aller Gesundheitsreporte der gesetzlichen Krankenkassen seit dem Jahre 2000, Bundespsychotherapeutenkammer (2010): Komplexe Abhängigkeiten machen psychisch krank – BPtK-Studie zu psychischen Belastungen in der modernen Arbeitswelt. www.bptk.de/presse/pressemitteilungen.3445401.html)
Ergebnis: Der Anteil der Ausfalltage durch psychische Erkrankungen nimmt dramatisch zu. Dabei dominieren die Depressionen. Besonders stark stieg der Anteil der Depressionen im Dienstleistungssektor an: bei Sozialarbeitern, Krankenpflegern, Verkäufern, Bürokräften und Bankfachleuten. In geringerem Maß stieg der Anteil an Depressionen bei: Arbeitern und in der Land-, Forst- und Bauwirtschaft.
Die WHO stellte 2006 fest, dass es in Deutschland etwa 5–6 Millionen Depressive gibt und 27,5 % der Bevölkerung gefährdet sind.
Eine andere Studie zeigt, dass die Einnahme von Antidepressiva bei Beschäftigten der IT-Branche, insbesondere bei Softwareentwicklern, um 60 % höher als der des Durchschnitts aller Beschäftigten liegt, bei Psychopharmaka allgemein um 91 % höher. 40 % klagen über chronische Erschöpfung, 30 % über Schlafstörungen. Latiniak, E., A. Gerlmann (2006) und Voermanns (2007): Ältere Beschäftigte im IT-Sektor. Keiner tut was. www.igmetall-itk.de/index.php?article_id=842)
Der Barmer GEK Report 2011 stellt eine Zunahme von stationär behandelten Depressionen um 117 % in zehn Jahren (2000–2010) fest.

190 Roth, P. (2009)

191 a. a. O., S. 207

192 a. a. O., S. 214

193 a. a. O., S. 207

194 http://bfriends.brigitte.de / foren / depressionen / 103587-depression-oder-midlifekrise-oder-was-auch-immer.html

Kapitel 10

195 Etwa Bischof Franz-Josef Overbeck aus Essen in der Talkshow »Anne Will« am 11. 4. 2010.

196 Carl Elliott, Bioethiker an der Universität von Minnesota in: Vendatam, S. (2001)

197 Linden, M. (2005); Baumann et al. (2005); Linden et al. (2007)

198 Holsboer, F. (2011), S. 25

199 a. a. O., S. 25

200 a. a. O., S. 24

201 »Ziel der HolsboerMaschmeyer-NeuroChemie GmbH ist es, auf der Grundlage neuer Forschungsergebnisse kleine chemische Moleküle zu entwickeln, aus denen Medikamente entstehen können, die individuell wirken. Diese neuen Medikamente sind auf den individuellen Krankheitsmechanismus gerichtet, der mit Labortests identifiziert wird. So werden durch die Forschungsergebnisse der HolsboerMaschmeyer-NeuroChemie GmbH maßgeschneiderte Behandlungen von Depressionen ermöglicht.« (Homepage der Firma http://www.hmnc.de/)

202 Holsboer, F. (2011), S. 24

203 Marohn, A. (2010) und: http://www.sueddeutsche.de / wirtschaft / awd-gruender-carsten-maschmeyer-ihre-vision-ist-die-provision-1.1069952 AWD-Gründer Carsten Maschmeyer »Ihre Vision ist die Provision« von Markus Zydra

204 www.jameda.de / blog / hirschhausens-rezeptblog / depression-die-boesartige-traurigkeit /

205 Mehta, S. (1997)

206 Retzer, A. (1996) und (2004)

207 So der Spaßmacher Dr. E. von Hirschhausen: www.allgemeine-Zeitung.de/ratgeber/gesundheit/meldungen/10907494.htm
208 Heiner Geißler nach seiner Schlichtung bei Stuttgart 21 in einem Interview mit der Zeitschrift TAZ am 28. 10. 2010.
209 Bei einer Veranstaltung der Konrad-Adenauer-Stiftung in Berlin am 24. 2. 2011 über die »Rolle des Bürgertums für ein neues Miteinander in der Gesellschaft«.
210 Ein Zitat des schwarzen US-amerikanischen Bürgerrechtlers und Bewerbers um die US-Präsidentschaftskandidatur 1984 und 1988, Jesse Jackson.
211 Akira Kurosawa: »Kurosawas Träume«, 1990. Der Film enthält auch die gespenstisch-prophetische Episode »Der Fujiyama in Rot«, in der die letzten Minuten Japans erzählt werden: Sechs Reaktorblöcke sind durchgeschmolzen und explodieren.
212 Freud, S. (1917), S. 206
213 a. a. O.
214 Mitscherlich, A., M. Mitscherlich (1967)
215 a. a. O., S. 35
216 a. a. O., S. 39.
217 Und zwar deshalb nicht, weil das »in den Fortschritt, in das Unendliche hineingestellte einzelne Leben seinem immanenten Sinn nach kein Ende haben dürfte. Denn es liegt ja immer noch ein weiterer Fortschritt vor dem, der darin steht; niemand, der stirbt, steht auf der Höhe, welche in der Unendlichkeit liegt«. Max Weber (1919), S. 20
218 Dies beschreibt der Schriftsteller Michael Lentz in seinem (Selbst)Erfahrungsbericht mit dem Titel »Muttersterben«: »… Jetzt wo sie tot ist, ist sie fremd. Wie kommt das, wenn einer tot ist, dass er fremd ist. Jetzt, wo einer tot ist, ist er fremd. Wo denn das wo ist. Ist ihr leben eine erinnerung, die fremd ist, fragt sich jetzt das überbleibsel … Wo ein gedanke hingeht, wenn er gedacht ist?« Lentz, M. (2002), S. 148
219 Dostojewskaja, A. G. (1976)
220 Dostojewskij, F. (1968), S. 316

221 Lentz, M. (2002), S. 148
222 Hegel, G. W. F. (1807), S. 29
223 § 214 Abs. 1 Satz 1 BGB
224 Keilson, H. (2011)
225 www.kulturradio.de/rezensionen/buch/2011/hans_keilson/_da.html
226 Naef, A. (2003), S. 38, ein eindrückliches Dokument: das nachträglich entstandene Protokoll einer Depression.
227 Nietzsche, F. (1874), S. 103
228 Naef, A. (2003), S. 105

Kapitel 12

229 Die Stichworte für dieses romantische Glaubensbekenntnis wurden schon in der Renaissance gegeben, etwa von Giovanni Pico della Mirandola (Über die Würde des Menschen): »Gott sprach zu dem Menschen: Wir haben dir keinen bestimmten Wohnsitz, noch ein eigenes Gesicht, noch irgendeine besondere Gabe verliehen, damit du jeden beliebigen Wohnsitz, jedes beliebige Gesicht und alle Gaben, die du dir sicher wünschst, auch nach deinem Willen und nach deiner eigenen Meinung haben und besitzen mögest. Den übrigen Wesen ist ihre Natur durch die von uns vorgeschriebenen Gesetze bestimmt und wird dadurch in Schranken gehalten. Du bist durch keinerlei unüberwindliche Schranken gehemmt, sondern du sollst nach deinem eigenen freien Willen, in dessen Hand ich dein Geschick gelegt habe, sogar jene Natur dir selbst vorherbestimmen. Ich habe dich zur Mitte der Welt gemacht, damit du von dort bequem um dich schaust, was es alles in dieser Welt gibt.« Zitiert nach: Otto, S. (1984), S. 347
230 Ich habe den Begriff der resignativen Reife in einem anderen Zusammenhang eingeführt und dort ausführlich abgehandelt, als eine Erkenntnis, die zum Gelingen zufriedenstellender langdauernder Paarbeziehungen beitragen kann. Resignative Reife ermöglicht unter anderem einen vernünftigen Umgang mit den romantischen Vorstellungen der Liebe, die ebenso wie die absolut gesetzte

romantische Vorstellung von Autonomie auf die Dauer mit dem Leben nicht vereinbar ist: Retzer, A. (2009)

231 Die Entwicklung von der Willkür des Glücks über das Recht auf Glück zur Pflicht zum Glück habe ich an anderer Stelle ausführlich dargestellt: Retzer, A. (2009), S. 136 ff.

232 In der Unabhängigkeitserklärung der Vereinigten Staaten von Amerika aus dem Jahre 1776 findet sich die berühmte Formulierung, dass zu den unveräußerlichen Menschenrechten das Recht auf das Leben, die Freiheit und auf das Streben nach Glück gehört.

233 Schmidt, G. (1993)

234 Etwa im ICD-10 (Internationale Klassifikation der Krankheiten 10. Revision) oder Laux, G. (2010), S. 371 ff.

235 Franck, G. (2011)

236 Auch und besonders wiederum in der Erfolggesellschaft der Finanzen. Analysten bestimmen mit ihrem Ranking über den Erfolg und vor allem den Misserfolg des von ihnen bewerteten Wirtschaftens.

237 Der Impact Factor oder Journal Impact Factor (JIF) einer Zeitschrift misst, wie oft andere Zeitschriften Artikel aus ihr im Verhältnis zur Gesamtzahl der dort veröffentlichten Artikel zitieren. Je höher der Impact Factor, desto angesehener ist eine Fachzeitschrift, desto höher die akademische Einschaltquote. Das hat aber nicht nur etwas mit der Zeitschrift zu tun, sondern ist ein weitverbreitetes Maß für die akademische Beurteilung von Wissenschaftlern: Wer in Zeitschriften mit hohem Impact Factor publiziert, hat größere Karrierechancen oder überhaupt Karrierechancen.

238 Die Ratingagenturen werden von den Unternehmen bezahlt, deren Produkte sie bewerten. Die Ratingagentur Moody's machte damit allein im ersten Halbjahr 2011 ein Plus von 30 %, Betriebsergebnis: 520 Millionen Dollar. Beim Immobilienboom zahlten Investmentbanken bis zu 1 Million Dollar für das Rating eines ihrer Finanzprodukte. Die Nutznießer der Ratings bezahlen für deren Erstellung. Die Rechnung für deren Treiben sollen aber andere bezahlen.

239 Bueb, B. (2006)
240 Chua, A. (2011)
241 Interview: »Zwang funktioniert«, *Spiegel* 4/2011 (24.1.2011)
242 Naef, A. (2003), S. 240

Literatur

Agassi, A. (2009): Open: Das Selbstporträt. München (Droemer).

Aronson, E., T. D. Wilson, R. M. Akert (2008): Sozialpsychologie. München (Pearson Studium).

Asch, S. E. (1951): Effects of group pressure upon the modification and distortion of judgement. In: Guetzkow, H. S. (Hrsg.): Groups, Leadership and Men. Pittsburgh (Carnegie Press).

Asch, S. E. (1955): Opinions and social pressure. Scientific American 193: 31–35.

Auf dem Hövel, J. (2010): Im Rausch der Leistung. FREITAG (09. 07. 2010).

Baecker, D., A. Kluge (2003): Vom Nutzen ungelöster Probleme. Berlin (Merve).

Bandler, R. (1987): Veränderung des subjektiven Erlebens. Fortgeschrittene Methoden des NLP. Paderborn (Junfermann).

Bateson, G. (1972): Ökologie des Geistes. Frankfurt/Main (Suhrkamp) 1981.

Baumann, K., H. Kessler, M. Linden (2005): Die Messung von Emotionen. Verhaltenstherapie und Verhaltensmedizin 26: 169 – 197.

Baumeister, R. F., E. J. Masicampo, N. DeWall (2009): Prosocial benefits of feeling free: Disbelief in free will increases aggression and reduces helpfulness. Personality and Social Psychology Bulletin 35: 260–268.

Becker, G. S. (1966): Familie, Gesellschaft und Politik. Tübingen (Mohr) 1996.

Becker, G. S. (1976): Der ökonomische Ansatz zur Erklärung menschlichen Verhaltens. Tübingen (Mohr) 1982.

Bekelman, J. E., Y. Le, C. P. Gross (2003): Scope and impact of financial conflicts of interest in biomedical research: a systematic review. Journal of the American Medical Association 289/4: 454–465.

Benson, H., J. A. Dusek, J. B. Sherwood, P. Lam, C. F. Bethea, W. Carpenter, S. Levitsky, P. C. Hill, D. W. Clem, M. K. Jain, D. Drumel, S. L. Kopecky, P. S. Mueller, D. Marek, S. Rollins, P. L. Hibberd (2006): Study of the Therapeutic Effects of Intercessory Prayer (STEP) in cardiac bypass patients: a multicenter randomized trial of uncertainty and certainty of receiving intercessory prayer. American Heart Journal 151/4: 934–942.

Berns, G. S., J. Chappelow, C. F. Zink, G. Pagnoni, M. E. Martin-Skurski, J. Richards (2005): Neurobiological correlates of social conformity and independence during mental rotation. Biological Psychiatry 58: 245–253.

Bernstein, P. L. (1996): Wider die Götter. München (Gerling Akademie Verlag) 1997.

Bloch, E. (1959): Das Prinzip Hoffnung. Band 1–3. Frankfurt/Main (Suhrkamp) 1979.

Bolz, N. (2010): Agenda Freiheit. Merkur 736/737: 884–892.

Bower, E. A., J. R. Phelan (2003): Use of amphetamines in the military environment. Lancet 62: 1294–1304.

Brady, B. (2005): MoD's secret pep pill to keep forces awake. SCOTLAND on SUNDAY (27. Februar 2005).

Bröckling, U. (2007): Das unternehmerische Selbst. Frankfurt/Main (Suhrkamp).

Brüder Grimm: Kinder- und Hausmärchen. Gesamtausgabe in 3 Bänden. Stuttgart (Reclam) 2001.

Bruning, J. L., K. N. K. Polinko, J. I. Zerbst, J. T. Buckingham (2000): The Effect on Expected Job Success of the Connotative Meanings of Names and Nicknames. The Journal of Social Psychology 140/2: 197–201.

Bueb, B. (2006): Lob der Disziplin. Berlin (Ullstein).

Cahill, L., B. Prins, M. Weber, J. L. Mcgaugh (1994): ß-adrenergic activation and memory for emotional events. Nature 371: 702–704.

Cha, K. Y., D. P. Wirth, R. A. Lobo (2001): Does prayer influ-

ence the success of in vitro fertilization-embryoo transfer? Journal of Reproductive Medicine 46: 781–787.
Chopra, D. (1995): Die heilende Kraft. München (Knaur).
Chua, A. (2011): Die Mutter des Erfolgs: Wie ich meinen Kindern das Siegen beibrachte. Zürich (Nagel & Kimche).

Dean, C., P. G. Surtees (1989): Do psychological factors predict survival in breast cancer? Journal of Psychosomatic Research 33: 561–569.
Derogatis, L. R., M. D. Abeloff, N. Melisaratos (1979): Psychological Coping Mechanisms and survival time in metastatic breast cancer. Journal of the American Medical Association 242: 1504–1508.
Dostojewskaja, A. G. (1976): Erinnerungen. Berlin (Rütten & Loening).
Dostojewskij, F. (1968): Der Idiot. Frankfurt/Main (S. Fischer) 2007.
Dubiel, H. (2006): Tief im Hirn. München (Kunstmann).

Eggers, E. (2006): Die Helden von Bern: alle gedopt? Zur bundesdeutschen Dopingdebatte in den 1950er-Jahren. In: Deutsche Gesellschaft für die Geschichte der Sportwissenschaft (Hrsg.): Jahrbuch der Deutschen Gesellschaft für Geschichte der Sportwissenschaft. Berlin (LIT Verlag).
Ehrenberg, A. (1998): Das erschöpfte Selbst. Frankfurt/Main (Campus) 2004.
Ehrenreich, B. (2009): Smile or die. Wie die Ideologie des positiven Denkens die Welt verdummt. München (Kunstmann) 2010.
Enzensberger, H. M. (2006): Schreckens Männer. Versuch über den radikalen Verlierer. Frankfurt/Main (Suhrkamp).

Farber, D. (2002): The intoxicated State/Illegal Nation. Drugs in the Sixties Counterculture. In: Braunstein, P., M. W. Doyle (Hrsg.): The American Counterculture of the 1960s and 1970s. New York (Routledge).
Figley, C. R. (1995): Compassion fatigue. Coping with secondary traumatic stress disorder in those who treat the traumatized. New York (Brunner/Mazel).

Flamm, B. (2004): The Columbia University »Miracle Study«: Flawed and Fraud. Skeptical Inquirer 28,5 (October 2004).

Flamm, B. (2005): The Columbia University »Miracle Study« Saga continues. Skeptical Inquirer 29,2 (April 2005).

Franck, G. (2011): Celebrities: Elite der Mediengesellschaft? Merkur 743: 300–310.

Freud, S. (1917): Trauer und Melancholie. Sigmund Freud Studienausgabe Band III. Frankfurt/Main (S. Fischer) 1975.

Frisch, M. (1957): Homo faber. Ein Bericht. Frankfurt/Main (Suhrkamp Taschenbuch) 1977.

Frisch, M. (1964): Mein Name sei Gantenbein. Frankfurt/Main (Suhrkamp Taschenbuch) 1975.

Fritze, J. (2009): Psychopharmaka-Verordnungen: Ergebnisse und Kommentare zum Arzneiverordnungsreport 2008. Psychopharmakotherapie 16: 121–133.

Galbraith, J. K. (1990): Eine kurze Geschichte der Spekulation. Frankfurt/Main (Eichborn) 2010.

Galert, T., C. Bublitz, I. Heuser, R. Merkel, D. Repantis, B. Schöne-Seifert, D. Talbot (2009): Das optimierte Gehirn. Ein Memorandum zu Chancen und Risiken des Neuroenhancements. Gehirn & Geist 11/2009.

Gautschi, T., D. Hangartner (2006): Size Does Matter. Körpergrösse, Humankapital und Einkommen. Soziale Welt 3: 273–294.

Gernhardt, R. (2004): Die K-Gedichte. Frankfurt/Main (S. Fischer).

Greely, H., B. Sahakian, J. Harris, R. C. Kessler, M. Gazzaniga, P. Campbell, M. J. Farah (2008): Towards responsible use of cognitive-enhancing drugs by the healthy. Natur 456: 702–705.

Groopmann, J. (2007): How doctors think. Boston (Houghton Mifflin).

Händler, E.-W. (2002): Wenn wir sterben. Frankfurt/Main (Frankfurter Verlagsanstalt).

Hamermesh, D., G. Pfann, J. Biddle, C. Bosman (2000): Busi-

ness Success and Businesses Beauty Capital. Economics Letters 93/3: 405–412.
Hamermesh, D., A. Parker (2005): Beauty in the Classroom: Instructors' Pulchritude and Putative Pedagogical Productivity. Economics of Education Review 24/4: 369–376.
Harv Eker, T. (2005): So denken Millionäre. Die Beziehung zwischen ihrem Kopf und ihrem Kontostand. Berlin (Börsenmedien) 2007.
Healey, D. (2006): Let them eat prozac. The unhealthy relationship between the pharmaceutical industry and depression. New York (New York University Press).
Healey, D. (2008): Irrational healers? Psychotherapy and Psychosomatic 77: 198–200.
Hegel, G. W. F. (1807): Phänomenologie des Geistes. Vorrede III-V. Frankfurt/Berlin/Wien (Ullstein) 1970.
Heiner, M. (1999): Evaluation zwischen Qualifizierung, Qualitätsentwicklung und Qualitätssicherung. In: Heiner, M. (Hrsg.): Qualitätsentwicklung durch Evaluation. Freiburg (Lambertus).
Hellinger, B. (1994): Ordnungen der Liebe. Heidelberg (Carl Auer Systeme).
Hoge, C. W., C. A. Castro, S. C. Messer, D. McGurk, D. I. Cotting, R. L. Koffman (2004): Combat Duty in Iraq and Afghanistan, Mental Health Problems, and Barriers to Care. New England Journal of Medicine 351:13–22.
Holland, J. C., A. H. Hughes, S. Tross (1986): Comparative psychological disturbance in patients with pancreatic and gastric cancer. American Journal of Psychiatry 143: 982–986.
Holsboer, F. (2011): »Eine potentiell tödliche Krankheit«. Interview mit Florian Holsboer. SPIEGEL WISSEN 1–2011: 19–25.

Iversen, L. (2008): Speed, Ecstasy, Ritalin. Amphetamine – Theorie und Praxis. Bern (Huber).

Jamison, K. R., D. K. Wellisch, R. O. Passnau (1978): Psychosocial aspects of mastectomy: I. The women's perspective. American Journal of Psychiatry 135: 432-436.

Kapfhammer, H.-P. (2010): Angststörungen. In: Möller, H.-J., G. Laux, H.-P. Kapfhammer (Hrsg.): Psychiatrie und Psychotherapie. Band 2: Spezielle Psychiatrie. 567–631. Heidelberg (Springer Medizin).

Kant, I. (1798): Anthropologie in pragmatischer Hinsicht. In: Kant, I. Gesammelte Schriften/Akademieausgabe Band 7. Berlin (de Gruyter) 1917.

Karlöf, B., S. Östblom (1994): Das Benchmarking Konzept. München (Vahlen).

Keilson, H. (2011): Da steht mein Haus. Frankfurt/Main (S. Fischer).

Kenagy, D. N., T. T. Bird, C. M. Weber, J. R. Fischer (2004): Dextroamphetamine use during B-2 combat missions. Aviation Space and Environmental Medicine 5: 381 - 386.

Kierkegaard, S. (1844): Der Begriff Angst. In: Ders., Gesammelte Werke 11. und 12. Abteilung. Düsseldorf (Eugen Diederichs) 1958.

Kindt, M., M. Soeter, V. Bram (2009): Beyond extinction: erasing human fear responses and preventing the return of fear. Nature Neuroscience 12: 256 – 258.

Kirsch, I., B. J. Deacon, T. B. Huedo-Medina, A. Scoboria, T. J. Moore, B. T. Johnson (2008): Initial severity and antidepressant benefits: A meta-analysis of data submitted to the Food and Drug administration. The Public Library of Science (PLoS) Medicine: 5 (2): e45.

Klemperer, D. (2010): Arzneimittelforschung: Marketing vor Evidenz, Umsatz vor Sicherheit. Deutsches Ärzteblatt 107/16: 277–278.

Koestler, A. (1964): The act of creation. London, New York, Ontario (Arkana).

Kornwachs, K. (2009): Zuviel des Guten. Von Boni und falschen Belohnungssystemen. Frankfurt/Main (Suhrkamp).

Krucoff, M. W., S. W. Crater, D. Gallup, J. C. Blankenship, M. Guarneri, R. A. Krieger, V. R. Kshettry, K. Morris, M. Oz, A. Pichard, M. H. Sketch, H. G. Koenig, D. Mark, K. L. M. Lee (2005): Music, imagery, touch, and prayer as adjuncts to interventional cardiac care: the Monitoring and Actualisation of Noetic Trainings (MANTRA) II randomised study. Lancet 366 (9481): 211–217.

Krucoff, M. W., S. W. Crater, K. L. Lee (2006): From efficiacy to safety concerns: A step forward or a step back for clinical research and intercessor prayer? The Study of therapeutic effects of intercessory prayer. American Heart Journal 151/4: 762–764.

Kundera, M. (1986): Die Kunst des Romans. München (Hanser) 1987.

Lacasse, J. R., J. Leo (2005): Serotonin and depression. A disconnect between the advertisements and the scientific literature. Public Library of Science Medicine 2 (12) e392.

Latiniak, E., A. Gerlmann (2006): Zwischen Innovation und alltäglichem Kleinkrieg. Zur Belastungssituation von IT-Beschäftigten. IAT-Report 2006–04. Institut Arbeit und Technik. Gelsenkirchen.

Laux, G. (2010): Depressive Störungen. In: Möller, H.-J., G. Laux, H.-P. Kapfhammer (Hrsg.): Psychiatrie und Psychotherapie. Band 2: Spezielle Psychiatrie. 399–470. Heidelberg (Springer Medizin).

Lentz, M. (2002): Muttersterben. Frankfurt/Main (S. Fischer).

Lewis, M. (2010): The Big Short. Frankfurt/Main (Campus).

Lieb, K. (2010): Hirndoping. Mannheim (Artemis & Winkler).

Linden, M. (2005): Die Posttraumatische Verbitterungsstörung. Eine pathologische Verarbeitung von Kränkungen. Psychoneuro 31: 21–24.

Linden, M., K. Baumann, M. Rotter, B. Schippan (2007): Psychopathology of Posttraumatic Embitterment Disorder. Psychopathology. In: Linden, M., M. Rotter, K. Baumann, B. Lieberei (2007): The Posttraumatic Embitterment Disorder. Toronto (Hogrefe & Huber).

Mark, V. H., F. R. Ervin (1970): Violence and the brain. New York (Harper and Row).

Marohn, A. (2010): Schein und Sein. DIE ZEIT (4. 11. 2010).

Masters, K. S., G. I. Spielmans (2006): Are there demonstrable effects of distant intercessory prayer? A meta-analytic review. Annales of Behavioral Medicine 32: 21–26.

Masters, K. S., G. I. Spielmans (2007): Prayer and health: review, meta-analysis, and research agenda. Journal of Behavioral Medicine 30: 329–338.

Mehta, S. (1997): Is being sick really better? Journal of Social and Clinical Psychology 16: 405–419.

Milgram, S. (1974): Das Milgram-Experiment. Zur Gehorsambereitschaft gegenüber Autorität. Reinbek (Rowohlt) 1982.

Mitscherlich, A., M. Mitscherlich (1967): Die Unfähigkeit zu trauern. Grundlagen kollektiven Verhaltens. Stuttgart, München (Deutscher Bücherbund) 1971.

Möller, H.-J., G. Laux, H.-P. Kapfhammer (Hrsg.): Psychiatrie, Psychosomatik, Psychotherapie in 2 Bänden, Berlin, Heidelberg, New York (Springer).

Morgan, M. A., J. Dana, G. Loewenstein, S. Zinberg, J. Schulkin (2006): Interactions of doctors with the pharmaceutical industry. Journal of Medical Ethics 32: 559–563.

Naef, A. (2003): Nachtgängers Logik. Journal einer Odyssee. Frankfurt/Main (Suhrkamp).

Nagourney, E. (2001): Fertility; A study links prayer and pregnancy (New York Times, 2. Oktober 2001).

Nietzsche, F. (1874): Vom Nutzen und Nachteil der Historie für das Leben. Nietzsche, F.: Sämtliche Werke in zwölf Bänden. Band II. Stuttgart (Alfred Kröner) 1964.

Nietzsche, F. (1908): Ecce Homo. Nietzsche, F.: Sämtliche Werke in zwölf Bänden. Band VIII. Stuttgart (Alfred Kröner) 1964.

Nisbett, R. E., T. D. Wilson (1977): Telling more than we can know: Verbal reports on mental processes. Psychological Review 84/3: 231–259.

Otto, S. (Hrsg.): Renaissance und frühe Neuzeit. Stuttgart (Reclam) 1984.

Peters, T. (2001): TOP 50 Selbstmanagement: Machen Sie aus sich die Ich AG. München (Econ).

Pitman, R. K., K. M. Sanders, R. M. Zusman, A. R. Healy, F. Cheema, N. B. Lasko, L. Cahill, S. P. Orr (2002): Pilot study of secondary prevention of posttraumatic stress disorder with propranolol. Biological Psychiatry 2002; 51: 189–192.

Retzer, A. (1996): Familie und Psychose. Stuttgart (G. Fischer).
Retzer, A. (2002): Passagen. Systemische Erkundungen. Stuttgart (Klett-Cotta).
Retzer, A. (2004): Systemische Familientherapie der Psychosen. Göttingen (Hogrefe).
Retzer, A. (2009): Lob der Vernunftehe. Eine Streitschrift für mehr Realismus in der Liebe. Frankfurt/Main (S. Fischer).
Ripke, R., H. Heinmann, U. Wiesing, A. Heinz (2010): Falsche Voraussetzungen in der aktuellen Debatte. Deutsches Ärzteblatt 107/48: A 2384–2387.
Ross, J. S., J. E. Lackner, P. Lurie, C. P. Gross, S. Wolfe, H. M. Krumholz (2007): Pharmaceutical Company Payments to Physicians. The Journal of the American Medical Association 297: 1216–1223.
Roth, P. (2009): Nemesis. München, Wien (Hanser) 2010.

Sahakian, B., S. Morein-Zamir (2007): Professor's little helper. Nature 450: 1157–1159.
Schmidt, G. (1993): Tendenzen und Entwicklungen. In: Arentewicz, G., G. Schmidt (Hrsg.): Sexuell gestörte Beziehungen. Stuttgart (Enke).
Schott, G., H. Pachl, U. Limbach, U. Gundert-Remy, W.-D. Ludwig, K. Lieb (2010): Finanzierung von Arzneimittelstudien durch pharmazeutische Unternehmen und die Folgen. Deutsches Ärzteblatt 107/16: 279–285.
Schulz, K. (2010): Being Wrong. New York (Harper-Collins).
Schwabe, U., D. Paffrath (Hrsg.) (2009): Arzneiverordnungs-Report 2009. Berlin (Springer).
Shergill, S. S., P. M. Bays, C. D. Frith, D. M. Wolpert (2003): Two Eyes for an Eye: The Neuroscience of Force Escalation. Science 11: 187.
Siegel, B. S. (1986): Prognose Hoffnung. Liebe, Medizin und Wunder. Düsseldorf (Econ) 1988.
Simonton, O. C., S. M. Simonton, J. Creighton (2001): Wieder gesund werden: Eine Anleitung zur Aktivierung der Selbstheilungskräfte für Krebspatienten und ihre Angehörigen. Reinbek (Rowohlt Taschenbuch).
Skidelsky, R. (2009): Die Rückkehr des Meisters. Keynes für das 21. Jahrhundert. München (Kunstmann) 2010.

Sloterdijk, P. (2009): Du musst dein Leben ändern. Frankfurt/Main (Suhrkamp).
Söllner, W. (2010): Psyche und Krebs. Können psychosoziale Faktoren Krebs verursachen oder den Verlauf von Krebserkrankungen beeinflussen? Psychotherapie im Dialog 11(2): 145–150.
Spitzer, M. (2011): Freiheit: Man muss dran glauben und sie sich nehmen. Nervenheilkunde 30: 467–469.
Steinberger, P (2010): Schöne neue Hirne. SÜDDEUTSCHE ZEITUNG 116 (22.5.2010).
Steinle, A., D. Hülsmann (Hrsg.) (2001): Duden. Wörterbuch der New Economy, Mannheim (Bibliographisches Institut).

Tavris, C., E. Aronson (2007): Ich habe recht, auch wenn ich mich irre. München (Riemann).
Turner, E. H. A. M. Matthews, E. Linardatos, R. A. Tell, R. Rosenthal (2008): Selective publication of antidepressant trials and its influence on apparent efficacy. The New England Journal of Medicine 358: 252–260.

Ulla, M., S. Thobois, J. J. Lemaire, A. Schmitt, P. Derost, E. Broussolle, P. M. Llorca, F. Durif (2006): Manic behaviour induced by deep-brain stimulation in Parkinson's disease: evidence of substantia nigra implication? Journal of Neurology, Neurosurgery, and Psychiatry 77: 1363–1366.
Ulrich, A. (2005): Berauscht in die Schlacht. SPIEGEL 2/2005.

Van Dyk, C., M. Frese, M. Baer, S. Sonnentag (2005): Organizational error management culture and its impact on performance: A two-study replication. Journal of Applied Psychology 90: 1228–1240.
Vendatam, S. (2001): Drug Ads Hyping Anxiety Make Some Uneasy. The Washington Post (16. Juli 2001).
Vohk, K. D., J. W. Schooler (2008): The value of believing in free will: Encouraging a belief in determinism increases cheating. Psychological Science 19: 49–54.

Walter, F. (2008): Katastrophen. Eine Kulturgeschichte vom 16. bis ins 21. Jahrhundert. Stuttgart (Reclam) 2010.

Weber, M. (1919): Wissenschaft als Beruf. Stuttgart (Reclam) 1995.
Weehler, B. (2006): UK army tested »stay awake« pills. (BBC News 26. 10. 2006).

Zimmerling, W., R. Brehm (2008): Der »gedopte« Prüfling. Forschung & Lehre 8/08: 522–523.

Arnold Retzer
Lob der Vernunftehe
Eine Streitschrift für mehr Realismus in der Liebe
Band 18527

Heiraten ist wieder en vogue, immer mehr Paare schließen den Bund fürs Leben. Doch die Hälfte dieser Ehen wird wieder geschieden. Wie nur kann eine Ehe dauerhaft gelingen? Der renommierte Arzt, Psychologe und langjährige Paartherapeut Arnold Retzer ist überzeugt, dass wir die Ehe überfordern und gefährden, wenn wir sie mit falschen Erwartungen befrachten.

In seinem Buch ›Lob der Vernunftehe‹ räumt Arnold Retzer in provokanten Thesen mit liebgewordenen Vorstellungen auf, unterbreitet ironisch sieben Vorschläge, wie wir erfolgreich unsere Ehe zum Scheitern bringen und liefert viele Fallbeispiele aus der Praxis. Nur wenn wir die Ehe von zu großen Erwartungen und Forderungen entlasten, hat sie nicht nur als gesellschaftliches Modell Zukunft, sondern auch im Einzelfall Bestand.

»Ein in seiner beherzten Alltagsnähe
Mut machender Begleiter.«
Psychologie Heute

fi 18527 / 1